U0062660

国家出版基金项目
NATIONAL PUBLICATION FOUNDATION

清宫图典

故宫博物院 编

朱诚如 任万平 主编

礼仪卷

任万平 本卷编著

故宫出版社

总　序

　　编纂多卷本的《清宫图典》是故宫学人的职责，也是故宫学人的夙愿。2002 年由我任主编，故宫同仁通力合作编纂的多卷本《清史图典》（十二册）出版后，得到学界高度评价，促使我们萌发编纂《清宫图典》的愿望。2015 年是故宫博物院九十华诞，我邀请故宫内外学界相关专业同行诸公：任万平（礼仪卷）、李湜（艺术卷）、黄希明（建筑卷）、左远波（生活卷）、于庆祥（政务卷）、滕德永（内务卷）、刘甲良（文化卷）、许静（典藏卷）、赵云田（出巡卷）、李理（禁卫卷）为十卷本《清宫图典》分卷主编，共襄盛举。历三年辛劳，终于付梓。名为《清宫图典》，意在十卷图录在手，能窥真实的清宫政务、生活全貌。

　　以图像记录历史、印证历史，古已有之。中国汉字最早源于象形，即出于图像。中国史书记事记人，向以文字记载为主，但历代学者力主左图右史。只是在当时印刷条件下，图文并茂实不可能。中国历代都有宫廷画家和民间艺人留下一批记录当时人和事的纪实性很强的绘画（包括岩画、壁画），为我们研究当时的历史留下蛛丝马迹。清朝是中国封建社会最后一个王朝，清代宫廷保存了大量的纪实性绘画、晚清的老照片，以及宫廷建筑遗址与各式遗物，为我们提供了研究宫廷历史文化的直观线索，也是我们编纂《清宫图典》的物质基础。高楼大厦不可能凭空搭建，柱础是根本。没有这些图片，就没有图录编纂的可能。

　　中国自古以来就有用绘画图像记事的传统，一些纪实性很强的绘画弥补了文字资料记载的不足，而且某种程度上能提供比文字资料记载更准确、更生动的信息。纪实性绘画分为记人和记事两类。宫廷画家的记人，主要是为帝王、后妃或名臣作"御容"或画像；记事主要是用绘画形式记录当时的重大社会历史事件。西汉毛延寿、唐阎立本都是历史上著名的宫廷画家。阎立本的《步辇图》卷，生动地刻画出唐太宗李世民接见吐蕃松赞干布派来迎娶文成公主的使臣禄东赞的隆重场面。宋代的《迎銮图》卷，绘记了南宋曹勋奉命到金国迎还宋徽宗赵佶灵柩的历史事件。正是绘画的这种无可代替的功能，使郑樵认为"图谱之学，学术之大者"（郑樵《通志》）。到明清两代，东西方海上交通得以开辟，海上交通同样也给东西方文化交流提供了便捷和可能。自明代开始，大批西方文化传播的先驱者——传教士来到中国，他们在传教的同时，也带来了西方先进的科学技术、西方的人文理念，包括西方的文化艺术。西方的绘画技术也逐渐传入中国。一些传教士的高超画艺，得到了中国统治者的认可，他们进而成为宫廷的御用画家，其中最为著名的清代宫廷画家是意大利人郎世宁。郎世宁于康熙五十四年（1715）到达中国广州，时年 27 岁。他当年即到北京，直至乾隆三十一年（1766）在北京病逝，终年 78 岁。郎世宁在中国历经康熙、雍正、乾隆三朝，在清宫中充当宫廷画家达 52 年。郎世宁不仅把西洋画法传到中国，而且为了适应中国皇帝的欣赏品位，在欧洲油画基础上吸收中国画的技法，形成了独特的画风。郎世宁在清宫中培养了一批通晓中西结合画法的宫廷画家，如丁观鹏、张为邦、王幼学等。

　　在清宫中的外国传教士画家，除著名的郎世宁外，还有王致诚、艾启蒙、贺清泰、安德义等。清代康熙时期，焦秉贞、冷枚、陈枚、唐岱等一些中国宫廷画家和一些民间著名画家也已经开始创作纪实性绘画。其中有王翚为主要作者的《玄烨南巡图》（十二卷）以及与其他宫廷画家合作的《玄烨六旬万寿庆典图》等。康熙后期，郎世宁的入宫，带动了更大规模纪实性绘画的创作，受其影响，一批中国的宫廷画家或合作或独自开始创作纪实性绘画。他们留下了大批南巡、大阅、秋狝、祭祀、行乐等纪实性作品，为我们今天研究清朝宫廷历史文化提供了最为生动的历史画卷。绘画中不仅人物逼真、卤簿仪仗、车马轿舆，甚至画面上的头盔甲胄、衣冠服饰、八旗布阵也很逼真。2002 年，故宫博物院在英国举办"乾隆时代艺术展"，其中有著名的《弘历戎装骑马像》，乾隆当时所穿戴的铠甲也同时作为实物展出，画中乾隆穿戴的铠甲，与同时展出的实物铠甲相比，竟然连每一根金丝线都是一样的，令外国观众赞叹不止。2000 年，故宫博物院在台北历史博物馆举办明清家具展，因为展品中有一件乾隆皇帝当年经常使用的交椅，随展同时带去了一幅郎世宁、丁观鹏等中外宫廷画家合作的《弘历雪景行乐图》，图中乾隆皇帝所坐的交椅与展品中的交椅一模一样，器形、色彩、花纹、扶手、尺寸比例都以一丝不苟的工笔写实。更为神奇的是，另一幅《岁朝图》，画的是弘历和诸皇子在宫中欢度春节的场面，其中乾隆的"御容"，以及燃放爆竹的皇子相貌和姿态都与《弘历雪景行乐图》一模一样。纪实性到这种程度，可见这些宫廷画家们为记录历史的真实，确实花费了相当大的功力，从而为我们今天研究清朝的宫廷历史文化留下了丰富的第一手资料。

　　清朝纪实性绘画从内容上看主要是用来宣扬皇帝的文治武功和威仪，但是我们从每幅画上又会窥见出许多其他社会历史内容。清代宫廷画家留下了许多有价值的纪实性绘画，著名的《万树园赐宴图》就是以纪实手法描绘了我国境内蒙古杜尔伯特部的首领车凌、车凌乌巴什、车凌孟克率部内迁，乾隆皇帝亲自在离宫承德避暑山庄接见，并分别封赐王爵，赏赐贵重礼品，连续大宴十天的宏大场面。奉乾隆皇帝之命，郎世宁、王致诚等传教士画家一直参加这一重大活动，目睹了活动的全过程，对于活动中的重要人物和重大场面，这些宫廷画师均以纪实性手法加以描绘再现，客观记录了清朝政府安抚内迁的杜尔伯特部这一重大历史事件的场面。其他如描绘乾隆皇帝在万法归一殿接见万里迢迢回归祖国的土尔扈特部首领渥巴锡的《万法归一图》屏等。还有一些战图，如著名的铜版画《弘历平定西域战图》一组十六幅，描绘了乾隆时期清政府对西北用兵，平定准噶尔部达瓦齐、天山南路大小和卓木叛乱等重大战事，均有重要的历史价值。

　　此外，也有大量围绕宫廷和帝王活动的反映清代社会风貌、生产活动、风土人情的纪实性绘画。如著名的《玄烨南巡图》（十二卷）、《弘历南巡图》（十二卷），虽然是以描绘皇帝活动为主，但总体上看是皇帝南巡的纪实，它展现了从北京到江南沿途各地山川河脉、市井乡野、建筑园林、名胜古迹等历史风貌，描绘了大江南北沿途各地士农工商各司其职，以及漕运畅通、商业繁荣等景象。又如《康熙六旬万寿庆典图》两卷，描绘了康熙皇帝六十寿辰盛大的庆典场面。第一卷起自紫禁城的神武门，止于西直门；第二卷由西直门起，止于西北郊的畅春园。它们贯穿了大半个北京城，是当年北京城的风景画。沿途的建筑园林、街市坊间、官军庶民历历在目，再现了京城当年的繁荣景象。《京师生春诗意图》轴，以鸟瞰手法描绘了京城中心地带的全貌，画中正阳门外店铺林立，车马行人栩栩如生，皇宫紫禁城、景山近在眼前。上述画面都是场面宏大的绘画，所以图录范围广泛，历史内涵丰富，史料价值很高。此外，展示清朝大一统皇权统治下的清代农业、手工业、牧业、商业的有《制瓷图》（乾隆朝）、《耕织图》（康熙、雍正朝均有）、《制茶图》（乾隆朝）、《棉花图》（乾隆朝）、《滇南盐井图》（康熙朝）、《广州十三行图》（乾隆朝），以及《香港开埠图》（道光朝）等。清代康熙年间收复台湾后，向台湾派遣官员，大陆的文人学士不断造访台湾，清朝皇帝非常关注台湾，令遣台官员等将台湾地区的风土人情及宝岛的物产情况用绘画形式表现出来，于是有了《台湾内山番地风俗图册》和《台湾内山番地土产图册》。

清代除了大量纪实性绘画外，还有相当数量的老照片流传下来。摄影术发明后，摄影作品成为记录、储存、传递事物形象的特殊讯息载体。留存的历史照片，使人们能够"目睹"已经消逝的前人生活情状。"百闻不如一见"，历史照片可以帮助我们"看见"过去，虽然只是零散的、中断的、瞬间的形象，但它是实在的、具体的、生动的映像。它蕴藏着丰富的历史生活内容。

摄影术是 1839 年法国政府公布银版摄影法之后才迅速传播开来的。大约也就是 1844 年，两广总督兼五口通商大臣耆英，在给皇帝的奏折中提到，他曾把自己的"小照"分赠英、法、美、普四国使臣。给耆英照相的摄影师叫于勒·埃及尔，他于 1844 年以法国海关总检察长的身份到达中国，在广州、澳门、香港等地拍了不少照片，其中部分照片在 1848—1853 年的法国书刊上陆续复制刊登过，有的还收进了 1920 年出版的《法国摄影史》一书。照片上还留有摄影者手书的说明文字。这些照片中就有耆英的相片，大约照相术就在此时传入中国。

第二次鸦片战争后，清政府的一些官僚买办兴起了一股办洋务热，引进外资和技术设备，开工厂、修铁路、办矿山等。他们常常把工程进展情况摄制成"照相贴册"出售，有的宣传社会上的重大事件，更多的是汇集风景名胜、戏剧演出等。西方列强用大炮轰开清王朝闭关锁国的大门之际，也正是摄影术开始传播之际。有着悠久文明的东方古国，自然会吸引众多的摄影师来进行"探险""猎奇"的旅行摄影。在抱着各种目的来华的外国人中，有的是旅行摄影师，有的是传教士，有的是跟着侵略军一起打进来的。他们拍摄了大量照片，尽管是为其侵华行为张目，但客观上对沟通中西文化、保存清代社会生活场景起了很大作用。随着时代的变迁，这些独具特色的照片，其历史价值和意义越来越显得重要和宝贵。

　　随着照相技术的传播，晚清的皇帝和王公官僚们也开始喜欢这些洋玩意儿，他们用相机摄下了晚清皇宫的生活情况。目前故宫博物院保存的两万多块当时留下来的照相玻璃底片，其中就有当年他们的作品。外国列强在枪炮的掩护下，用相机摄下了战火中的中国，那个满目疮痍、民不聊生的中国，这些照片大多保存在欧洲各国的博物馆、图书馆里。晚清皇宫和外国人手中留下的数万张反映当时中国状况的照片，是我们研究清王朝社会政治、经济、文化和宫廷生活等历史的最真实、最可靠的资料，当然具有很高的史料价值。

　　应该说这些陈旧的老照片所包含的历史生活内容，其丰富性是任何语言文字描述都难以替代的。这些记录着过去时代人们生活情状的照片，尽管只是星星点点的瞬间形象，却可以开阔人们的眼界，增长对已经逝去的时代的见识，从而激起无穷的联想。它们可以弥补历史教科书的某些不足，是认识历史生活、生产、文化、艺术、建筑、服饰、礼仪、宗教等的形象资料，给人以如临其境的感觉。照片中的人物、背景中的建筑园林，都是当时历史的真实载体。至于人物之间的关系、人物与背景的关系，我们则可以结合文献资料的记载，进行研究、判断，从而得出正确的结论，达到还历史本来面貌的目的。

　　此外，晚清的老照片和纪实性绘画还可以互相验证，而文献记载往往做不到这一点。据朱家溍先生介绍，1947年故宫博物院对太和殿内的陈设进行调整，恢复了清代的原状。因为当时宝座台和台上金漆屏风都是清代原物，只有正中原来的宝座被袁世凯称帝时撤下来，换上了他的一个大靠背椅，这样的陈列，显然不伦不类。因此就决定撤去袁世凯的大靠背椅，换上清代皇帝的宝座。于是准备在文物库房中选择一张形制最大、制作最精的宝座，以为换上去就可以了。挑选了许多，摆上去与屏风总是不相协调。后来从老照片中找出袁世凯撤宝座前的影像，再在故宫内各处寻找，终于找出了这个宝座，虽左边有部分残缺，但右边不缺，可以比照修复。后来又发现一幅康熙皇帝的朝服像，坐的就是这张宝座。此外，还发现乾隆皇帝称太上皇时，皇极殿特制的宝座也是仿制这张宝座制作的。有了老照片和纪实性朝服像上的宝座以及乾隆时的仿制宝座，很快就修复了康熙曾坐过的这张宝座。2002年，我们又根据清代的老照片，把袁世凯时期太和殿内撤去的匾联加以恢复，这样太和殿内的原状陈列终于得到了全部恢复。从中我们可以看出，以老照片为据，从纪实性绘画中得到验证，再找到实物，这样就可以恢复历史上的原状，还历史以本来的面目。可见老照片和纪实性绘画的作用是非常重要的，无可替代的。

　　这些宝贵的资料虽然从数量上看很多，但收藏分散，国内国外、公家私人都有收藏，搜集齐备很不容易。此外，历史是连贯的，而这些第一手资料也有许多盲区，即许多重大历史事件既无纪实性绘画也无相关照片（或许我们现在尚未发现）。还有一个鉴别问题，纪实性绘画有些是佚名，不能判断准确年代。照片鉴别更难，特别是清代老照片，由于当时照相技术不高，底片模糊，即使很清楚的照片，由于都是一张张孤立的底片，照片上的人物究竟是谁，无从查考，需要花大功夫去鉴别，才能利用。

当然，今日之画像已非昔比。纪实性绘画随着历史的演进，亦有开拓创新。特别是摄影技术的高度发展，把图录历史推向新的高度。

《清宫图典》的文物资源，除纪实性绘画和老照片之外，遗址和遗物亦成为图录的另一重要资源。《清宫图典》中大多数图像是借助今日的先进照相术，将遗址和遗物摄录成像，编纂其中。其中宫殿亭台楼阁和园林景观皆为遗址。车马轿舆、顶戴服饰、瓷器玉器、文房用品、文书档案、古籍善本、碑帖拓片等器物皆为遗物。遗址和遗物图像是第一手历史资料，也是编纂《清宫图典》的主体部分。为了准确反映当时的历史风貌，对没有老照片的遗址我们进行了重新拍摄。至于遗物即清代宫廷留存下来的文物，我们也进行了大量的补拍，许多从未拍摄过照片的文物的图片这次被编入图典，也是《清宫图典》的一大亮点。

参与编纂《清宫图典》的诸位同仁均为学术有成、对清宫廷历史各领域素有研究的专家。古稀之年有幸与各位合作，甚为欣慰！我和任万平副院长诚挚感谢诸位的无私奉献！《清宫图典》项目在时间紧、任务重的情况下得以推进，全靠各位精诚合作，完成编纂工作。

我还要感谢任万平副院长，从编纂《清史图典》到《清代文化》图录，再到《清宫图典》，一路走来，万平同志功不可没。她熟悉故宫文物典籍、图画照片，能编纂这几大部数十卷册的图录，一等功非她莫属！

其次要感谢故宫博物院资料信息部及一些相关单位与个人，《清宫图典》中的数千张图片都由他们提供，都凝结着他们的辛劳和汗水；感谢故宫出版社宫廷历史编辑室、文化旅游编辑室团队，他们兢兢业业、一丝不苟的精细操作，保证了本书的质量。

十分荣幸本丛书纳入国家出版基金资助项目，给予资金支持，这是文化事业得到重视的标志！也是国家繁荣昌盛的标志！

图录历史开启一代风气之先，故宫内外学界同仁将为此而鼓与呼！

朱诚如

2015 年 8 月 24 日初稿

2017 年 4 月 22 日定稿

于紫禁城城隍庙

揚威將軍大學士威勇
公長齡奏贊大臣果勇
侯揚芳遣派將士等檻
送首逆張格爾生致闕
下于五月十二日御午
門受俘禮成用誌七言
十二韻
逖迓萬里欣生致俯視
渠山面目真驛送裸囚
傳月窟誠子大禮亭

目 录

前言 11
图版目录 15

吉礼篇

一 祀神 6
(一)祭天 6
(二)祭地 38
(三)朝日 46
(四)夕月 50
(五)祭社稷 56
(六)祭先农 60
(七)祭先蚕 69
(八)堂子祭天与坤宁宫祭神 76

二 祀祖 88
(一)太庙祭祖 88
(二)奉先殿祭祖 104
(三)寿皇殿祭祖 107
(四)谒陵祭祖 110
(五)历代帝王庙祭先王 114

三 祭孔 118

嘉礼篇

一 朝贺 130
(一)登极 130
(二)授受大典与垂帘听政 136
(三)大朝与常朝 145
(四)筵宴 160

二 婚礼 172
(一)婚前礼 172
(二)成婚礼 194
(三)婚后礼 204

三 尊崇与册立 214
(一)上尊号 214
(二)册立后妃 218
(三)册立太子与封爵宗室 225
(四)册立公主 231

四 崇文 234
(一)经筵与日讲 234
(二)视学与策士 240

五 颁诏呈表进书 251

军礼篇

一 亲征 260
二 大阅 264
三 命将 275
四 郊劳与凯旋 278
五 献俘 282

宾礼篇

一 封建体制下的传统宾礼 286
二 近代外交体制下的宾礼 335

凶礼篇

一 寿终正寝与居丧守制 346
二 移奉山陵 355

后记 367

前　言

中国古称华夏，华夏之义即为有礼仪之族。《春秋左传注疏》中，唐代孔颖达先援引《春秋左传正义》所解释的"夏，大也"，进而解释说："中国有礼仪之大，故称夏；有章服之美，谓之华，华、夏一也。"因而，古今之人常说中国自古以来就是礼仪之邦。

礼，包含意义与仪式两个方面，二者互为表里，意义为内涵，仪式为形式，即通过一定的有形物品、一定的动作等组合为程式化的仪式，表达一定的情感，从而达到礼的本质。故本卷名为"礼仪"，即通过有形的图像，展示礼的程式，揭示礼的内涵。

华夏是礼仪之邦，不仅称名，而且礼仪成为中国传统社会的思想核心。自从周公制礼以来，"礼"就成为维护统治的重要制度与手段，正如荀子在《大略篇》中所说"礼之于正国家也，如权衡之于轻重也，如绳墨之于曲直也。故人无礼不生，事无礼不成，国家无礼不宁。君臣不得不尊，父子不得不亲，兄弟不得不顺，夫妇不得不欢，少者以长，老者以养。故天地生之，圣人成之"，他把"礼"置于做人、成事、安国的全方位高度。

中国古代社会各个时期，均高举礼制大旗，《礼记·哀公问》上有"为政先礼"。清代是中国的最后一个封建王朝，仍然延续封建时代的"五礼"——吉礼、嘉礼、军礼、宾礼、凶礼。

礼之于国政，至为重要，历代王朝皆重视修纂礼书，以为国典世范，亦即制订国礼。东汉章帝时曹褒奉命始撰《汉礼》（又称《新礼》），惜已不存。现存最早的国家礼典为唐代《大唐开元礼》，由此五礼之文始备。唐末杜佑著《通典》总计200卷，其中《礼典》占100卷，全面叙述了唐代及其之前的礼仪制度。及至清朝入关后，顺治三年即诏礼臣参酌往制，制礼成书；圣祖康熙帝于日讲与经筵活动中，纂成《日讲礼记解义》；高宗乾隆帝御定《三礼义疏》，更是网罗议礼家言，可见帝王解礼之义。终清一朝，除了皇帝所撰礼书阐释的金口玉言，官修礼书有综合性的"皇朝三通"（《清通典》《清通志》《清文献通考》）、五朝"大清会典"（康熙、雍正、乾隆、嘉庆、光绪五朝）、《大清通礼》《皇朝礼器图式》《国朝宫史》及《国朝宫史续编》等，专题性的有《满洲祭神祭天典礼》《万寿盛典初集》与《八旬万寿盛典》，以及《礼部则例》《光禄寺则例》《太常寺则例》《总管内务府则例》《宫中现行则例》等。私纂者，如秦蕙田《五礼通考》、江永《礼书纲目》等，其经纬纵横，宏旨微意，均可探寻。

古代各种礼仪繁多，古人将其总括为五大类，称五礼。"五礼"一词，初见于《尚书·舜典》，认为舜"修五礼"，孔安国传释五礼为"吉、凶、宾、军、嘉"。《周礼·春官》将大宗伯的执掌具体解释为"以吉礼事邦国之鬼神示""以凶礼哀邦国之忧""以宾礼亲邦国""以军礼同邦国""以嘉礼亲万民"，实即排列顺序亦为吉、凶、宾、军、嘉。但此后各代对五礼的排序，各有不同。唐初已降凶礼于五礼之末（《文献通考》卷一百八十七《经籍考十四》经仪注），直至清代，吉、凶各为五礼首尾不变，但中间的三种顺序不定。《大唐开元礼》与《新唐书》均按吉、宾、军、嘉、凶排序，杜佑《通典》则按吉、嘉、宾、军、凶排序，宋代《政和五礼新仪》与《大唐开元礼》顺序相同，《大明集礼》《明史》又与《通典》顺序相同。及至清代，官书《大清通礼》将五礼作吉、嘉、军、宾、凶排序，后来的《清史稿》与《大清通礼》排序相同，本书亦采《大清通礼》之排序。因此，本书列为五篇。

清之典礼，主要沿循前朝旧制，同时融入了统治民族满洲特有之礼，主体仍概括为五礼，主要对吉礼稍作损益。所增益者，即满洲族特有的堂子祭天、坤宁宫祀神。所减损者，康熙朝始禁宫中祭祀昊天上帝、大享殿（乾隆朝更名为祈年殿）合祀天地日月及群神、太庙阶下合祭五祀（门、户、井、灶、中溜），废除太庙的禘祭，而在岁末专行祫祭祭祖。乾隆朝增常雩之祀，废八蜡之祭。清朝以骑射立国，把秋狝列在军礼之中，但秋狝的政务性更鲜明，故本丛书归入《政务卷》。随着中国近代社会的转型，传统的礼制受到冲击，尤其"宾礼"发生了根本性的转变。

有清一代，五礼之中，有吉礼129种，主要为祭天地祖宗等礼；嘉礼74种，主要为登极、大婚等礼；军礼18种，主要为阅军、秋狝等礼；宾礼20种，主要是待使节、宾客等礼；凶礼15种，即丧礼。由于客观历史的不均衡，所以五篇的篇幅自然亦不平衡。在中国古代家国一体的观念下，很多国礼即是皇家之礼，但也并非完全相等，而是皇家之礼少于国礼。本丛书称《清宫图典》，定位在皇家之礼，故着眼于直接行礼者为皇帝皇后，或在皇家空间内举行的典礼，超出者则不述。

皇家之礼，因作为国礼，其司礼者统筹于礼部，太常、光禄、鸿胪三寺协同礼部会办。如若是坤宁宫与堂子祭祀、后妃典礼等则由内务府掌仪司主持。

礼部掌天下各项礼典的政令，分别祭祀、贵贱等次，拟订仪式程序。下设四清吏司，即仪制、祠祭、主客、精膳。仪制清吏司分掌朝会、皇室册封婚娶等嘉礼、军礼。祠祭清吏司分掌郊坛、宗庙、陵寝、丧葬等吉礼、凶礼。主客清吏司分掌藩使朝贡与接待使节等宾礼。精膳清吏司掌管所有五礼中的宴享酒膳、牺牲祭器等。

太常寺专职负责吉礼，包括预备祝版、乐舞、牲帛、祭器，稽查百官斋戒，省视牺牲，设有赞礼郎、读祝官配合鸿胪寺分掌司仪；光禄寺专职负责宴享中的膳馐，包括祭品、酒醴、果蔬、醢酱等事；鸿胪寺官员是各种典礼的执行司仪。

内务府掌仪司主持清代皇家特有的汉族官员不能参与的堂子祭天、坤宁宫祭神，以及在皇帝家庙奉先殿的祭祀。后妃典礼中的祭先蚕礼，亦由其主持。

在礼部等各机构主持下，各朝皇帝、后妃按照礼仪程式行礼。在规定的程序、器用、动作、祝词中，达到行礼的本质，即如《荀子·礼论》所说："凡礼，事生，饰欢也；送死，饰哀也；祭祀，饰敬也；师旅，饰威也。"《大清通礼》则阐述为："首吉礼，尊天祖也；次嘉礼，本人道也；次军礼，征伐大权也；次宾礼，柔远人也；次凶礼，以厚终也。"帝后通过一系列的既定动作、言辞把各种礼制的内涵与意识外化为具体可见的行为，以使对百官群臣的道德说教落实为真切的行动。帝王站在至高的位置，向天下宣示其所代表的万民之情感，树立起国家礼仪之规范，并进而化作精神层面的统治方略，达到《大清通礼》所言的"辨上下，定民志，纲纪四方"。

清代是中国最后的封建王朝，各项文化礼仪均具有集大成的特点。古礼本身即具有繁文缛节、渐趋僵化的特点，清代尤甚。但礼仪对于维护社会秩序、教化民众敬畏自然规律、施仁向善方面的积极意义，仍然足资借鉴。礼仪作为传统文化的积极内核，对引导今人知礼讲仪、再塑中国文化品格无疑会产生重大影响。

任万平

2019 年 11 月 8 日定稿

图版目录

001 《天坛总图》..................................6
002 皇穹宇..7
003 斋戒铜人......................................7
004 斋戒牌..8
005 天坛斋宫内景旧影.......................8
006 蓝缎妆花彩云金龙纹裘皮朝袍......9
007 青金石朝珠..................................9
008 《圜丘坛图》.............................10
009 《圜丘坛上层位次图》.............11
010 《圜丘坛第二层以下位次图》...12
011 《皇帝于天坛第二层祭拜图》...13
012 《圜丘坛祭告位次图》.............14
013 《圜丘坛正位陈设图》.............15
014 贡献天坛的牺牲与祭品旧影......15
015 《圜丘坛配位陈设图》.............16
016 《圜丘坛从位陈设图》之一......16
017 《圜丘坛从位陈设图》之二......17
018 《圜丘坛祭告陈设图》.............17
019 《大雩位次图》.........................18
020 《大雩正位陈设图》.................19
021 《祈谷坛祈年殿图》.................20
022 祈年殿旧影................................21
023 《祈年殿内位次图》.................21
024 《祈谷坛正位陈设图》.............22
025 《祈谷坛配位陈设图》.............22
026 《皇朝礼器图式·祭器·天坛正位苍璧》...23
027 《皇朝礼器图式·祭器·天坛正位匏爵》...23
028 《皇朝礼器图式·祭器·天坛正位登》...24
029 《皇朝礼器图式·祭器·天坛正位簠》...24
030 《皇朝礼器图式·祭器·天坛正位簋》...25
031 《皇朝礼器图式·祭器·天坛正位笾》...25
032 《皇朝礼器图式·祭器·天坛正位豆》...26
033 《皇朝礼器图式·祭器·天坛正位簠》...26
034 《皇朝礼器图式·祭器·天坛正位尊》...27
035 《皇朝礼器图式·祭器·天坛正位俎》...27

036 祭蓝釉簠..28
037 祭蓝釉豆..28
038 祭蓝釉爵..28
039 《圜丘坛初献武舞谱》.................29
040 《圜丘坛亚献文舞谱》.................29
041 《圜丘坛终献文舞谱》.................30
042 《常雩、大雩初献武舞谱》.........30
043 《常雩、大雩亚献文舞谱》.........30
044 《常雩、大雩终献文舞谱》.........31
045 《大雩舞童持节导班图》.............31
046 《大雩童子舞图》.........................31
047 彩画云龙纹木质干.........................32
048 黑漆木柄戚....................................32
049 金漆龙首式木柄羽.........................33
050 红漆竹籥..33
051 《皇朝礼器图式·冠服·祭祀武舞生冬冠》...34
052 《皇朝礼器图式·冠服·祭祀武舞生夏冠》...34
053 《皇朝礼器图式·冠服·祭祀武舞生袍》...35
054 《皇朝礼器图式·冠服·祭祀文舞生冬冠》...36
055 《皇朝礼器图式·冠服·祭祀文舞生夏冠》...36
056 《皇朝礼器图式·冠服·祭祀文舞生袍》...36
057 《地坛总图》.................................38
058 明黄色纳纱彩云金龙纹朝袍.........39
059 蜜蜡朝珠..39
060 《方泽坛位次图》.........................40
061 《方泽坛正位陈设图》.................41
062 《方泽坛配位陈设图》.................41
063 《方泽坛从位陈设图》.................42
064 《方泽坛祭告位次图》.................42
065 《方泽坛祭告陈设图》.................43
066 《皇朝礼器图式·祭器·地坛正位黄琮》...43
067 黄釉爵..44
068 黄釉尊..44
069 黄釉登..45
070 黄釉簠..45

071 《日坛总图》.................................. 46
072 《日坛位次图》.............................. 47
073 《日坛陈设图》.............................. 47
074 大红色缎绣彩云金龙纹染银鼠皮边朝袍........ 48
075 珊瑚朝珠.................................... 49
076 《皇朝礼器图式·祭器·朝日坛赤璧》........ 49
077 《月坛总图》................................ 50
078 月坛门...................................... 51
079 《月坛位次与陈设图》........................ 51
080 月白色缂丝彩云金龙纹朝袍.................... 53
081 松石朝珠.................................... 53
082 《皇朝礼器图式·祭器·夕月坛正位白璧》.... 53
083 《皇朝礼器图式·祭器·夕月坛正位俎》...... 53
084 白釉盏...................................... 54
085 白釉登...................................... 54
086 白釉簠...................................... 54
087 白釉簋...................................... 55
088 白釉铏...................................... 55
089 白釉爵...................................... 55
090 《社稷坛总图》.............................. 56
091 社稷坛壝门.................................. 56
092 《社稷坛位次图》............................ 57
093 《社稷坛祈祀、报祀位次图》................ 57
094 《皇朝礼器图式·祭器·社稷坛正位珪》...... 58
095 《社稷坛陈设图》............................ 58
096 青玉爵...................................... 59
097 《先农坛、天神坛、地祇坛、太岁殿总图》.... 61
098 《先农坛位次图》............................ 61
099 《先农坛陈设图》............................ 61
100 《祭先农图》................................ 62
101 《皇帝躬耕位次图》.......................... 64
102 《耕耤礼图》................................ 65
103 《益象征丰图册·金鞭、金犁》.............. 66
104 《益象征丰图册·青箱、荆盖》.............. 66
105 《益象征丰图册·耧子、种斗》.............. 67
106 《益象征丰图册·三十六禾词》.............. 67
107 观耕台...................................... 68
108 《庆成宫受贺赐茶位次图》.................... 68
109 《先蚕坛总图》.............................. 69
110 《先蚕坛陈设图》............................ 70
111 《皇后祭先蚕神图》（局部）.................. 70
112 《皇后躬桑位次图》.......................... 71
113 《皇后观桑礼图》............................ 72

114 《皇后观桑位次图》.......................... 74
115 《献茧礼》（局部）.......................... 74
116 先蚕坛亲蚕殿旧影............................ 75
117 《钦定满洲祭神祭天典礼》内府抄本............ 76
118 《堂子总图》................................ 76
119 《堂子元旦行礼位次图》...................... 78
120 《享殿图》.................................. 79
121 盛京堂子享殿旧影............................ 80
122 《堂子享殿内陈设图》........................ 80
123 盛京堂子亭式殿旧影.......................... 81
124 《神刀图》.................................. 81
125 《亭式殿内陈设图》.......................... 81
126 《尚锡亭图》................................ 82
127 《尚锡亭内陈设图》.......................... 82
128 《清宁宫神锅月台地盘尺寸图》................ 82
129 坤宁宫煮肉蒸糕连灶.......................... 83
130 坤宁宫内景.................................. 83
131 蒙古神偶.................................... 84
132 《坤宁宫西楹供佛菩萨大亭》.................. 84
133 佛菩萨大亭.................................. 84
134 《三弦》.................................... 85
135 《手鼓、鼓槌》.............................. 85
136 黄釉碗...................................... 86
137 黄釉尊...................................... 86
138 青花缠枝莲纹尊.............................. 87
139 《大槽盆》.................................. 87
140 《小槽盆》.................................. 87
141 《太庙总图》................................ 88
142 太庙前殿旧影................................ 89
143 《太庙祫祭位次图》.......................... 90
144 太庙中殿内景................................ 91
145 《太庙时飨中殿位次图》...................... 92
146 《太庙时飨中殿陈设图之一》.................. 93
147 《太庙中殿祭告位次图》...................... 94
148 《太庙时飨后殿位次图》...................... 94
149 圣祖康熙帝神牌.............................. 95
150 金漆宝座.................................... 95
151 高宗乾隆帝谥宝.............................. 96
152 高宗乾隆帝谥册.............................. 96
153 乾隆帝孝贤纯皇后谥宝........................ 97
154 乾隆帝孝贤纯皇后谥册........................ 97
155 碧玉爵...................................... 98
156 金漆豆...................................... 98

157　金漆簋 99
158　金漆簠 99
159　五彩云龙纹登 100
160　黄漆竹丝笾 100
161　铜镀金铏 101
162　铜牺尊 101
163　铜象尊 102
164　铜著尊 103
165　铜壶尊 103
166　铜山尊 103
167　《奉先殿总图》 104
168　奉先殿 104
169　《奉先殿位次图》 105
170　奉先殿陈设旧影 106
171　金爵 106
172　《寿皇殿总图》 107
173　寿皇殿旧影 107
174　《寿皇殿位次图》 108
175　寿皇殿内景旧影 108
176　寿皇殿供帝后像册 109
177　《寿皇殿陈设图》 109
178　帝后诞辰忌辰单 110
179　景陵全图 110
180　具服殿 111
181　神厨库省牲亭 111
182　神厨库遗址 111
183　隆恩殿内景 112
184　帝陵燎炉 112
185　方城明楼前石五供 112
186　帝陵月牙城 113
187　帝陵宝顶 113
188　帝陵宝城东栅栏门 113
189　《历代帝王庙总图》 114
190　《历代帝王庙位次图》 115
191　《帝王名臣像·庖牺氏》 116
192　《帝王名臣像·神农氏》 116
193　《帝王名臣像·汉高祖》 116
194　《历代帝王庙正位陈设图》 117
195　《历代帝王庙配位陈设图》 117
196　《传心殿总图》 118
197　传心殿 119
198　《先师庙图》 120
199　北京孔庙先师门 121
200　北京孔庙大成殿旧影 122
201　《先师庙大成殿两庑位次》 122
202　《帝王名臣像·孔子》 123
203　《帝王名臣像·孟子》 123
204　《先师庙大成殿正位陈设图》 .. 123
205　铜豆 124
206　铜簋 124
207　铜簠 125
208　铜镀金铏 125
209　曲阜大成殿 126
210　《孔林图》 127
211　《努尔哈齐朝服像》 131
212　《努尔哈齐建元称贺》 131
213　盛京皇宫大政殿内景旧影 131
214　《顺治帝朝服像》 132
215　太和门 133
216　顺治帝登极诏书 133
217　《孝庄文皇后便服像》 134
218　《康熙帝少年朝服像》 134
219　《宣统即位后诸大臣谒见图》 .. 135
220　《乾隆帝老年朝服像》 136
221　《嘉庆帝朝服像》 137
222　太和殿内景旧影 138
223　御玺"皇帝之宝" 139
224　御玺"太上皇帝之宝" 139
225　《乾隆帝传位诏书》（局部） .. 140
226　毓庆宫 141
227　《同治帝朝服像》 143
228　《慈安皇太后便服像》 143
229　《慈禧皇太后朝服像》 143
230　养心殿垂帘听政处 144
231　《大朝会图》 145
232　《法驾卤簿图卷》（局部） 146
233　《皇朝礼器图式·卤簿·九龙曲盖》 .. 148
234　《皇朝礼器图式·卤簿·玉辂》 .. 148
235　《皇朝礼器图式·卤簿·金辂》 .. 149
236　《皇朝礼器图式·卤簿·木辂》 .. 149
237　《皇朝礼器图式·卤簿·象辂》 .. 150
238　《皇朝礼器图式·卤簿·革辂》 .. 150
239　《皇朝礼器图式·卤簿·宝象、导象》 .. 151
240　金提炉 152
241　金瓶 153
242　金香盒 153

243	金唾壶	154
244	金盥盆	154
245	静鞭	155
246	品级山	155
247	《太和殿朝贺位次图》	156
248	《朝会乐悬位次图》	156
249	编磬	157
250	编钟	157
251	麾	158
252	柷	158
253	敔	159
254	《午门朝参图》	159
255	《太和殿筵燕位次》	160
256	《保和殿除夕筵燕位次》	160
257	《正大光明殿元夕筵燕位次》	161
258	《山高水长筵燕位次》	161
259	《万树园赐宴图》	162
260	《万树园筵燕位次》	164
261	《惇叙殿燕宗室位次》	164
262	《千叟宴图》（局部）	165
263	梁国治书《千叟宴联句》册	166
264	《皇极殿千叟燕位次》	167
265	皇极殿千叟宴养老银牌	167
266	乾隆帝书《千叟宴诗》印版	168
267	王杰书《举千叟宴于皇极殿礼成联句用柏梁体》册	169
268	棕竹镶古铜鸠首杖	170
269	石青色团寿字织金缎	170
270	紫檀嵌玉灵芝式如意	170
271	《大学士阿桂像》	171
272	《裕亲王广禄八旬像》	171
273	《光绪帝大婚图·命使纳采》	172
274	《皇朝礼器图式·卤簿·金节》	173
275	《光绪帝大婚图·纳采宣制》	173
276	纳采礼物·盉	174
277	《光绪帝大婚图·纳采宴》	175
278	《光绪帝大婚图·大征礼》	176
279	大征礼物·茶筒	177
280	大征礼物·各色布帛	179
281	《光绪帝大婚图·进妆奁图》之一	179
282	《光绪帝大婚图·进妆奁图》之二	180
283	妆奁·银錾花双喜托杯	181
284	妆奁·金线	181
285	《光绪帝大婚图·命使册立奉迎》	182
286	《皇朝礼器图式·卤簿·皇后仪驾凤舆》	183
287	《光绪帝大婚图·册立礼》	184
288	皇后之宝	186
289	金双喜如意	187
290	御笔"龙"字轴	187
291	大红色绸绣金万字地八团彩云龙凤双喜纹绵袍	188
292	石青色绸绣八团彩云龙凤双喜纹绵褂	189
293	红缎绣云蝠平金龙凤双喜纹盖头	189
294	《光绪帝大婚图·奉迎皇后进宫》	190
295	皇后金提炉	191
296	《光绪帝大婚图·皇后迎进宫内乾清宫》	192
297	金宝瓶	193
298	马鞍	194
299	明黄色缂丝彩云金龙纹银鼠皮龙袍	195
300	东珠朝珠	195
301	坤宁宫洞房	196
302	合卺宴桌	196
303	龙凤双喜纹怀挡	197
304	子孙饽饽盒	197
305	龙凤双喜纹金酒壶	198
306	泥质彩漆喜酒坛	198
307	红地粉彩描金双喜字龙凤同和纹碗	199
308	黄地粉彩岁朝婴戏图大果盘	200
309	红色缎绣子孙万代金双喜字被	202
310	黄色缎绣葫芦万字龙凤同和纹枕	202
311	五彩双喜葫芦纹方蜡	203
312	青玉珐琅双喜字风挡烛台	203
313	喜神牌位	204
314	红绸绣龙凤同和纹拜垫	204
315	《寿皇殿彩棚图》	205
316	《光绪帝大婚图·庆贺礼》	206
317	《光绪帝大婚图·大婚颁诏》	207
318	《光绪帝大婚图·大婚赐宴》	208
319	《大婚太和殿筵燕位次》	209
320	《光绪帝大婚图·大婚赐宴乐舞》（局部）	210
321	《庆隆舞》	211
322	《扬烈舞》	212
323	《喜起舞》	212
324	皇子婚宴地点——箭亭	213
325	《公主婚礼保和殿筵燕位次》	213
326	《恩格德尔来上尊号》	214
327	《努尔哈齐朝服像》	214

328 宽温仁圣皇帝信牌 215
329 御玺"皇帝尊亲之宝" 215
330 青玉崇庆皇太后徽号册 216
331 青玉崇庆皇太后徽号宝 217
332 《孝诚仁皇后朝服像》 218
333 《孝昭仁皇后朝服像》 218
334 《孝贤纯皇后朝服像》 219
335 金凤貂皮皇后冬朝冠 219
336 《慧贤皇贵妃吉服像》 220
337 金黄色纱绣彩云金龙纹女朝袍 220
338 敦宜皇贵妃之宝 221
339 敦宜皇贵妃册 221
340 瑜贵妃之宝 222
341 瑜贵妃册 222
342 瑾妃之印 223
343 瑾妃册 223
344 瑾嫔册 224
345 香黄色绸绣彩云蝠八宝金龙纹朝袍 224
346 皇太子宝 225
347 皇太子宫毓庆宫 226
348 《礼亲王代善像》 227
349 皇帝亲亲之宝 227
350 和硕智亲王宝与封册 228
351 礼亲王府大门 229
352 怡亲王府银安殿 229
353 多罗定郡王印 230
354 顺承郡王府 230
355 荣宪公主龙袍 231
356 恪靖公主府 232
357 和嘉公主府垂花门 232
358 和恪公主册函钥匙牌 232
359 《道光帝行乐图》 233
360 荣安固伦公主封册 233
361 文华殿鸟瞰 234
362 《经筵位次》 234
363 《文华殿经筵》 235
364 蓝色团龙纹暗花江绸常服袍 235
365 经筵讲章 236
366 满文"四书"讲章 236
367 经筵御论 237
368 碧玉御制经筵论册 237
369 《经筵大臣鄂尔泰像》 238
370 弘德殿 238

371 《日讲易经解义》 239
372 《日讲官乔莱像》 239
373 国子监牌坊旧影 240
374 国子监彝伦堂 241
375 雍正帝临雍讲学图 242
376 国子监辟雍旧影 243
377 《临雍位次》 244
378 保和殿内景旧影 244
379 殿试卷 245
380 《点石斋画报·传胪盛典》 245
381 午门 246
382 《点石斋画报·鼎甲游街》 246
383 《皇朝礼器图式·冠服·进士冠》 247
384 小金榜 247
385 大金榜（局部） 248
386 《紫光阁试武进士》 248
387 武科小金榜 249
388 武殿试录用单 249
389 《武状元盔甲》 250
390 《点石斋画报·一元大武》 250
391 诏书 251
392 贺表 252
393 贺笺 253
394 道光帝庆贺皇太后表文 253
395 光绪帝上慈禧皇太后万寿贺表 254
396 《圣祖仁皇帝实录》 254
397 《大清圣祖仁皇帝圣训》 255
398 玉牒 255
399 《平定两金川方略》 255
400 皇史宬 256
401 时宪书 257
402 太和门进书单 257
403 《康熙帝戎装像》 260
404 康熙帝御用弓 261
405 康熙帝亲征途中给宫中太监的朱谕 261
406 德胜门 261
407 康熙帝赐给崇福寺的甲胄 262
408 康熙帝赐给崇福寺的腰刀 262
409 《平定朔漠告成太学碑》拓片 263
410 《乾隆帝大阅戎装像》 265
411 乾隆帝大阅盔甲 265
412 乾隆帝御用马鞍 266
413 皇帝大阅櫜鞬 266

414 《皇朝礼器图式·武备·皇帝大阅弓》..................267
415 皇帝大阅骨镞鹄箭..................267
416 皇帝大阅铁镞铍箭..................267
417 皇帝大阅佩刀..................268
418 《大阅位次》..................269
419 《皇朝礼器图式·武备·皇帝大阅黄幄》..................269
420 《大阅第二图·列阵》..................270
421 《皇朝礼器图式·武备·汉军鹿角》..................272
422 《皇朝礼器图式·武备·鼓、金》..................272
423 大阅海螺..................273
424 八旗兵大阅盔甲..................273
425 《阅武楼阅武图》（局部）..................274
426 《将军印谱》..................275
427 《皇朝礼器图式·武备·八旗纛》..................276
428 《定边将军兆惠像》..................277
429 《平定伊犁回部战图·乌什酋长献城降》..................277
430 《郊劳位次》..................278
431 《平定伊犁回部战图·郊劳回部成功诸将士》..................278
432 《十全敷藻图·将士凯旋郊劳》..................278
433 《平定金川战图·将士凯旋赐宴》..................280
434 《平定回疆剿擒逆裔战图·将士凯旋赐宴》..................281
435 《午门受俘位次》..................282
436 《平定回疆剿擒逆裔战图·受俘礼》..................283
437 《皇朝职贡图·朝鲜国官民》..................286
438 凤凰城墙与城门旧影..................286
439 《奉使图》第十四..................287
440 《奉使图》第十六..................287
441 《阿克敦过庭图》..................288
442 《朝鲜国王李昑朝服像》..................289
443 朝鲜国王李昑谢恩表文..................289
444 "朝鲜国王之印"印文..................290
445 朝鲜国王进贡表文..................290
446 木柄黑漆鞘高丽刀..................291
447 白色洒金高丽纸..................291
448 《朝鲜国王李熙朝服像》..................292
449 琉球全图..................293
450 《皇朝职贡图·琉球国官民》..................294
451 《琉球册封使汪楫画像》..................295
452 《册封琉球全图·天使馆至中山国王宫》..................296
453 《琉球国志略·天使馆图》..................297
454 《册封使行列图》（局部）..................297
455 《册封琉球全图·封舟》..................298
456 《册封琉球全图·封舟到港》..................298

457 《册封琉球全图·谕祭先王》..................299
458 《册封琉球全图·册封琉球仪式》..................300
459 《中山传信录·琉球国王印》..................301
460 "海表恭藩"印..................301
461 琉球王宫照片..................301
462 《册封琉球全图·琉球国王天使馆谢封》..................302
463 《奉使琉球图·奉使琉球事竣登舟》..................303
464 《奉使琉球图·奉使琉球事竣舟抵福州》..................303
465 《册封琉球全图·进京谢封》..................304
466 《琉球国志略·琉球国王尚穆》..................305
467 琉球国王尚穆为遣陪臣马继谟等进贡表文..................305
468 琉球国进贡清单..................305
469 琉球国王尚穆进贡腰刀..................306
470 琉球国进贡金漆嵌螺钿云龙纹长方盒..................306
471 琉球国进贡漆嵌螺钿攒盒..................307
472 琉球国进贡碗、杯..................307
473 琉球国进贡花布..................308
474 《琉球进贡船图》..................309
475 进贡使臣墓碑..................310
476 《皇朝职贡图·安南国官民》..................310
477 《平定安南战图·阮光显入觐赐宴图》..................311
478 《十全敷藻图·"安南国王"至避暑山庄》..................312
479 《万寿图·阮光显等敬献宝物图》..................313
480 《皇朝职贡图·暹罗国官民》..................314
481 暹罗国王进呈金叶表文..................315
482 暹罗国王郑华贡物清单..................316
483 缅甸国王进呈银叶表文..................316
484 《十全敷藻图·缅甸进贡》..................317
485 缅甸进贡红漆描墨色装饰图案纹盒..................318
486 《皇朝职贡图·廓尔喀头人与仆人》..................318
487 《平定廓尔喀战图·廓尔喀陪臣至京》..................319
488 《廓尔喀进象、马图》..................320
489 廓尔喀进贡錾金花柄铁插刀..................322
490 廓尔喀进贡铁柄腰刀..................322
491 《皇朝职贡图·哈萨克官民》..................322
492 《哈萨克贡马图》..................323
493 《皇朝职贡图·爱乌罕回人》..................323
494 紫檀木边座嵌爱乌罕四骏图插屏..................324
495 《万国来朝图》..................324
496 《光绪帝大婚图·太和殿朝贺使节位次》..................326
497 《华夷译语》..................328
498 《皇朝职贡图·荷兰国民人》..................328
499 康熙帝给荷兰国王的敕谕稿..................329

500	乾隆皇帝给荷兰国王的敕谕拉丁文稿	330
501	乾隆皇帝给荷兰国王的敕谕中文译本	330
502	乾隆皇帝赏赐荷兰礼物清单	331
503	葡萄牙所进表文	332
504	《皇朝职贡图·英吉利国人》	332
505	《马戛尔尼使团觐见乾隆帝之礼图》	333
506	和珅所拟关于英使来华觐见后发遣归国事宜的廷寄	333
507	马戛尔尼进贡自来火枪	334
508	马戛尔尼进腰刀	334
509	御制马戛尔尼等奉表贡至诗以志事玉册	334
510	《点石斋画报·大赉贡使》	334
511	奕䜣旧影	335
512	总理衙门旧影	335
513	"钦命总理各国事务关防"印文	336
514	总理衙门官员旧影	336
515	《六国公使觐见同治皇帝递交国书图》	337
516	英国公使馆大门旧影	337
517	英国照会	337
518	荷兰驻北京公使馆旧影	338
519	比利时驻北京公使馆旧影	338
520	比利时公使颂词	338
521	美国驻北京公使馆旧影	339
522	美国驻华使臣关防印文	339
523	美国驻北京公使馆前的清朝官员和美国公使旧影	339
524	觐见各国使臣档	340
525	意大利使馆开具的觐见名单	340
526	慈禧太后与外国公使夫人合影	341
527	驻厦门的美国海军参赞致慈禧太后寿诞电文	342
528	西班牙国王恭贺宣统帝登极国书	343
529	乾清宫	346
530	梓宫图样	347
531	陀罗尼经织金缎被	348
532	顺治帝遗诏	349
533	同道堂倚庐	350
534	同道堂克敬居	350
535	养心殿	351
536	东华门	351
537	寿皇殿	352
538	绢宝	352
539	《观德殿行礼》草图	353
540	高宗乾隆帝神主	353
541	钤盖蓝印的公文	354
542	慈禧太后大祭礼上的法船旧影	354
543	《清东陵地盘形势图》	355
544	陵寝大红门	356
545	裕陵地宫	356
546	光绪帝的下葬队伍途经京师市区旧影	357
547	排列在景山前街的慈禧太后冥人仪仗队	358
548	慈禧太后葬礼中松枝扎的仪仗旧影	358
549	慈禧太后下葬途中旧影	359
550	下葬路上抛撒楮币旧影	359
551	《地宫宝城北门洞尺寸立样图》	360
552	《明楼宝城侧面立样图》	361
553	地宫中宝床上的棺椁	362
554	圣德神功碑与碑亭	362
555	香册与香宝	363
556	册宝座	363
557	地宫内棺位	364
558	妃嫔园寝	364
559	《妃园寝福地地宫地盘尺寸图》	365

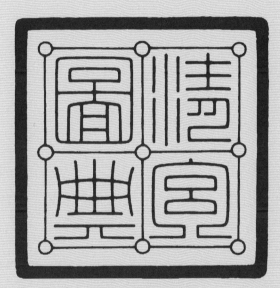

释文：清宫图典

吉礼篇

　　《礼记·祭统》中说"礼有五经，莫重于祭"，而《左传·成公十三年》又有"国之大事，在祀与戎"。吉礼乃"事邦国鬼神"，即祭祀之礼，被列在五礼之首。所以称作吉礼，按孙诒让《周礼正义》所释"取以善得福，是谓之吉礼"。

　　清代吉礼分为三等，即大祀、中祀、群祀（明代以前均称小祀）。大祀，均为皇帝亲祀；中祀，或皇帝亲祀，或遣官祭祀；群祀，全部为遣官祭祀，皇帝不与。清初定制，圜丘、方泽、祈谷、太庙、社稷、堂子祭天与坤宁宫祀神、祭祖陵为大祀。天神、地祇、太岁、朝日、夕月、历代帝王、先师、先农为中祀。乾隆时，改常雩为大祀，先蚕为中祀，光绪末改祭先师为大祀。按照本书界定的宫廷仪典范围，本篇只包括大祀与部分皇帝亲祀的中祀，而不涉及群祀。中祀的天神、地祇、太岁全部遣官祭祀，故本书亦不采录。

　　吉礼主要包括坛壝之制、神牌、祭器、祭品、玉帛牲牢之数、祀期、斋戒、祝版、祭服、祭告、习仪、陪祀诸方面。

　　清代既遵古，又承明旧制，一改汉至唐之天地合祀，而分祀天地于南北郊。其行礼沿用明廷各类已有建筑空间。帝王祭祀自然之神的空间位置，均按阴阳分区的原则，把祭祀昊天上帝的天坛建在皇宫之南——阳位，并以圆形象天；祭祀皇地祇的地坛建在皇宫之北——阴位，以方形象地；日坛在东，祭祀太阳——大明；月坛在西，祭祀月亮——太阴，即南阳北阴，东阳西阴。祭祖与社稷的空间，则按照《周礼·考工记》的空间布局，左祖——太庙，右社——社稷坛，即在皇宫的东西两侧。而列帝列后陵寝，不像明朝集中一区，而是在雍正帝以后按昭穆之制分建东西两个陵区。此外，清廷还在内廷建有"家庙"奉先殿，以区别于"国庙"太庙；亦有满洲特有的祭神祭天典礼。

神牌之设，有主位、配位、从位。以大祀为例，天坛祀主位昊天上帝神牌南向，地坛祀皇地祇北向，天南地北，正是阴阳之位，较之明代天地神牌均南向更符合礼制精神。在主神牌东西均设有列祖列宗神牌，为配位，即史籍所称其祖宗功高可"德配天地"。配位而外，再依天地之属设从位，即天坛设日、月、星辰、云、雨、风、雷，地坛设五岳与四海，五镇与四渎，以及陵寝神山。社稷坛中植石主，东大社、西大稷神牌北向，东西配位是后土句龙氏、后稷氏。太庙神牌则以太祖居中，再按左昭右穆排列。清代不像明朝以及前朝大多只以开国皇帝配享天地，其配享的列祖列宗，本无限制，但道光帝降旨，坛制空间有定，而配位不能无限递增，确定只有三祖五宗即截止于嘉庆帝配享。实际上，道光帝离世后，咸丰帝仍将其配享。同治朝真正遵从了道光帝遗命，故自咸丰帝以降，咸丰帝、同治帝、光绪帝不再配享。

清代吉礼所用祭器，一如前代，爵、登、簠、簋、笾、豆、筐、俎、尊、铏并用，遵循古代祭祀阴阳和谐之意，因而以"鼎俎奇而笾豆偶"为原则。清初沿明之旧，坛庙祭器遵古制用瓷。雍正时，改范铜。乾隆十三年（1748），诏宜法古，命廷臣集议，始定制笾编竹，丝绢里，鬃漆。郊坛所用豆、登、簠、簋、尊均为素瓷，颜色按天青、地黄、日赤、月白而别。唯太庙登用黄色五彩瓷，太庙其他祭器用木鬃漆饰金玉，铏范铜饰金，太庙尊亦为铜质而四季造型不同。爵或匏或玉或瓷，体现出祭器的多样性。

清代吉礼所用祭品，为形盐（制成虎形的盐块）、藁鱼、枣、栗、榛、菱、芡、鹿脯、白饼、黑饼、糗饵、粉餈，为干果类；韭菹、醓醢、菁菹、鹿醢、芹菹、兔醢、笋菹、鱼醢、脾析、豚拍、酏食、糁食，为菜肴类。根据祭祀的等次而作降减。

清代吉礼所用牺牲玉帛亦分等。牲牢四等，沿古制分为犊（小牛）、特（公牛）、太牢（牛羊豕）、少牢（羊豕）。以骍（红色）牲祭祀属于阳祀的天坛与太庙等，以黝（黑色）牲祭祀属于阴祀的地坛与社稷坛等。等级最高的牲牢为犊，用于圜丘、方泽。犊即小牛，以其诚悫未有牝牡之情，因而以小为最贵；大明、夜明用特，太庙与其他中祀用太牢。太庙西庑与帝王庙两庑暨群祀用少牢。其牺牲，大祀入涤九旬，中祀六旬，群祀三旬，即在专设的圈房中再饲养、洗刷其身九十、三十、十天，以使其纯洁。玉用六等，分别为上帝苍璧、皇地祇黄琮、大社黄珪、大稷青珪、朝日赤璧、夕月白璧。帛分七等，南北郊用"郊祀制帛"（织以满汉篆体四字，帛的颜色与祭器颜色同），社稷以下用"礼神制帛"，祈报祭告用"告祀制帛"，郊祀配位、太庙用"奉先制帛",另有"展亲制帛"、"报功制帛"、素帛（素帛即无字之帛），则为亲王功臣等配飨所用。凡祭祀除贡献牺牲外，必读祝文，其文书于木质板上，称祝版，其大小有定、颜色有别。

　　清代吉礼祀期明确，无需预卜吉期。唯祭祀时刻，顺治十三年（1656），诏祭天地以五鼓出宫，社稷、太庙并黎明，康熙朝定夕月用酉时。嘉庆八年（1803）再谕其黎明实在寅卯间。除定期的祭祀外，清代凡遇有嘉礼各项，军礼中的亲征凯旋、凶礼中的下葬，均祭告于坛庙，军礼中的亲征凯旋还需祭告于堂子天神。

　　为表明祭祀之诚敬，祭前斋戒，定为大祀三日、中祀二日。大祀圜丘，皇帝致斋大内二日，坛内斋宫一日。陪祭官斋于公署，圜丘斋于坛。对陪祭之官，亦有品级规定与侍仪约束。至于皇帝与陪祭、执事之官在祭祀时的衣着，也作出明确规定。为确保执事官于司仪时无误，还在规定的地点与时间内进行习仪。

　　总之，吉礼作为清代五礼之首，各项规制最为明确，具有集大成的特点。

一

祀 神

（一）祭天

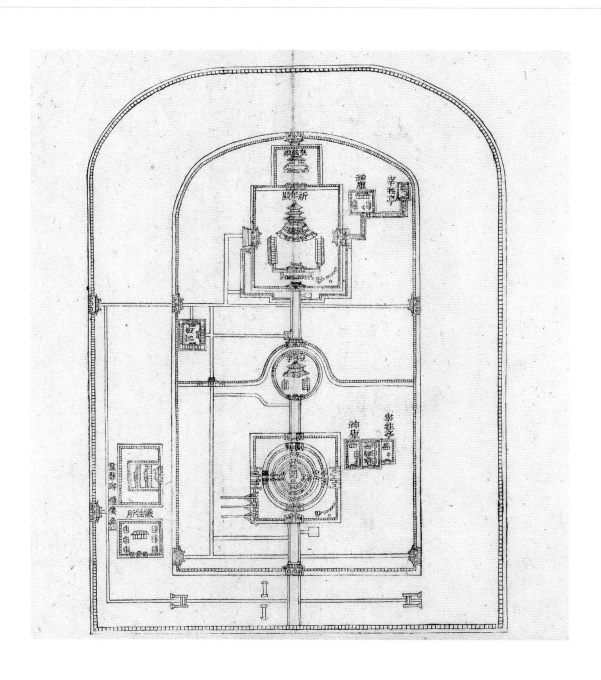

《天坛总图》

来源 （清）托津等：《钦定大清会典》，嘉庆
二十三年（1818）刻本

古代祭天之礼，清代之前包括孟春祈谷、孟夏雩祭、季秋享明堂、冬至祭昊天上帝，清代无季秋享明堂而保留有另三项祭天之礼，均在天坛举行。

清代在关外时期，天聪十年（1636）即在盛京建圜丘。入关后，袭用明朝所建天坛。

天坛位于京师正阳门东南，属都城的巳位，朝南。其内外城垣均南方北圆，由南区圜丘坛与北区祈年坛组成。朝西设两门，一为圜丘门，在圜丘坛外；一为西天门，在祈年坛外。

圜丘坛之东为宰牲亭三间与井亭、祭器库（又称神厨）五间、神库三间，其北为皇穹宇；祈年坛之东亦置宰牲亭、神库，其北为皇乾殿；斋宫位于两坛之间的内垣西部；牺牲所、神乐署、钟楼位于内外城垣间西侧靠南。

⓪⓪② 皇穹宇

皇穹宇位于圜丘坛北、圆形攒尖顶、南向，是贮藏昊天上帝和配祀的皇帝牌位的殿宇。皇帝举行祭天典礼前，先在此上香。

⓪⓪③ 斋戒铜人

年代　清
收藏单位　故宫博物院

顺治八年（1651）规定斋戒时间，大祀三日、中祀二日。祭天属大祀，届时太常寺将铜人置于乾清门黄案上，并进斋戒牌，陪祭官员公廨亦置斋戒木牌。大祀前皇帝在皇宫内致斋两日，并颁誓戒，其辞曰："惟尔群臣，其蠲乃心，齐乃志，各扬其职。敢或不共，国有常刑。钦哉勿怠！"祀前一日，撤斋戒牌及铜人送天坛斋宫，皇帝则前往天坛斋宫斋宿，陪祭官则斋于其公署。

斋戒日不理刑名、不办公、不宴会、不听乐、不入内寝、不问疾吊丧、不饮酒茹荤、不祭神、不扫墓。前期一日还需沐浴。

斋戒铜人在清代有三种形式。其中文官装束的有两种：一传为唐朝宰相魏徵，一传为明初乐官冷谦。另有一种内监装束者，则传为明时太监刚炳。以上三人在历史上均以刚直敢谏著称，铜人寓意由他们谏阻皇帝在斋戒期内戒欲，认真斋戒。

此斋戒铜人原贮于紫禁城内斋宫，所持如意柄中部镌有满汉文"斋戒"二字。

004

斋戒牌

年代　清
收藏单位　故宫博物院

祭祀斋戒期内，在皇帝的坐卧之处，亦挂斋戒牌；陪祀各官胸前均佩斋戒牌，以使触目儆心，恪恭罔懈。

皇家所用斋戒牌，材质、形制多样，有金质、玉质、木质、丝质刺绣等，造型有方形、圆形、葫芦形等。斋戒牌两面分别书以满汉文"斋戒"二字。

此为金累丝嵌松石葫芦式斋戒牌。

005

天坛斋宫内景旧影

年代　清
收藏单位　故宫博物院

皇帝祭天斋戒三日，前两日在皇宫内斋戒，第三日则到天坛斋宫斋戒。

此为天坛斋宫内景，其匾额"钦若昊天"为乾隆帝御笔，典出《尚书·尧典》，表达对皇天上帝的敬畏虔诚之心。

蓝缎妆花彩云金龙纹裘皮朝袍

年代　清康熙
收藏单位　故宫博物院

每岁冬至，皇帝于圜丘祭天，祭祀当日须着
蓝色朝袍，佩挂蓝色的青金石朝珠，以与天之颜
色一致，呼应颜色的自然属性，亦是古代天人合
一思想的体现。

青金石朝珠

年代　清
收藏单位　故宫博物院

此为皇帝祭天佩戴的青金石朝珠。此朝珠的
串结形式与其他朝珠无异，唯其主体珠子颜色与
材质特定，用蓝色的青金石。

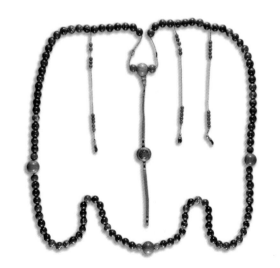

《圜丘坛图》

来源 [英] 唐纳德·曼尼：《北洋北京》，1920 年；（清）
托津等：《钦定大清会典》，嘉庆二十三年（1818）
刻本

　　天坛的圜丘坛为圆形，以附会古人"天圆地方"的观念。坛分三层、四面出阶，每层九级，坛面扇形石板均以九或其倍数铺设，以附会天数（阳数、奇数）之极——九。坛之周垣设四门，东曰泰元，南曰昭亨，西曰广利，北曰成贞。

　　圜丘为皇帝举行冬至祭天之所，祭祀昊天上帝，是清代吉礼中的大祀，例由皇帝亲自祭祀。唯皇帝有疾或年幼，方可遣官代祭。

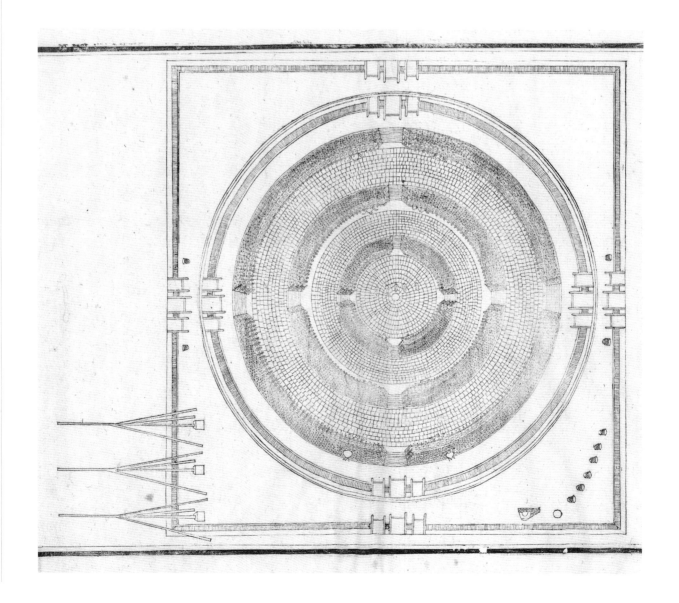

《圜丘坛上层位次图》

来源　（清）托津等：《钦定大清会典》，嘉庆二十三年
　　　（1818）刻本

　　圜丘坛所祭昊天上帝牌位供在坛之北，朝
南，设正位幄，圆形。东西两侧为配位，其幄为
方形，按左昭右穆排序配享皇帝六位：东为太祖
高皇帝、世祖章皇帝、世宗宪皇帝之幄，西为太
宗文皇帝、圣祖仁皇帝、高宗纯皇帝之幄。皇帝
拜位在坛的南侧，与正位幄相对。其祝版案置坛
之正中稍西。

　　皇帝拜位两侧为典礼执事的礼部、都察院、典
乐、司拜褥等官员。此图为嘉庆朝所绘，故配位
仅有三祖三宗。

　　凡冬至祭天、孟夏常雩，天坛上层位次均相同。

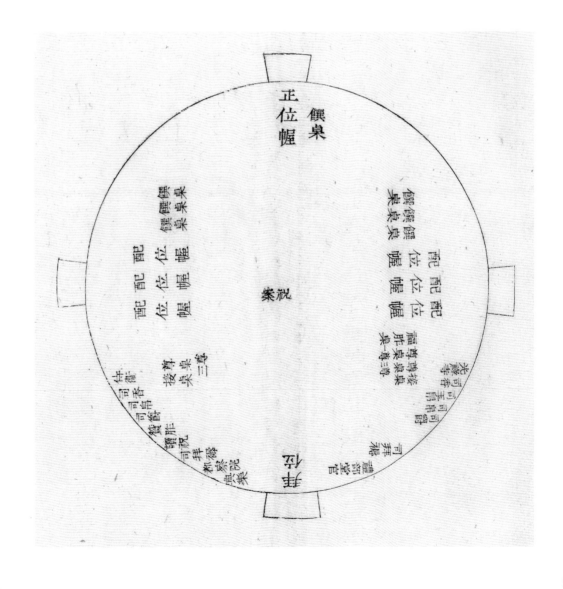

〇10

《圜丘坛第二层以下位次图》

来源 （清）托津等：《钦定大清会典》，嘉庆二十三年
（1818）刻本

　　圜丘坛第二层为受祭的从位之幄，大明（即
太阳）与北斗七星、五星、二十八宿之幄均在东
侧，夜明（即月亮）与云师、雨师、风伯、雷师
幄均在西侧。皇帝拜位在南侧。

　　第三层为陪祭王公拜位，陪祭百官拜位在南
门昭亨门外，均面朝北。

　　凡冬至祭天、孟夏常雩，第二层以下的位次
均相同。坛上层位次均相同。

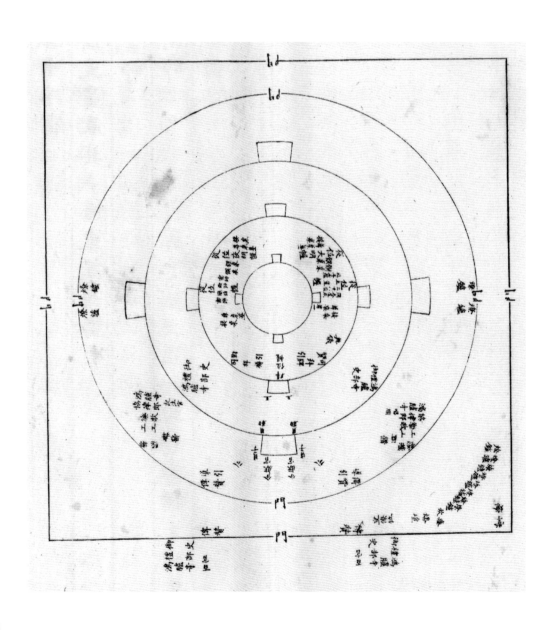

《皇帝于天坛第二层祭拜图》

来源 ［美］卫三畏：《中国总论》，1883 年

　　此为西方人所绘清末皇帝祭天的立体图像，其所绘第一层的先帝配位为八幄，即清朝八位皇帝配享，非常明确。

　　画面上可见第一层正中为正位昊天上帝圆形幄。两侧为先帝配位方形幄各四幄，即在嘉庆朝前六帝的基础上，又增加了嘉庆帝与道光帝。此缘于道光帝谕令先帝配位止于嘉庆帝，后世不再续加，以避免帝系无限绵长而无空间，但咸丰帝以其父皇德高可配而未遵遗命，将道光帝列置于配位，但自咸丰朝后再无续加配位。

　　图上第二层绘有正在拜位叩拜的皇帝，二层的大明、夜明从位幄单设，其两侧为星辰幄与云雨风雷幄各四座。

IMPERIAL WORSHIP OF SHANGTI ON THE ALTAR OF HEAVEN AT PEKING.

012

《圜丘坛祭告位次图》

来源　（清）托津等：《钦定大清会典》，嘉庆二十三年
　　　（1818）刻本

　　凡冬至祭天、孟夏常雩，是在天坛每岁例行的典
礼。而如有登极授受大典、上徽号、上尊谥庙号、祔
庙、葬陵、万寿节、册立皇太子、大婚册立皇后、亲征
命将等国之大事，均要特别在圜丘坛向昊天上帝祭告。

　　祭告时，其位次不同于皇帝例行典礼的位次，仅
设正位幄，无配位、从位幄。皇帝不亲自行礼，遣官
行礼。

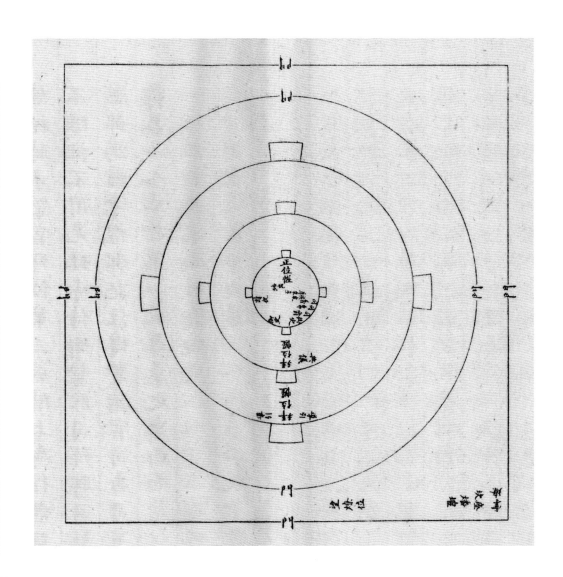

《圜丘坛正位陈设图》

来源 （清）托津等：《钦定大清会典》，嘉庆二十三年
　　　（1818）刻本

　　圜丘正位幄内，有青羊角座灯四盏，置于昊天上
帝的牌位座旁两盏，置于馔桌（即笾豆案）旁两盏。馔
桌上置爵垫一个、金镶青羊角灯两盏。其摆设供品的
祭器为：登一、箩二、簋二、笾十二、豆十二。再设
软丝金灯两盏。

　　幄门外左右设铜炉二；幄前设俎，内置牺牲——
犊（小牛）；再前为石五供台，上陈铜龙香炉一、铜
龙烛台二、铜龙花瓶二，其内插贴金的木灵芝一；再
向前设金炉一，其旁为鈲灯两盏。

　　盛有玉、帛的筐，预先放在东接桌上，进献玉、帛
时则置于馔桌正中。匏爵三个，预先陈于尊桌上，初
献、亚献、终献时分别陈于爵垫正中、左侧、右侧。

　　冬至祭天、孟夏常雩，均为此种陈设布局。

贡献天坛的牺牲与祭品旧影

年代　20世纪初
收藏单位　故宫博物院

　　照片上可见俎上的牺牲，以及馔桌上的祭品。

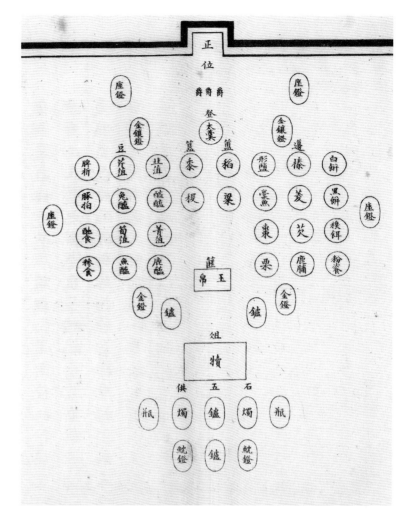

015

《圜丘坛配位陈设图》

来源　（清）托津等：《钦定大清会典》，嘉庆二十三年
　　　　（1818）刻本

　　圜丘坛配位所祭为其先祖，故其陈设与正位
陈设基本相同，唯减省俎前的五供，篚内仅为
帛，无玉。

　　常雩时，陈设与此相同。

016

《圜丘坛从位陈设图》之一

来源　（清）托津等：《钦定大清会典》，嘉庆二十三年
　　　　（1818）刻本

　　圜丘坛第二层大明、夜明的从位幄内，设青
羊角座灯四盏，再置一馔桌，上设盏二十。馔桌
上的祭器笾、豆分别减为十个，省去糗饵、粉餈
与酏食、糁食祭品四种，其他与主位、配位祭品
相同。与主位、配位不同的是，俎内牺牲为牛，爵
用陶爵。

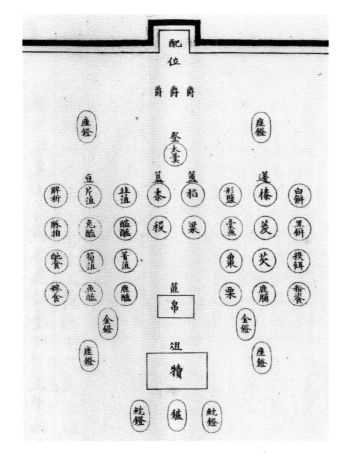

《圜丘坛配位陈设图》

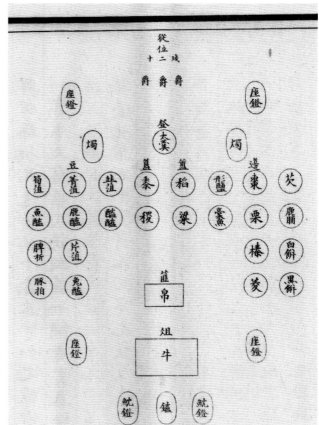

《圜丘坛从位陈设图》之一

《圜丘坛从位陈设图》之二

来源　（清）托津等：《钦定大清会典》，嘉庆二十三年
　　　　（1818）刻本

　　此为第二层的星辰幄与云雨风雷幄内陈设，怀
桌上设盏三十，馔桌上增设铏二，盛装和羹，俎
内牺牲为太牢，即牛羊豕各一，除此而外，与大
明、夜明陈设相同。

《圜丘坛祭告陈设图》

来源　（清）昆冈等：《钦定大清会典》，光绪二十五年
　　　　（1899）刻本

　　祭告时，仅设正位幄，无配位、从位幄位次，又
因皇帝不亲自行礼，遣官行礼，故陈设从简。
　　祭品仅有笾二，盛枣、鹿脯；豆六，盛鹿醢、葡
萄、桃仁、兔醢、莲实、榛。不进俎，无牺牲。

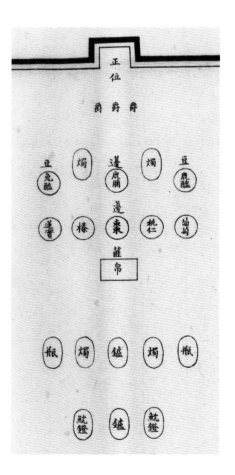

《大雩位次图》

来源 （清）托津等：《钦定大清会典》，嘉庆二十三年
　　　（1818）刻本

　　每年孟夏，皇帝在圜丘亦举行雩祀，即常雩，祭
昊天上帝，其仪与冬至圜丘大祀相同。

　　若久旱不雨则举行大雩礼。设昊天上帝正位
幄与从位幄，不设祖先配位幄。不饮福受胙，故
不设馔桌，仅有尊桌。

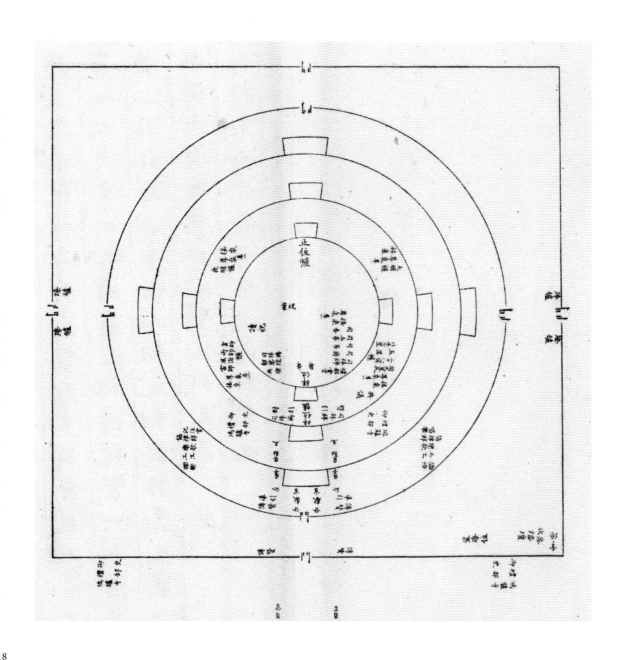

《大雩正位陈设图》

来源 （清）昆冈等：《钦定大清会典》，光绪二十五年
　　　（1899）刻本

　　其正位祭器仅有豆二，盛鹿醢、兔醢；笾
六，盛鹿脯、枣、桃仁、榛、葡萄、莲实。不进
俎，无牺牲。
　　大雩从位陈设与此相同。

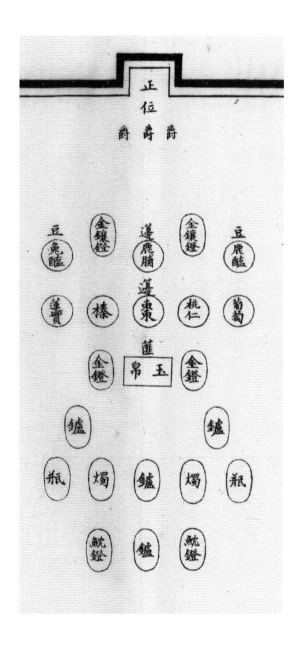

《祈谷坛祈年殿图》

来源　（清）托津等：《钦定大清会典》，嘉庆二十三年
　　　（1818）刻本

　　天坛北为祈谷坛，南向、圆形三层，其北为祈
年殿，殿亦圆形，三重檐。

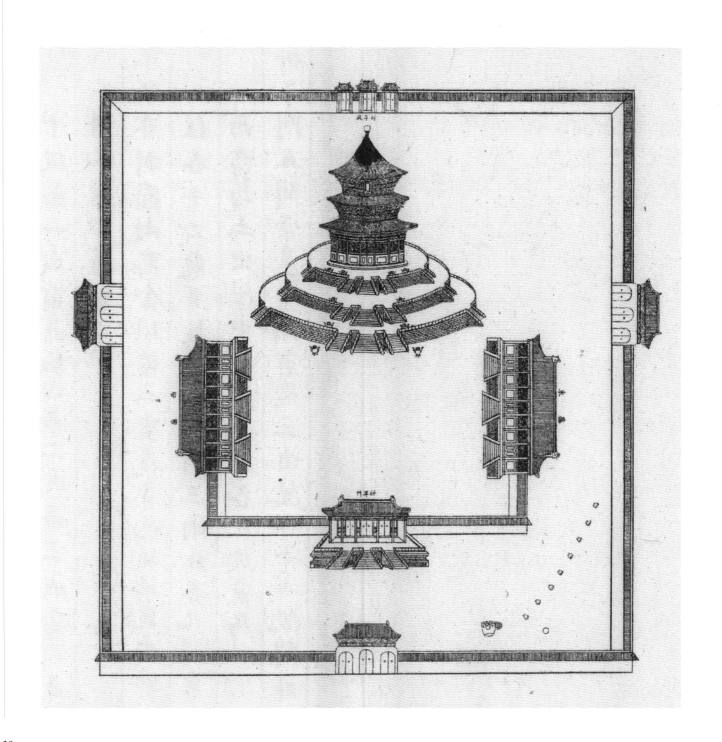

022

祈年殿旧影

来源 ［英］唐纳德·曼尼：《北洋北京》，1920 年

　　祈年殿原称大享殿，乾隆十六年（1751）更名祈年殿。每年正月上辛日，后改为立春后上辛日在此祈谷，祭祀昊天上帝，以祈人寿年丰。

023

《祈年殿内位次图》

来源 （清）托津等：《钦定大清会典》，嘉庆二十三年（1818）刻本

　　其位次与天坛上层相同，唯不设幄，只设神座。

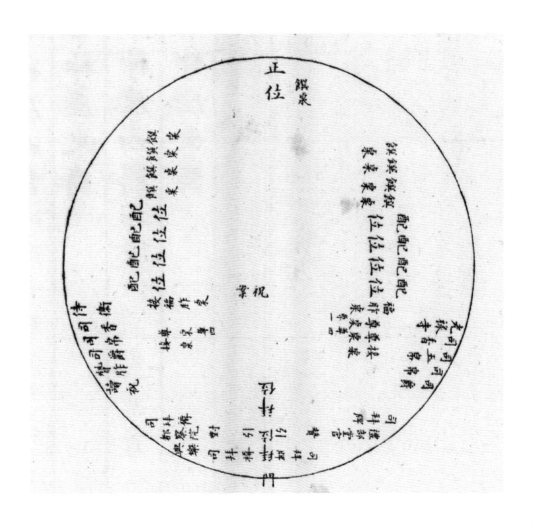

024

《祈谷坛正位陈设图》

来源 （清）托津等：《钦定大清会典》，嘉庆二十三年
（1818）刻本

其陈设与天坛正位相同，唯不设石五供。

025

《祈谷坛配位陈设图》

来源 （清）托津等：《钦定大清会典》，嘉庆二十三年
（1818）刻本

其陈设与天坛配位相同。

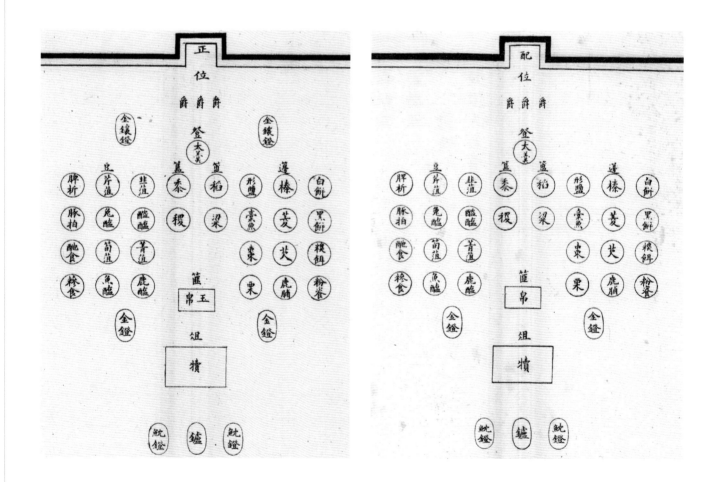

026

《皇朝礼器图式·祭器·天坛正位苍璧》

年代　乾隆二十四年（1759）
作者　（清）冷鉴、（清）黄门等
收藏单位　故宫博物院

　　在圜丘坛，皇帝以苍璧祭昊天上帝，祭祀时先置于筐中，当致祭燔柴迎神奏乐后，皇帝即向昊天上帝进献之。

027

《皇朝礼器图式·祭器·天坛正位匏爵》

年代　乾隆二十四年（1759）
作者　（清）冷鉴、（清）黄门等
收藏单位　故宫博物院

　　在圜丘坛正位祭器中，设置匏爵三，预先陈于尊桌上，皇帝以匏爵行初献、亚献、终献礼爵酒后，分别陈于爵垫正中、左侧、右侧。
　　匏爵由椰实剖开，去除其瓢，内衬以金里，其座为檀香木制成，并歧出为三足象爵形。

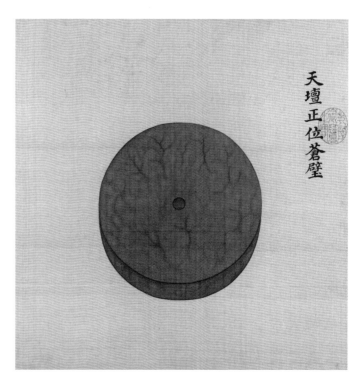

天坛正位登

天坛正位簠

028

《皇朝礼器图式·祭器·天坛正位登》

年代　乾隆二十四年（1759）

作者　（清）冷鉴、（清）黄门等

收藏单位　故宫博物院

　　在天坛正位、配位祭器中，设置祭蓝色瓷登一，居于馔桌正中，盛祭品太羹（即不加调味的肉汁）。

029

《皇朝礼器图式·祭器·天坛正位簠》

年代　乾隆二十四年（1759）

作者　（清）冷鉴、（清）黄门等

收藏单位　故宫博物院

　　在天坛正位、配位祭器中，设置祭蓝色瓷簠二，于馔桌居中偏左，盛祭品黍与稷。

《皇朝礼器图式·祭器·天坛正位簠》

年代　乾隆二十四年（1759）

作者　（清）冷鉴、（清）黄门等

收藏单位　故宫博物院

　　在天坛正位祭器中，设置祭蓝色瓷簠二，于馔桌居中偏右，盛祭品稻与粱。

《皇朝礼器图式·祭器·天坛正位笾》

年代　乾隆二十四年（1759）

作者　（清）冷鉴、（清）黄门等

收藏单位　故宫博物院

　　在天坛正位祭器中，在簠之左设有笾十二，盛祭品形盐（特制成虎形的盐）、藁鱼（干咸鱼）、枣、栗、榛、菱、芡、鹿脯、白饼、黑饼、糗饵、粉餈。笾由竹丝编织，其里衬以绢。

天坛正位簠

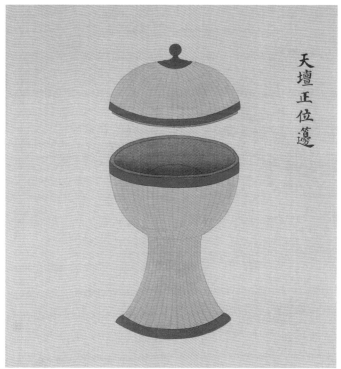

天坛正位笾

天坛正位豆

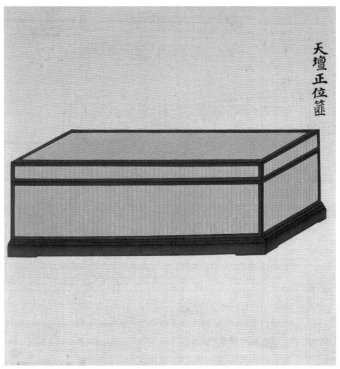

天坛正位篚

032

《皇朝礼器图式·祭器·天坛正位豆》

年代　乾隆二十四年（1759）

作者　（清）冷鉴、（清）黄门等

收藏单位　故宫博物院

　　在天坛正位祭器中，在簠右侧设祭蓝色瓷豆十二，盛祭品韭菹、醓醢、菁菹、鹿醢、芹菹、兔醢、笋菹、鱼醢、脾析、豚拍、酏食、糁食。

033

《皇朝礼器图式·祭器·天坛正位篚》

年代　乾隆二十四年（1759）

作者　（清）冷鉴、（清）黄门等

收藏单位　故宫博物院

　　在天坛正位祭器中，用篚来盛玉、帛，预先放在东接桌上，待皇帝进献玉、帛时则置于馔桌正中。

　　篚以竹编制而成，天坛之篚其边框糅以蓝漆。

《皇朝礼器图式·祭器·天坛正位尊》

年代　乾隆二十四年（1759）
作者　（清）冷鉴、（清）黄门等
收藏单位　故宫博物院

　　尊即盛酒罐，在天坛祭器中，以尊来盛三献礼所献之酒。

（035）

《皇朝礼器图式·祭器·天坛正位俎》

年代　乾隆二十四年（1759）
作者　（清）冷鉴、（清）黄门等
收藏单位　故宫博物院

　　在天坛祭器中，幄幕前设俎一具，内置牺牲。
　　俎以木制成，天坛之俎髹蓝漆，里为锡质。天坛正位、配位之俎，仅盛特牲——犊，故不分格，但从位之俎内则分为三格，放牺牲太牢牛羊豕。

天坛正位尊

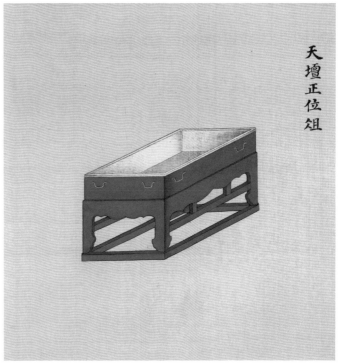

天坛正位俎

036

祭蓝釉簋

年代　清乾隆
收藏单位　故宫博物院

　　天坛正位、配位、从位祭器，色彩和质地基本相同，即多用蓝色瓷器。天坛祭器簋，其实物如图。

037

祭蓝釉豆

年代　清嘉庆
收藏单位　故宫博物院

　　天坛祭器豆，实物如图。

038

祭蓝釉爵

年代　清乾隆
收藏单位　故宫博物院

　　天坛祭祀，皇帝向正位、配位神灵敬酒用匏爵，但从位所用祭器爵则不同，从位用蓝色瓷爵，实物如图。

039

《圜丘坛初献武舞谱》

来源 （清）允禄、张照等撰：《律吕正义后编》，
乾隆十一年（1746）武英殿刻本

中国古代礼乐并行，有礼必有乐。清代皇家典制乐舞主要分为两种，用于祀神者称“佾舞”，用于宴飨者称“队舞”。凡佾舞，武舞用干戚，文舞用羽籥，故干戚之舞称武功之舞，羽籥之舞称文德之舞。祭祀初献用武舞，亚献、终献以文舞，唯先师庙、文昌庙初献、亚献、终献皆为文舞。

初献武舞，左右两班各三十二人，共计六十四人，八排八列，以符天子之舞为八佾。舞者皆左手执干居中当胸，右手执戚平衡，戚首左柄右。舞时歌《寿平之章》共六句，其动作共四十二式，第一句为“玉斝肃陈兮明光”七式，如第一式“玉”，即“正立，干居左，戚居右”。

左图为舞前就班预备式，右图上部为动作“玉”式。

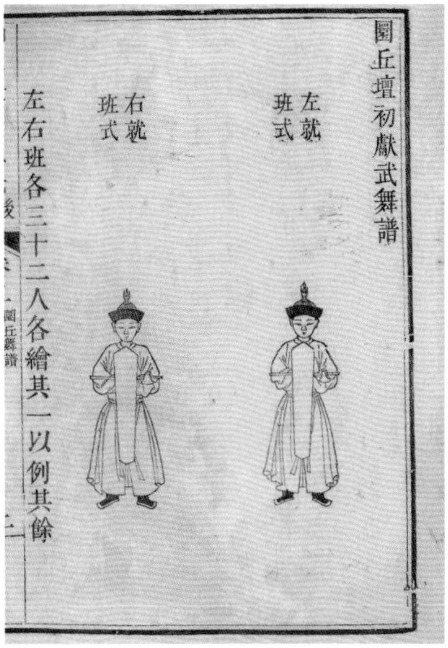

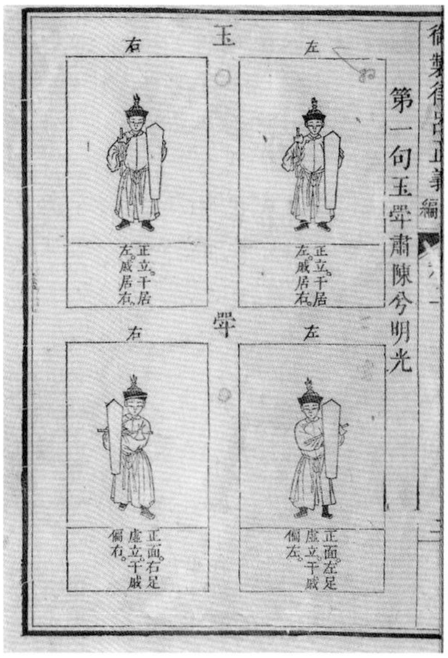

040

《圜丘坛亚献文舞谱》

来源 （清）允禄、张照等撰：《律吕正义后编》，
乾隆十一年（1746）武英殿刻本

亚献文舞，亦分左右两班，各三十二人。舞者左手执籥当胸平衡，右手执羽当中直立并高出头顶，羽籥相交如十字。舞时歌《嘉平之章》，其动作共五十三式，第一句为“考钟拂舞兮再进瑶觞”九式，如第一式“考”为“正立，籥下垂，羽植”左图为舞前就班预备式，右图上部为动作“考”式。

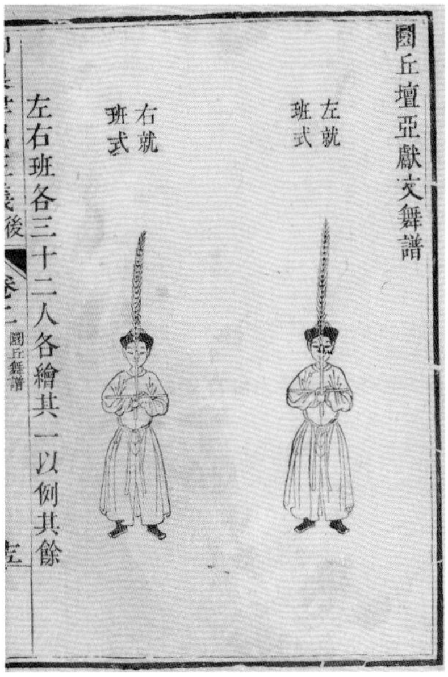

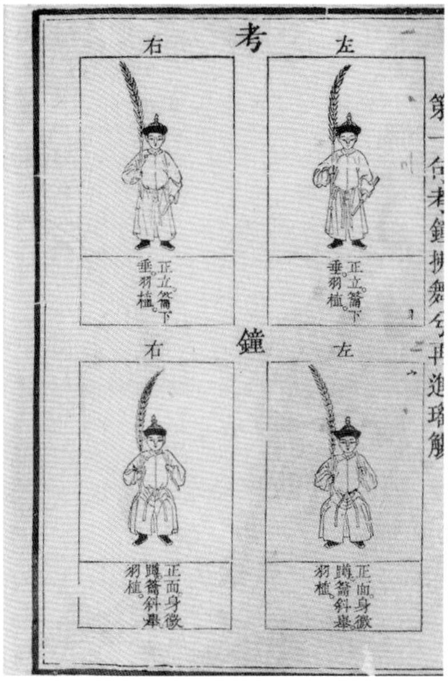

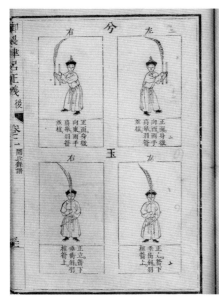

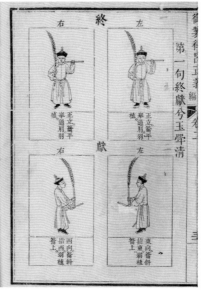

041

《圜丘坛终献文舞谱》

来源 （清）允禄、张照等撰：《律吕正义后编》，乾隆十一年（1746）武英殿刻本

终献文舞，左右两班站立如亚献，皆左手执籥居左，右手执羽居右，羽籥分立。舞时歌《永平之章》共六句，其动作共四十七式，第一句为“终献兮玉斝清”六式，如第一式“终”为“正立，籥平举过肩，羽植”。

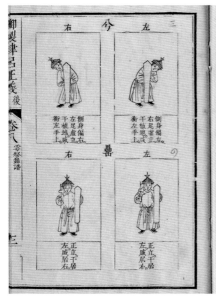

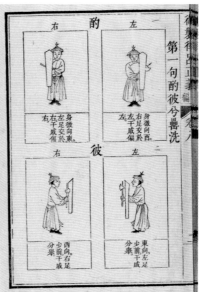

042

《常雩、大雩初献武舞谱》

来源 （清）允禄、张照等撰：《律吕正义后编》，乾隆十一年（1746）武英殿刻本

常雩、大雩初献武舞，舞前就班预备式皆左手执干居中当胸，右手执戚平衡，戚首居左其柄居右，舞时歌《霖平之章》六句，动作共三十八式，第一句为“酌彼兮罍洗”五式，如第一式“酌”为左右二人身体微微向西或东，右足交于左或左足交于右，干戚偏左或右。

右上角左右两图为动作“酌”式。

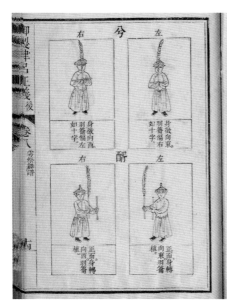

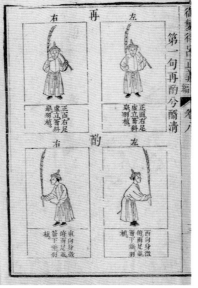

043

《常雩、大雩亚献文舞谱》

来源 （清）允禄、张照等撰：《律吕正义后编》，乾隆十一年（1746）武英殿刻本

常雩、大雩亚献文舞，皆左手执籥居左，右手执羽居右，羽籥分立。舞时歌《露平之章》六句，其动作共三十七式。第一句为“再酌兮醑清”五式，如第一式“再”为“正面，右足虚立，籥斜举，羽植”。

右上角左右两图为动作“再”式。

044

《常雩、大雩终献文舞谱》

来源　（清）允禄、张照等撰：《律吕正义后编》，乾隆十一年（1746）武英殿刻本

常雩、大雩终献文舞，皆左手执籥当胸平衡，右手执羽当中直立并高出头顶。舞时歌《霈平之章》六句，其动作共三十八式。第一句为"三酌兮成纯"五式，如第一式"三"为左右二人均正面，两手推向东或西，籥直立。

图右上角左右为动作"三"式。

045

《大雩舞童持节导班图》

来源　（清）允禄、张照等撰：《律吕正义后编》，乾隆十一年（1746）武英殿刻本

大雩祭祀时，在三献礼舞蹈后，再由舞童双手持羽而舞。舞蹈之前，有二人持节引导。

图右为舞童持节，引导列班之式。

046

《大雩童子舞图》

来源　（清）允禄、张照等撰：《律吕正义后编》，乾隆十一年（1746）武英殿刻本

大雩舞童左右两班各十六人，衣黑色之衣，分八列，执羽而舞。歌御制《云汉诗》八章，每章十句，每句四式共四十式。结束后望燎。第一章第一句为"瞻彼朱鸟"四式。童子左手所执之羽毛三茎，右手所执两茎，以与《易经》的立数之义"参天两地"相合。

图为第一章第一句"瞻彼朱鸟"四式舞蹈。

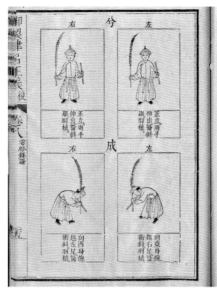
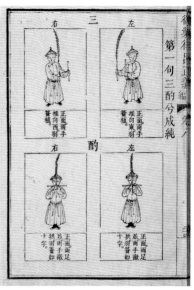

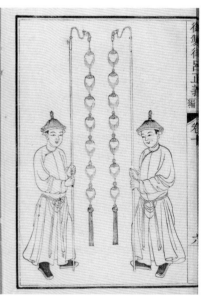

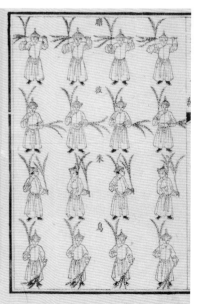

047

彩画云龙纹木质干

年代 清
收藏单位 故宫博物院

　　吉礼中，祀神佾舞中的武舞所用干，即为如此之式。

048

黑漆木柄戚

年代 清
收藏单位 故宫博物院

　　吉礼中，祀神佾舞中的武舞所用戚，即为如此之式。

金漆龙首式木柄羽

年代　清
收藏单位　故宫博物院

　　吉礼中，祀神俏舞中的文舞所用羽，即为如此之式。

红漆竹篴

年代　清
收藏单位　故宫博物院

　　吉礼中，祀神俏舞中的文舞所用篴，即为如此之式。

祭祀武舞生冬冠

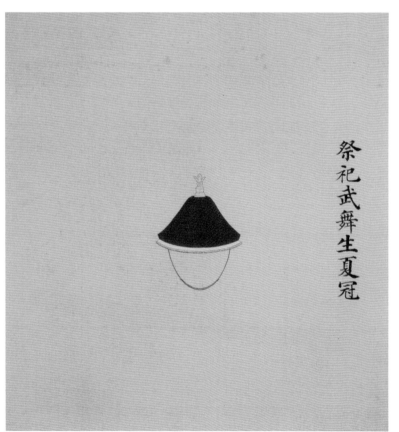

祭祀武舞生夏冠

051

《皇朝礼器图式·冠服·祭祀武舞生冬冠》

年代　乾隆二十四年（1759）
作者　（清）冷鉴、（清）黄门等
收藏单位　故宫博物院

　　冬日祭祀，武舞生所戴冠，亦以骚鼠皮制成，其顶铜座与文舞生冠同，但顶部为铜三棱，像戟之形。

052

《皇朝礼器图式·冠服·祭祀武舞生夏冠》

年代　乾隆二十四年（1759）
作者　（清）冷鉴、（清）黄门等
收藏单位　故宫博物院

　　夏日祭祀，武舞生所戴冠，其材质、铜座与文舞生冠同，顶部与武舞生所戴冬冠同。

《皇朝礼器图式·冠服·祭祀武舞生袍》

年代　乾隆二十四年（1759）
作者　（清）冷鉴、（清）黄门等
收藏单位　故宫博物院

祭祀武舞生所穿之袍，以绸缝制，通身销金葵花纹。不同的祭祀场所颜色不同，即天坛用石青色（图1），地坛黑色（图2），祈谷坛、社稷坛、太庙、日坛、历代帝王庙、文庙、先农坛、太岁坛均用红色（图3），月坛用月白色（图4）。

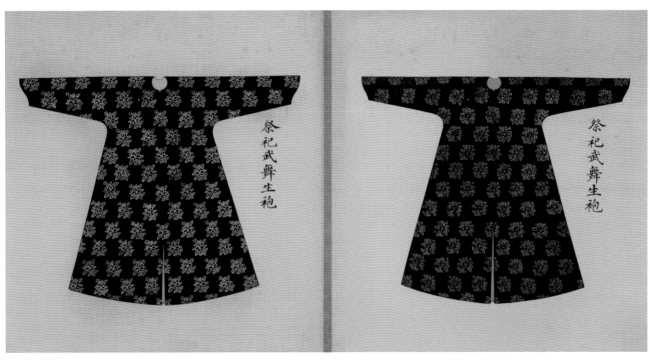

（图1）　　　　　　　　　　　（图2）

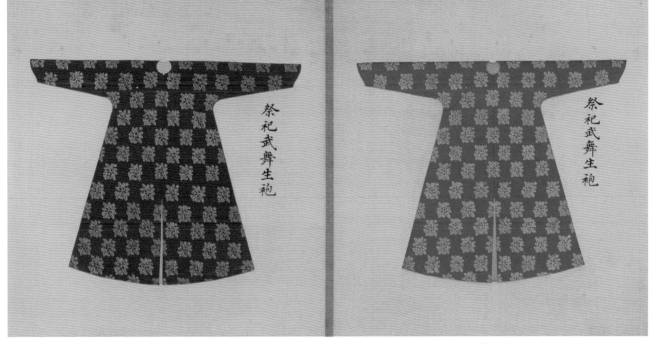

（图3）　　　　　　　　　　　（图4）

祭祀文舞生冬冠

祭祀文舞生夏冠

054

《皇朝礼器图式·冠服·祭祀文舞生冬冠》

年代　乾隆二十四年（1759）
作者　（清）冷鉴、（清）黄门等
收藏单位　故宫博物院

冬日祭祀，文舞生所戴冠，以骚鼠皮制成，其顶镂花铜座，座上为镂有葵花纹的方铜，顶部为铜三角、象火珠之形。

055

《皇朝礼器图式·冠服·祭祀文舞生夏冠》

年代　乾隆二十四年（1759）
作者　（清）冷鉴、（清）黄门等
收藏单位　故宫博物院

夏日祭祀，文舞生所戴冠，外缀红纬，其顶与冬冠相同。

056

《皇朝礼器图式·冠服·祭祀文舞生袍》

年代　乾隆二十四年（1759）
作者　（清）冷鉴、（清）黄门等
收藏单位　故宫博物院

祭祀文舞生所穿之袍，以绸缝制、前后方襕为销金葵花纹。不同的祭祀场所颜色不同、所用颜色与武舞生同。

祭祀文舞生袍

祭祀文舞生袍

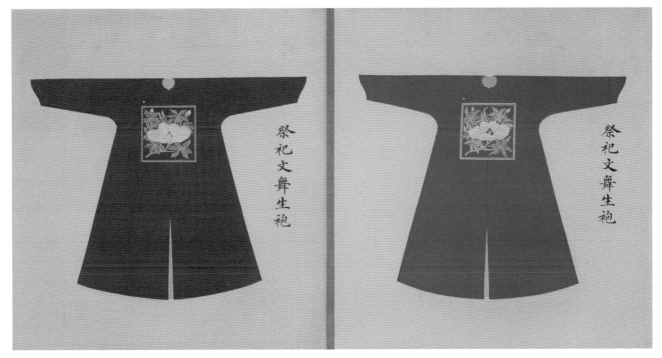

祭祀文舞生袍

祭祀文舞生袍

（二）祭地

057

《地坛总图》

来源 （清）托津等：《钦定大清会典》，嘉庆二十三年
（1818）刻本

　　地坛位于京师安定门外之东北，朝北，在都城的丑位，与都城巳位的天坛南北相对。其中方泽坛两层，形制为方形，以附中国古人以地为方形的观念。其斋宫位于坛西北，皇祇室在坛南，坛西南为神库与宰牲亭。

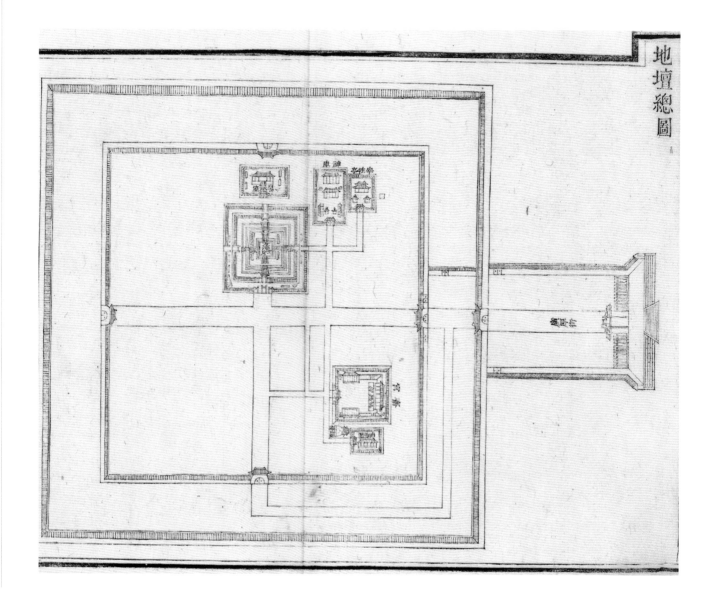

058

明黄色纳纱彩云金龙纹朝袍

年代　清乾隆
收藏单位　故宫博物院

　　每岁夏至，皇帝于方泽坛祭地，着明黄色朝服，以与地——五行中的土为黄色一致。

059

蜜蜡朝珠

年代　清
收藏单位　故宫博物院

　　皇帝祭地，佩戴蜜蜡朝珠。

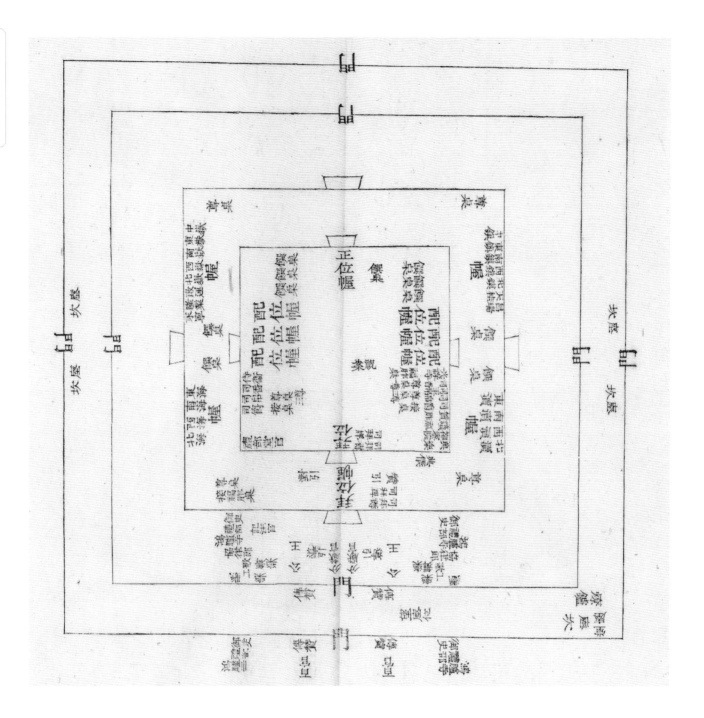

060

《方泽坛位次图》

来源 （清）托津等：《钦定大清会典》，嘉庆二十三
年（1818）刻本

皇帝祭地为大祀。

方泽坛上层正中为皇地祇幄，朝北，东西相
向为自太祖努尔哈齐至高宗乾隆帝的六代先帝配
位幄，按昭穆顺序排列，其幄均为方形。二层为
五岳（中岳、东岳、西岳、南岳、北岳）与启运、隆
业、永宁三山一幄，四海（东海、西海、南海、北海）
为一幄，坐东朝西；五镇（中镇、东镇、西镇、南
镇、北镇）与天柱、昌瑞二山为一幄，四渎（东渎、西
渎、南渎、北渎）为一幄，坐西朝东。

皇帝拜位幄，朝南。

061

《方泽坛正位陈设图》

来源 （清）托津等：《钦定大清会典》，嘉庆二十三年
（1818）刻本

皇地祇正位幄内外，有黄羊角座灯各二盏。馔桌
（即笾豆案）上置爵垫一个。其摆设供品的祭器为：
登一、簠二、簋二、笾十二、豆十二。

幄前设俎，内置牺牲——犊（小牛）。

盛有玉、帛的筐，预先放在东接桌上，进献玉、帛
时则置于馔桌正中。

匏爵三个，预先陈于尊桌上，初献、亚献、终献
时分别陈于爵垫正中、左侧、右侧。

062

《方泽坛配位陈设图》

来源 （清）托津等：《钦定大清会典》，嘉庆二十三年
（1818）刻本

方泽坛先祖配位幄内陈设，与正位幄陈设基本相
同，唯筐内仅有帛无玉。

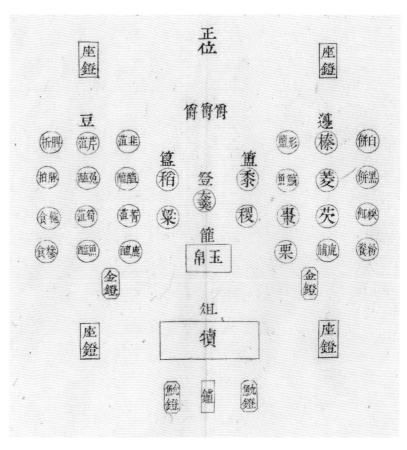

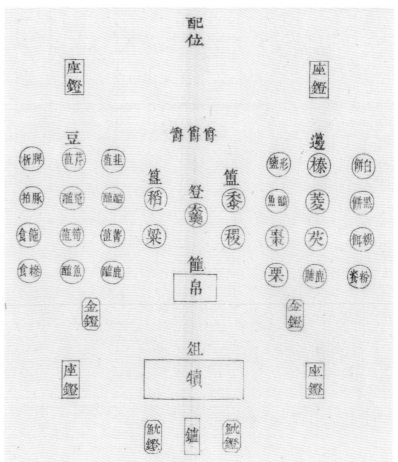

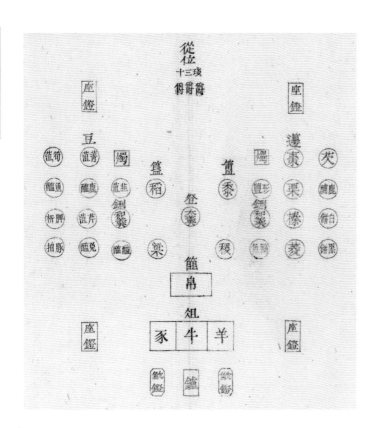

063

《方泽坛从位陈设图》

来源 （清）托津等：《钦定大清会典》，嘉庆二十三年
　　　（1818）刻本

　　方泽坛岳镇海渎的从位幄，用陶爵，上设黄色
瓷盏三十。馔桌上祭器笾豆减为十，但增设铏二，盛
装和羹，俎内牺牲为太牢，即牛羊豕各一。

064

《方泽坛祭告位次图》

来源 （清）昆冈等：《钦定大清会典》，光绪二十五年
　　　（1899）刻本

　　凡有登极授受大典、上徽号、上尊谥庙号、祔
庙、葬陵、万寿节、册立皇太子、大婚册立皇后、亲
征命将等国之大事，均要特别在方泽坛向皇地祇祭告。
　　祭告时，仅设正位幄，无配位、从位幄。皇帝
不亲自行礼，遣官行礼。

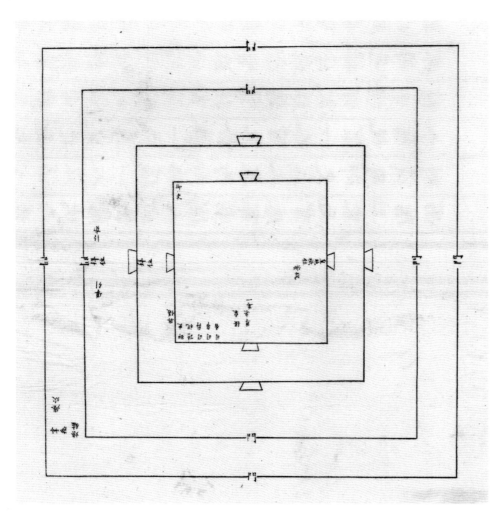

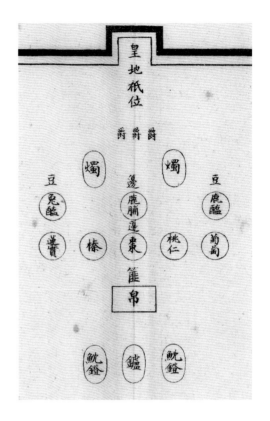

065

《方泽坛祭告陈设图》

来源　（清）昆冈等：《钦定大清会典》，光绪二十五年
　　　（1899）刻本

　　方泽坛祭告，与圜丘坛祭告相同、比之节令正祭，祭品亦大为减少，仅有笾二，盛枣、鹿脯；豆六，盛鹿醢、葡萄、桃仁、兔醢、莲实、榛。不进俎，无牺牲。

066

《皇朝礼器图式·祭器·地坛正位黄琮》

年代　乾隆二十四年（1759）
作者　（清）冷鉴、（清）黄门等
收藏单位　故宫博物院

　　在地坛正位，以黄琮祭皇地祇，祭祀时先置于篚中，当致祭瘞毛血迎神奏乐后，皇帝即向皇地祇进献玉琮。

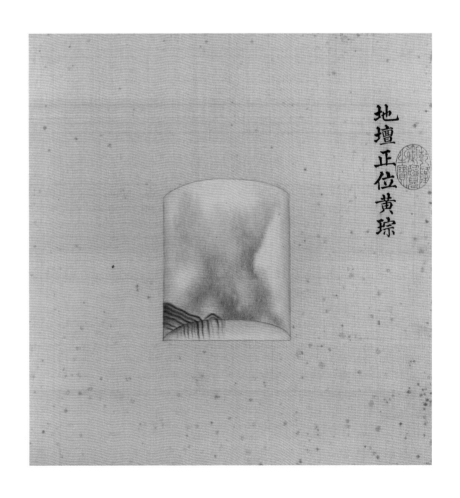

067
黄釉爵

年代　清乾隆
收藏单位　故宫博物院

地坛祭器中，其从位祭器所用为黄色瓷爵，即如此之式，与正位、配位匏爵不同。

068
黄釉尊

年代　清乾隆
收藏单位　故宫博物院

在地坛祭器中，以尊来盛三献礼所献之酒。地坛所用黄色釉瓷尊即为此种样式。

069

黄釉登

年代　清乾隆
收藏单位　故宫博物院

　　在地坛正位、配位祭器中，均在馔桌正中设置黄色瓷登一，盛祭品太羹（即不加调味的肉汁）。

070

黄釉簠

年代　清乾隆
收藏单位　故宫博物院

　　在地坛正位、配位祭器中，均在馔桌居中偏左设置黄色瓷簠二，盛祭品黍与稷。

（三）朝日

071

《日坛总图》

来源　（清）托津等：《钦定大清会典》，嘉庆二十三年
　　　　（1818）刻本

　　日坛位于京师朝阳门外、在都城的卯位。祭坛朝西，一层、方形，其外矮墙——墙为圆形，四门。

　　朝西神库三间、宰牲亭三间、朝南神厨三间、具服殿三间，祭器库与乐器库、棕荐（棕垫）库各三间，连檐通脊朝南。

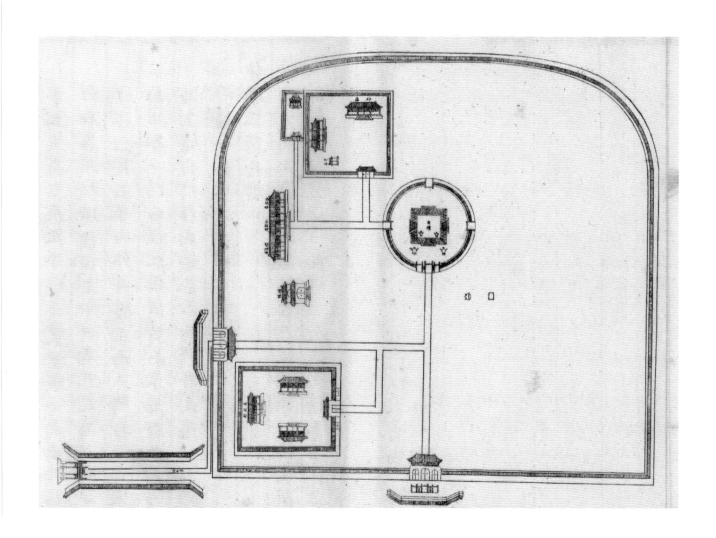

《日坛位次图》

来源 （清）托津等：《钦定大清会典》，嘉庆二十三年
（1818）刻本

　　每岁春分，于日坛祭日，即祀大明神。
　　因祭日为中祀，所以坛上不设幄次，设大明
神座，无配位与从位。大明神座朝西，皇帝拜位
朝东。

《日坛陈设图》

来源 （清）托津等：《钦定大清会典》，嘉庆二十三年
（1818）刻本

　　大明神座前设怀桌，其上设盏三十。
　　馔桌上摆设供品的祭器为：登一、铏一、簠
二、簋二、笾十、豆十。馔桌前设俎，牺牲为太牢——
牛羊豕。

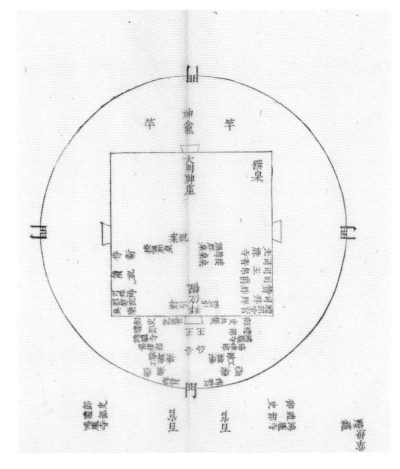

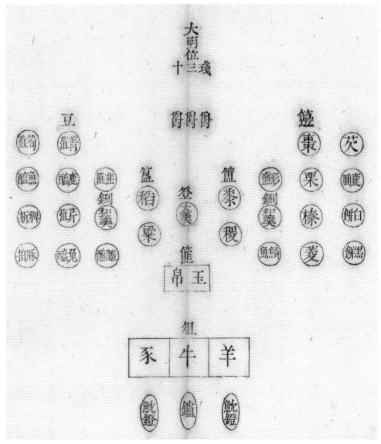

大红色缎绣彩云金龙纹染银鼠皮边朝袍

年代　清乾隆
收藏单位　故宫博物院

　　祭日为中祀，当甲、丙、戊、庚、壬年份，即每隔一年皇帝亲诣行礼一次，其他年份遣官行礼。
　　皇帝于日坛祭日，须着红色朝服，以与太阳初升时的红色相应。

075

珊瑚朝珠

年代　清
收藏单位　故宫博物院

　　皇帝祭日，佩戴珊瑚朝珠。

076

《皇朝礼器图式·祭器·朝日坛赤璧》

年代　乾隆二十四年（1759）
作者　（清）冷鉴、（清）黄门等
收藏单位　故宫博物院

　　在日坛，皇帝以赤璧祭大明神，祭祀时先置于筐中，当致祭痊毛血迎神奏乐后，皇帝即向大明神进献赤璧。

（四）夕月

077

《月坛总图》

来源 （清）托津等：《钦定大清会典》，嘉庆二十三年
　　　（1818）刻本

　　月坛位于京师阜成门外，在都城的酉位、与都城的卯位日坛相对。祭坛朝东、一层、方形，其外矮墙——壝亦为方形。

　　朝东神库三间、宰牲亭三间、朝北神厨三间、朝南具服殿三间、祭器库与乐器库各三间连檐通脊朝南。

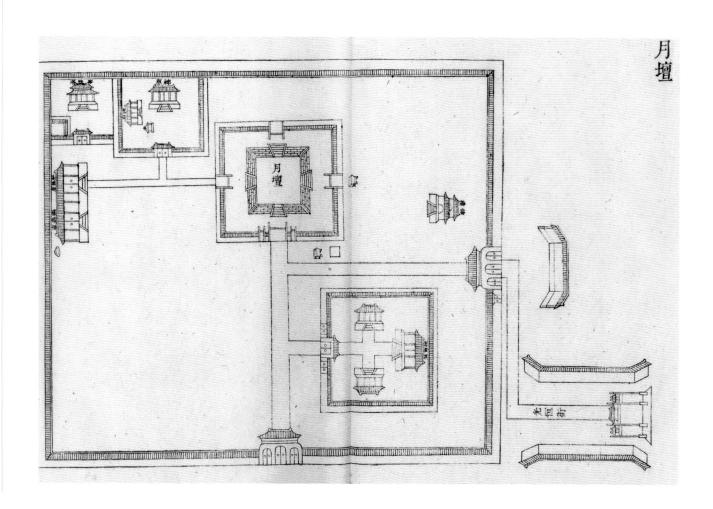

月坛门

图为月坛正门，朝东，与月坛朝东的方向一致。
每岁秋分，皇帝于月坛祭月，即祭夜明神。

079

《月坛位次与陈设图》

来源 （清）托津等：《钦定大清会典》，嘉庆二十三年
　　　（1818）刻本

月坛主位夜明位前祭器与日坛大明位前相同，如
图1，祭祀位次如图2。

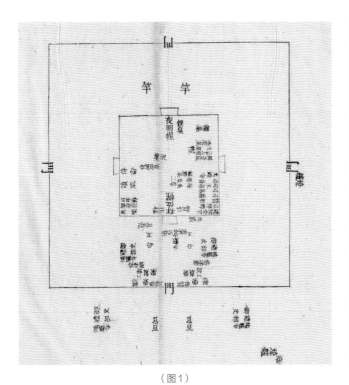

（图1）

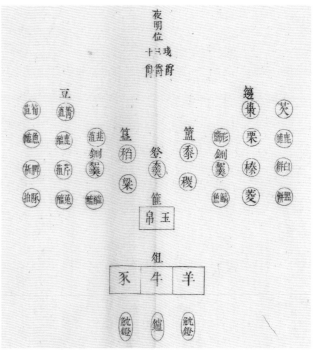

（图2）

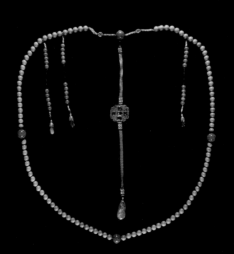

080

月白色缂丝彩云金龙纹朝袍

年代　清嘉庆
收藏单位　故宫博物院

　　祭月为中祀，当丑、辰、未、戌年，即每隔两年，皇帝亲诣行礼一次，其他年份遣官行礼。
　　皇帝祭月，着月白色朝服，以与月色相应。

081

松石朝珠

年代　清
收藏单位　故宫博物院

　　皇帝祭月，佩戴松石朝珠。

082

《皇朝礼器图式·祭器·夕月坛正位白璧》

年代　乾隆二十四年（1759）
作者　（清）冷鉴、（清）黄门等
收藏单位　故宫博物院

　　在月坛，皇帝以白璧祭夜明神，祭祀时先置于篚中，当致祭瘗毛血迎神奏乐后，皇帝即向夜明神进献白璧。

083

《皇朝礼器图式·祭器·夕月坛正位俎》

年代　乾隆二十四年（1759）
作者　（清）冷鉴、（清）黄门等
收藏单位　故宫博物院

　　在月坛祭器中，幄幕前设俎一具，内置牺牲。
　　俎以木制成，里为锡质，髹红漆。月坛俎盛牺牲太牢牛羊豕，故分为三格。

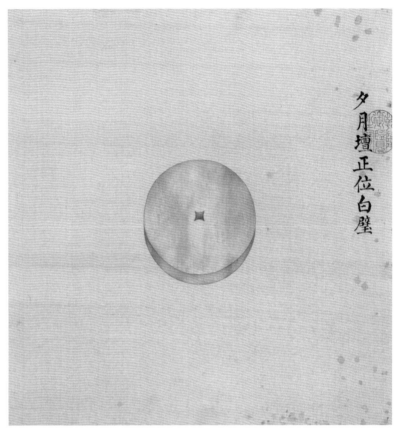

夕月坛正位白璧

夕月坛正位俎

 084

白釉盏

年代 清雍正
收藏单位 故宫博物院

在夜明神座前，设白瓷盏三十只，当如此之式。

085

白釉登

年代 清乾隆
收藏单位 故宫博物院

月坛祭器中的白色瓷登，当如此之式。

086

白釉簠

年代 清乾隆
收藏单位 故宫博物院

月坛祭器中的白色瓷簠，当如此之式。

087

白釉簠

年代　清乾隆
收藏单位　故宫博物院

月坛祭器中的白色瓷簠，当如此之式。

088

白釉铏

年代　清乾隆
收藏单位　故宫博物院

月坛祭器中的白色瓷铏，当如此之式。

089

白釉爵

年代　清
收藏单位　故宫博物院

月坛祭器中的白色瓷爵，当如此之式。

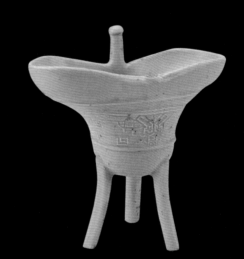

（五）祭社稷

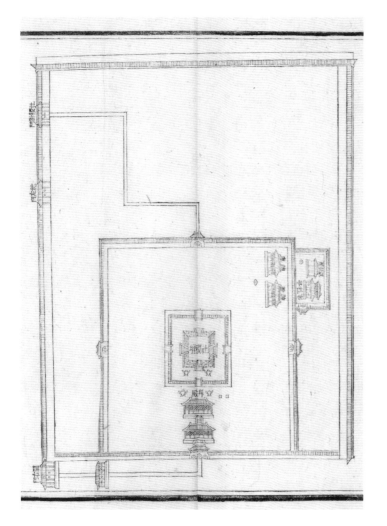

090

《社稷坛总图》

来源 （清）托津等：《钦定大清会典》，嘉庆二十三年
（1818）刻本

社稷坛位于皇宫之南、阙右门之西，以符《周礼·考工记》中"左祖右社"之"右社"。坛北拜殿五间，拜殿北为连戟殿五间，殿内东西列戟七十二。坛壝外西南为神库、神厨各五间。坛西门外与神库、神厨相对的是宰牲亭、退牲房。皇帝祭祀自阙右门进入。

091

社稷坛壝门

各祭坛壝墙四方之门，均为石柱无扉之门。此为社稷坛朝东之门。

坛方形两层，朝北。坛按五行颜色，上敷以五色土，中为黄色、东为青色、西为白色、南为赤色、北为黑色。正中设石社主，半掩土中，祭祀完毕则全部掩埋，上覆以木盖。

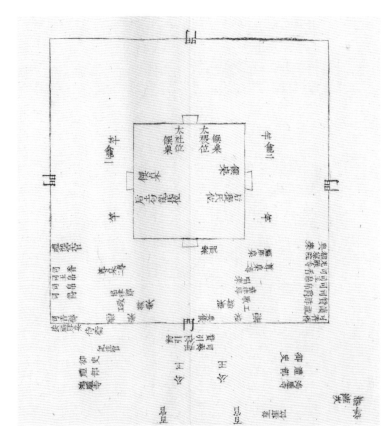

092

《社稷坛位次图》

来源　（清）托津等：《钦定大清会典》，嘉庆二十三年
　　　　（1818）刻本

　　每岁仲春、仲秋月上戊日，皇帝祭祀大社、大
稷，为大祀。

　　社稷坛正位，东为大（太）社，西为大（太）稷，朝
北。其配位，东为后土句龙氏，西为后稷氏。不设幄。

　　皇帝拜位在二层，朝南。陪祭的王公拜位在
拜殿甬道左右。

093

《社稷坛祈祀、报祀位次图》

来源　（清）昆冈等：《钦定大清会典》，光绪二十五年
　　　　（1899）刻本

　　祈祀、报祀均为非常之祭，凡遇有水旱之灾，则
有祈祀。如祈祀而后灾除，即旱而霖、潦而晴则
报祀。

　　祈祀、报祀位次相同，仅有主位太社、太稷，不
设配位。

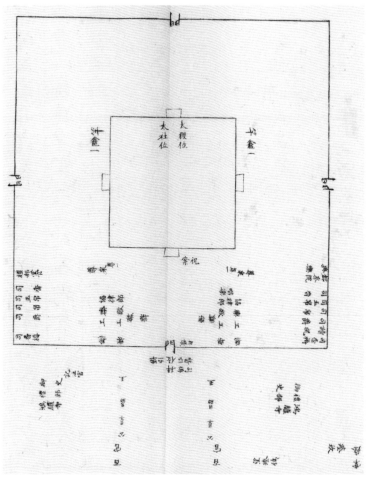

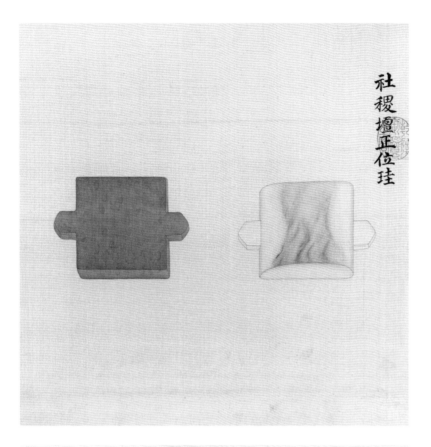

社稷坛正位珪

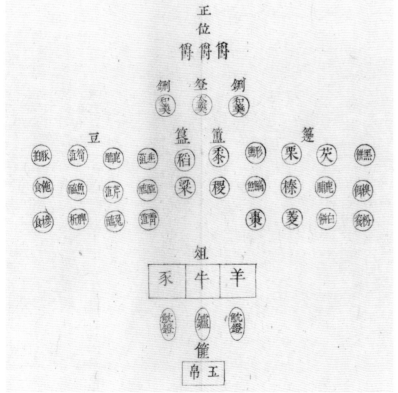

094

《皇朝礼器图式·祭器·社稷坛正位珪》

年代　乾隆二十四年（1759）
作者　（清）冷鉴、（清）黄门等
收藏单位　故宫博物院

　　在社稷坛正位，以黄玉珪祭大社，青玉珪祭大稷。祭祀时先置玉珪于篚中，当致祭瘗毛血迎神奏乐后，皇帝即向大社、大稷进献玉珪。

095

《社稷坛陈设图》

来源　（清）托津等：《钦定大清会典》，嘉庆二十三年（1818）刻本

　　社稷坛祭祀，祭器为玉爵一，陶爵二，登、筐、俎、尊各一，铏、簠、簋各二，笾、豆各十二。配位相同，唯爵皆用陶。

青玉爵

年代　清乾隆
收藏单位　故宫博物院

　　皇帝在社稷坛祭祀酹酒、用玉爵一、瓷爵二。玉
爵当如此之式。

（六）祭先农

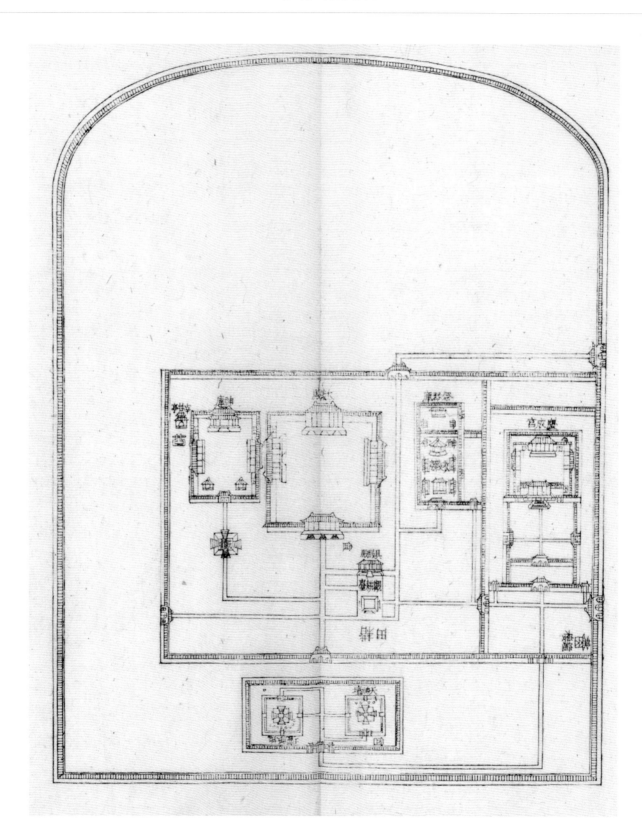

097

《先农坛、天神坛、地祇坛、太岁殿总图》

来源 （清）托津等：《钦定大清会典》，嘉庆二十三年
（1818）刻本

先农坛与天神坛、地祇坛、太岁殿合建于京师正阳门西南，处于都城的未位，与天坛东西相对。

其外垣南方北圆，其内分南北两区，北区为先农坛、太岁殿等建筑；南区东为天神坛，西为地祇坛。北区的建筑又分为五组，自西而东为：先农坛，其北为宰牲亭、神库；太岁殿建筑（正殿祀太岁，两庑祀十二月将）；具服殿、观耕台与耤田；祭器库、神仓、收谷亭；庆成宫。

098

《先农坛位次图》

来源 （清）托津等：《钦定大清会典》，嘉庆二十三年
（1818）刻本

先农坛一层，方形，正北方为正位先农神幄，无配位。皇帝拜位在南，朝北。

099

《先农坛陈设图》

来源 （清）托津等：《钦定大清会典》，嘉庆二十三年
（1818）刻本

皇帝祭先农神，为中祀。顺治十一年（1654）定为每岁仲春亥日举行。

先农神幄前设盏三十，登、筐、俎各一，铏、簠、簋各二，爵三，笾、豆各十。牺牲为太牢，供于俎内。

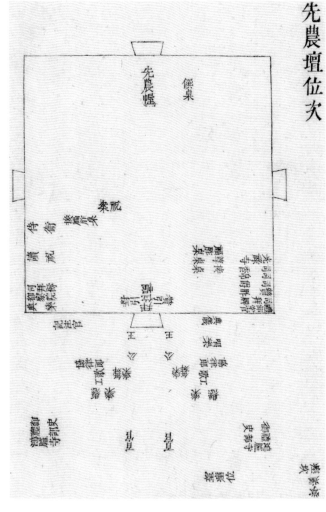

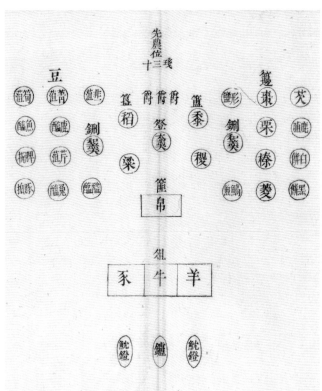

100

《祭先农图》

年代 清雍正

作者 佚名

收藏单位 故宫博物院

此图描绘身着衮服朝袍的雍正帝，在前导后扈的护卫下，正从棕荐上款款走向先农坛。坛上黄幄内为先农神牌位，其前置有各种祭器，其内实以祭品。幄前偏西为祝版，皇帝拜位在黄帷幕下，与先农神幄相对。

坛下身着红色衣者为司乐舞的舞乐生，甬路两侧为武舞生，编钟编磬侧的为文舞生；着石青色朝服者为陪祭官员。

101

《皇帝躬耕位次图》

来源 （清）昆冈等：《钦定大清会典》，光绪二十五年
　　　（1899）刻本

　　皇帝祭先农神礼毕，前往具服殿，换下祭祀
时所穿朝服，改穿龙袍，到耤田躬耕以劝农力田。

　　皇帝躬耕位居中，左为户部尚书，右为顺天
府尹，前为农夫、耆老，两侧为前引后扈，再侧
为亲王、各部院等官员。

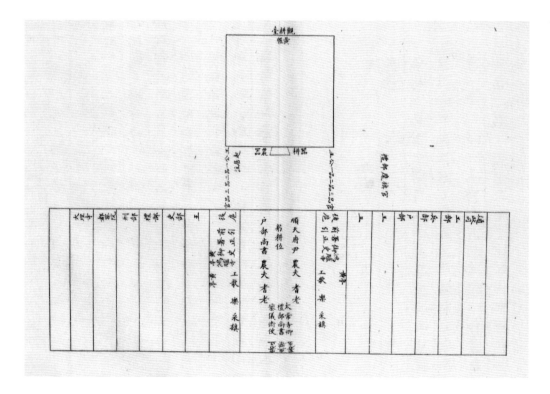

《耕耤礼图》

年代　清雍正
收藏单位　法国吉美博物馆

　　皇帝在耤田躬耕时，户部尚书执耒耜（实际
为犁），顺天府尹执鞭面北进献给皇帝。皇帝一手
挥鞭、一手扶犁三推三返，顺天府丞奉青箱，户
部侍郎播种，耆老随即覆土。

　　自古以来，皇帝均三推，但自雍正帝始，在三推
后再加一推为四推。乾隆三十七年（1772），群臣
虑皇帝年高、吁罢亲耕，乾隆帝不许，仍依古制
三推。嘉庆以降，仍加一推如雍正帝为四推。

　　此画面形象地描绘了皇帝耕耤的情景。

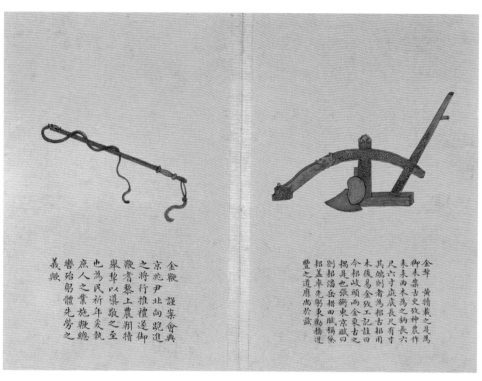

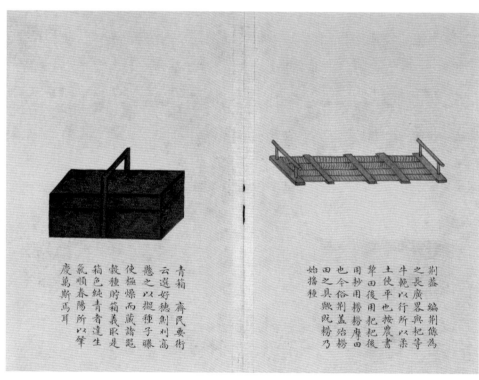

⑩

《益象征丰图册·金鞭、金犁》

年代　清乾隆
作者　（清）钱汝诚
收藏单位　故宫博物院

每当举行祭先农典礼，先期由户部、礼部尚书偕顺天府尹向皇帝进献耒耜（犁）等农具与种子。图即皇帝耕耤时使用的金鞭与金犁样式。

⑩

《益象征丰图册·青箱、荆盖》

年代　清乾隆
作者　（清）钱汝诚
收藏单位　故宫博物院

皇帝耕耤时，以青箱盛种子，图即青箱与荆盖样式。

105

《益象征丰图册·耩子、种斗》

年代　清乾隆

作者　（清）钱汝诚

收藏单位　故宫博物院

　　皇帝耕耤时，户部侍郎把青箱中的种子放入种斗内，再行播种。图即耩子与种斗样式。

106

《益象征丰图册·三十六禾词》

年代　清乾隆

作者　（清）钱汝诚

收藏单位　故宫博物院

　　皇帝耕耤时，为营造出彩旗飘扬、锣鼓喧天、歌声悠扬的气氛，即以和声署署吏扬彩旗，司乐官引署吏鸣金鼓，乐工歌禾词。雍正二年（1724）定所歌禾词为《三十六禾词》。

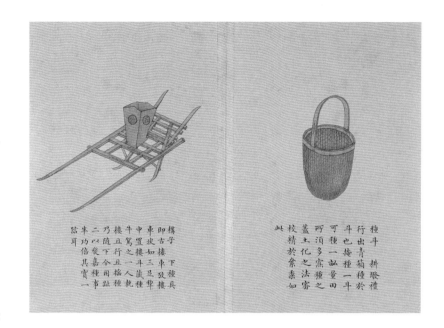

107

观耕台

　　皇帝四推或三推后，随即登临观耕台，观视王公大臣耕种。其中三王（从众亲王中遴选三人）五推、九卿九推，顺天府属丞执青箱播种，耆老随即覆土。最后顺天府尹率农夫终亩。

　　每年秋天收获后，择日贮神仓，备供祭祀所用的稻粱。

108

《庆成宫受贺赐茶位次图》

来源　（清）昆冈等：《钦定大清会典》，光绪二十五年（1899）刻本

　　当耆老农夫将皇帝耤田一亩三分地全部耕种完毕，皇帝即御庆成宫。王以下各官向皇帝行庆贺礼，皇帝亦向从耕官员赐茶，并赏赉耆老农夫。

　　图为受贺赐茶位次图。

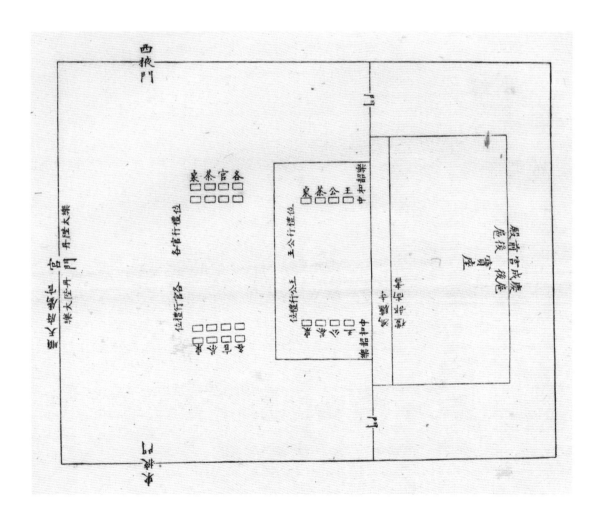

（七）祭先蚕

《先蚕坛总图》

来源　（清）托津等：《钦定大清会典》，嘉庆二十三年
　　　（1818）刻本

清初，先蚕之礼未列入祀典。康熙时，曾立
蚕舍于西苑丰泽园，始兴蚕绩。雍正朝再议于城
北安定门外建先蚕祠。后以郊外道远，且水源不
通，无浴蚕所，又考唐、宋时后妃亲蚕，多在宫
苑中，明亦改建西苑，乾隆七年（1742）建坛西
苑东北隅。

其布局为，先蚕坛方形，一层，在西，其东
南为观桑台，台前为桑园，台之北为具服殿即亲
蚕殿，殿北庭中为皇后的浴蚕池，池北为织室；过
蚕妇浴蚕河而东，自北而南为蚕室、蚕署、蚕神
殿；陪祀的公主福晋室、命妇室在南墙外。

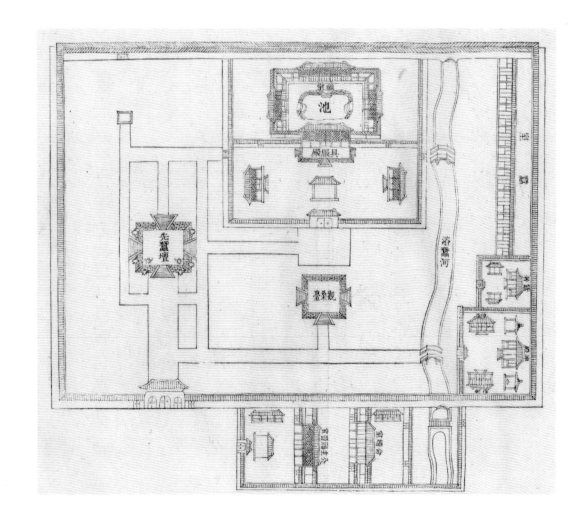

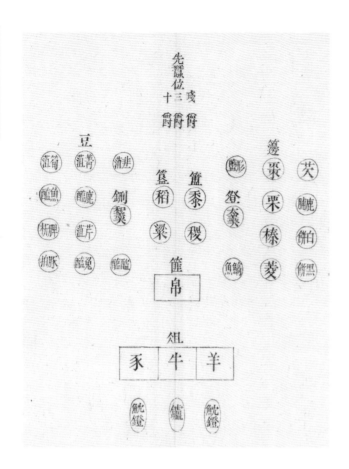

110

《先蚕坛陈设图》

来源　（清）托津等：《钦定大清会典》，嘉庆二十三年（1818）
　　　刻本

　　皇后祭先蚕礼为中祀，于季春卜吉巳日举行。

　　其先蚕神牌前祭器，设盏三十，登、铏、簠、俎各
一，簋、簠各二，爵三，笾、豆各十。牺牲为太牢，即俎内所
供牛羊豕。

111

《皇后祭先蚕神图》（局部）

年代　清乾隆
作者　[意] 郎世宁等
收藏单位　台北"故宫博物院"

　　先蚕神即西陵氏，为黄帝之妻嫘祖。

　　先蚕神幄方形，朝南。皇后拜位朝北，陪祀的妃
嫔、公主、福晋、命妇在坛下依次向南排序。

　　祭祀当日辰时初刻（即早晨七时），皇后穿礼服乘
凤辇出紫禁城北门神武门驾临先蚕坛，入具服殿更换
朝袍，盥洗完毕，御临坛前在拜位上行六肃（拜揖）、三
跪、三拜之礼。不读祝文，行初献、亚献、终献的三
次献爵。皇后拜跪时，陪祀妃嫔等一同行礼。

　　图为《先蚕图》第二卷《祭坛》局部。画面描绘
的是皇后率领众妃嫔款款向祭坛走来，祭坛上的牺牲
供品历历可见：太牢牛羊豕十分形象，祭坛对面的黄
幄即为皇后拜位。

《皇后躬桑位次图》

来源　（清）昆冈等：《钦定大清会典》，光绪
　　　二十五年（1899）刻本

皇后躬桑时，由内务府官陈皇后钩、筐、龙亭于观桑台右。司仪女官二人，先奉钩、筐立于台前左右，东西相对。传赞女官二人立台前左右。随从采桑公主、福晋、夫人、命妇东西相向立于从桑位。不随从采桑而只观礼的公主、福晋、命妇序于台南左右隅，面南而立。各就各位后，赞引对引二人、前引女官十人恭导皇后诣桑畦北正中躬桑位，南向而立。司仪女官一自

右奉钩，一自左奉筐。皇后左手执钩，右手执筐。蚕母二人从助采桑。皇后先诣东行第一桑株前，东向采桑条一，再诣西行第一桑株前，仍东向采桑条二。凡三采毕，还诣躬桑位，礼成。

当皇后采桑时，内监于桑畦外围，挥动彩旗，鸣金鼓作乐，歌《采桑辞》。其中挥动五色彩旗四十人，鸣金鼓作乐二十四人，歌《采桑辞》童监十人。

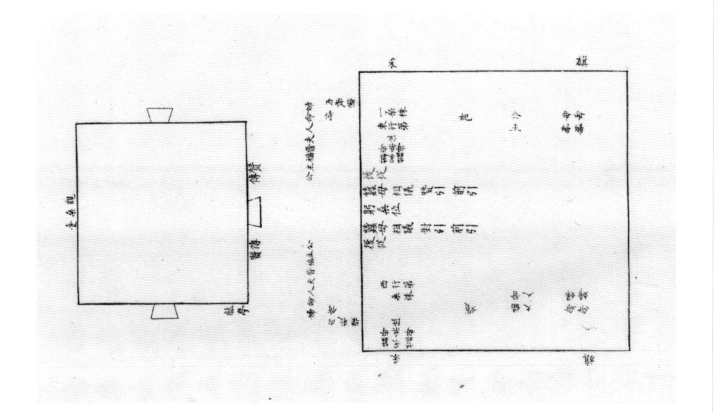

《皇后观桑礼图》

年代　清乾隆

作者　[意] 郎世宁等

收藏单位　台北"故宫博物院"

皇后行躬桑礼，类同于皇帝行耕耤礼，以为天下示范纺绩女红。

如果当年节气早，蚕已生，躬桑礼即在先蚕礼次日举行；如蚕未生，内务府奏请另择日举行。躬桑当日，陪祀的妃、嫔、公主等先就采桑位。皇后采桑位在桑园北侧正中，由相仪二人，跪进筐、钩，皇后右手持钩，左手提筐，在东西两畦内的第一行桑树上各采三次。皇后采桑之时，太监挥扬彩旗、鸣金鼓、歌《采桑辞》。皇后采毕，歌声停止，相仪跪接过皇后的筐、钩。然后，皇后登上观桑台，阅视陪祀人员采桑，即妃、嫔、公主等五采，命妇九采。所采桑叶切碎后，由蚕妇洒于箔饲蚕。最后，皇后御临茧馆，妃嫔等向皇后行礼祝贺，躬桑礼成。

图为《先蚕图》第三卷《采桑》局部。画面描绘的是皇后行过躬桑礼后观桑的情形。

114

《皇后观桑位次图》

来源　（清）昆冈等：《钦定大清会典》，光绪
二十五年（1899）刻本

　　皇后躬桑结束，登临观桑台正中宝座，妃嫔侍立两侧；蚕母跪于皇后对面；台下是随从观礼的妃嫔。桑园内，分别立于桑园东西两畦陪祀采桑的妃嫔二人就位于第二行桑树，公主、福晋三人就位于第三行桑树，命妇四人就位于第四行桑树，分别采桑。

115

《献茧礼》（局部）

年代　清乾隆
作者　［意］郎世宁等
收藏单位　台北"故宫博物院"

　　当蚕茧长成，蚕母率蚕妇择佳茧恭献给皇后，皇后再献给皇帝、皇太后，以表蚕事丰登。然后，皇后再率妃嫔前往先蚕坛，亲临织室。蚕母率蚕妇，把长成的蚕茧全部献给皇后。皇后再行缫三盆手礼。所有缫成的丝线，日后染成红、绿、黑、黄四色，留待祭祀时刺绣纹样使用。

　　此图为《先蚕图》第四卷《献茧》局部。画面描绘皇后在先蚕坛的织室内，接受蚕母、蚕妇献茧的情形。

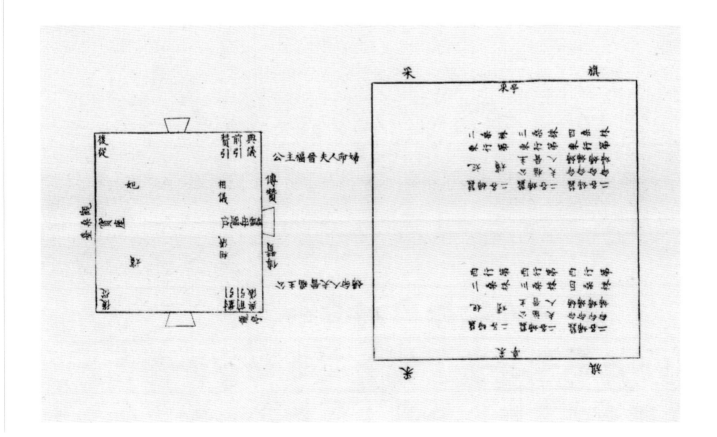

116

先蚕坛亲蚕殿旧影

来源 [瑞典] 喜仁龙：《中国北京皇城写真全图》，
1926 年

图中可见亲蚕殿内的屏风及宝座。当彩
桑、观桑礼之后，皇后即端坐在宝座上，接受
妃嫔等向其行礼，表示祝贺。

（八）堂子祭天与坤宁宫祭神

117

《钦定满洲祭神祭天典礼》内府抄本

年代　乾隆四十五年（1780）
作者　（清）阿桂、于敏中等
收藏单位　故宫博物院

　　乾隆十二年（1747），满文本《满洲祭神祭天典礼》编竣，乾隆四十五年（1780）再由大学士阿桂、于敏中等奉敕翻译，定名《钦定满洲祭神祭天典礼》，编入《四库全书》。同时缮写两份，一份陈设内廷懋勤殿，一份贮藏内廷上书房。

　　此书六卷，前四卷为祭仪、祝辞、故事，卷五为祭器数目与祭品制作，卷六为祭器形制。该书详实地记载了元旦行礼、四季献神、月祭、日祭以及报祭、求福等各种祭祀活动，是全面了解满洲萨满信仰礼俗的一把钥匙。

118

《堂子总图》

来源　（清）阿桂、于敏中等：《钦定满洲祭神祭天典礼》，
　　　乾隆四十五年（1780）内府抄本

　　清太祖努尔哈齐在关外时期已建堂子祭天。清廷入关后，仿盛京城外东南建堂子之制，于紫禁城东南长安左门外的玉河桥东建堂子。

　　堂子建筑群包括享殿，又称祭神殿，五间，朝南；与享殿相对为亭式殿，又称拜天圆殿、八角殿，居中朝北；享殿与亭式殿之间为安线索架；亭式殿南正中设皇帝致祭立杆石座一，稍后左右分设石座六行，每行六列，共七十二座，第一列为皇子致祭立杆石座，以下依次为亲王、郡王、贝勒、贝子、公致祭立杆石座；东南角为尚锡神亭，又称上神殿；享殿东侧有储楮帛室一间，西侧为以财物献神祭祀室。

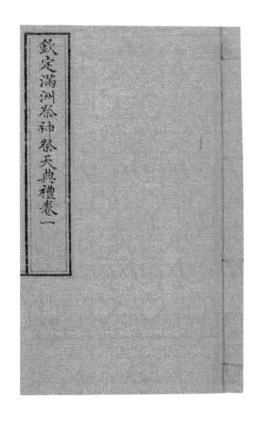

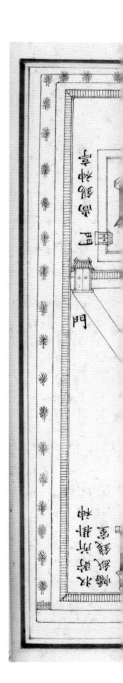

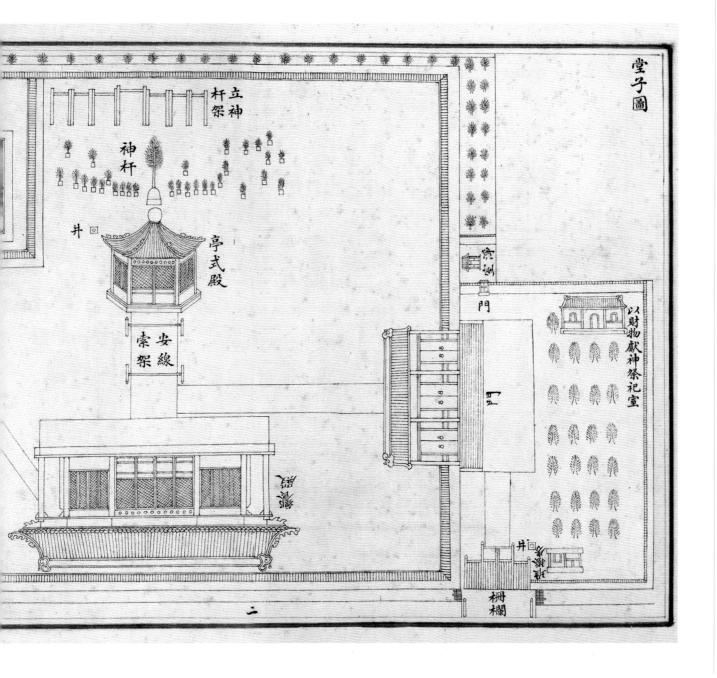

堂子圖

立神杆架

神杆

亭式殿

安線索架

井

門

櫺星

以財物獻神祭祀室

柵欄

井

二

77

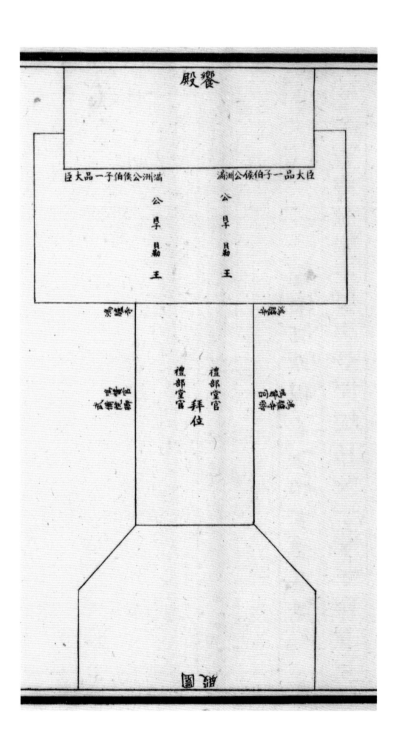

119

《堂子元旦行礼位次图》

来源 （清）昆冈等：《钦定大清会典》，光绪二十五年
（1899）刻本

清代堂子祭祀，不同于其他各种坛庙祭祀为承继历
代之续，而是满洲特有的祭祀形式，并且自康熙十二年
（1673）开始，仅有满族王公可以陪祀，汉族官员不能
参与。

堂子所祭神灵为天神，每岁元旦，或亲征凯旋，皇
帝御临堂子，向天神行礼。其拜位在亭式殿北甬道正
中，南向，其旁礼部、鸿胪寺官员为司礼官；亲王以下
八分公以上拜位在享殿的丹陛上；满洲公、侯、伯、子、尚
书、都统、一品大臣拜位在其次。

《享殿图》

来源 （清）阿桂、于敏中等：《钦定满洲祭神祭天典礼》，
乾隆四十五年（1780）内府抄本

　　享殿是堂子建筑群的主要建筑，供奉临时从皇
宫坤宁宫请来的神牌。

　　每年十二月二十六日，将坤宁宫所祭的朝祭
神、夕祭神神牌请至堂子享殿，朝祭神神牌设在
东，夕祭神神牌设在西，朝夕献香。正月初二日
再由享殿将神牌请回坤宁宫。

　　每年春秋二季月（三月、九月）初一或二月、四
月、八月，以及十月上旬选取吉日举行立杆大祭，还
有四月初八佛诞日，则把坤宁宫内的佛亭与菩萨
像、关帝神像请至此殿祭祀。立杆大祭或皇帝亲
祭或王公祭。佛诞日则由觉罗妻子充当司祝（即
用女萨满），将佛放入黄瓷浴池内以蜂蜜水浴洗，再
向其贡献椴叶饽饽。

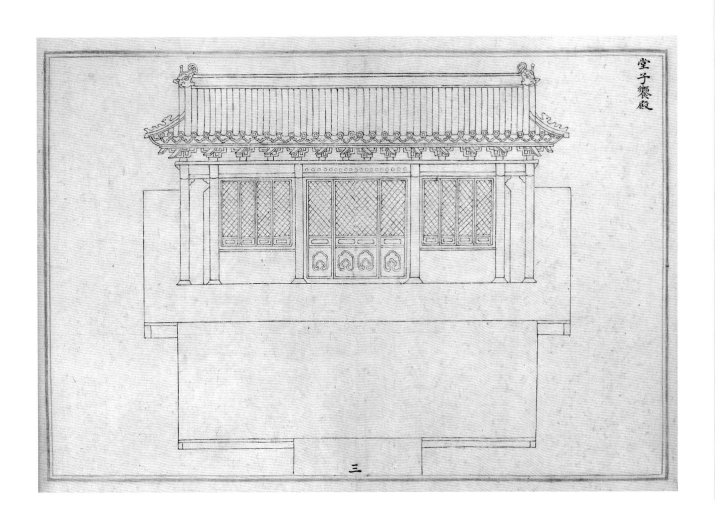

盛京堂子享殿旧影

来源　[日] 黑田原次 20 世纪初拍摄，选自《沈阳市
　　　古迹照片集》

　　照片为盛京堂子之亭式殿，歇山顶建筑。

《堂子享殿内陈设图》

来源　（清）阿桂、于敏中等：《钦定满洲祭神祭天典礼》，
　　　乾隆四十五年（1780）内府抄本

　　画面正上方是背灯祭祀时遮蔽灯火挂帷幕的
带铁环架子，画面右侧即西北角是盛祭祀器皿的黑
漆柜，西侧两木架是挂拍板的红漆木架，对称有黄
纱蛊灯各四座；炕上正中为供摆香炉、盛糕银盘
的黄漆大低桌两张、东有一小低桌，小桌北为供
佛之椠漆小亭之座；炕下为献酒楠木低桌，上置
盛酒大蓝花碗两个，桌两侧为盛酒红花瓷缸两个。

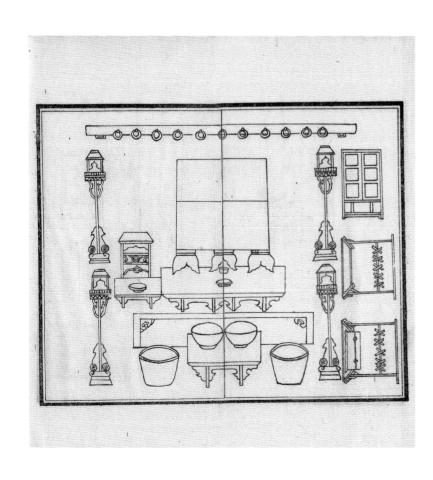

123

盛京堂子亭式殿旧影

来源　[日] 内藤虎次郎:《增补满洲写真帖》, 1935 年

　　每年元旦皇帝于此拜天, 当初一日三更, 司香在坤宁宫朝祭、夕祭神牌前点香, 皇帝皇后行礼后, 皇帝即前往该殿甬路前的拜位上行三跪九叩礼, 之后再由内务府总管一人在此殿内高桌下的杉木杆上挂纸钱二十七张。

　　正月初三日与每月初一日, 在此由司俎官祭祀, 挂纸钱二十七张, 供时食一盘, 献醴酒一盏, 献神刀, 并演奏三弦、琵琶、拍板等助祭, 众人同唱《鄂啰啰》。

　　每岁春秋季月, 即三月、九月, 亦于此殿祭祀皇帝所乘之马。

　　该亭式殿为八角亭式, 朝北。其前石座为皇室神杆石座, 其后建筑为享殿。

124

《神刀图》

来源　(清) 阿桂、于敏中等:《钦定满洲祭神祭天典礼》, 乾隆四十五年（1780）内府抄本

　　正月初三日与每月初一日, 在此由司礼众官员与太监祭祀, 皇帝不亲祭, 陈时食、上香、献酒, 太监奏三弦、琵琶, 司祝还要向天神进献神刀。

　　司祝向天神所献神刀即如此之式。

125

《亭式殿内陈设图》

来源　(清) 阿桂、于敏中等:《钦定满洲祭神祭天典礼》, 乾隆四十五年（1780）内府抄本

　　殿内四角各置黄纱罩灯一座, 中为楠木高桌一张, 上供铜香炉一、供酒银盏三、供糕银盘三, 桌下竖挂纸钱杉木柱; 前为献酒楠木低桌一张, 上置盛酒大蓝花瓷碗二, 桌下是盛酒暗龙豆绿瓷缸二。

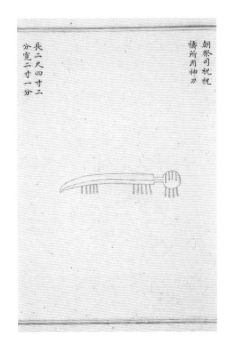

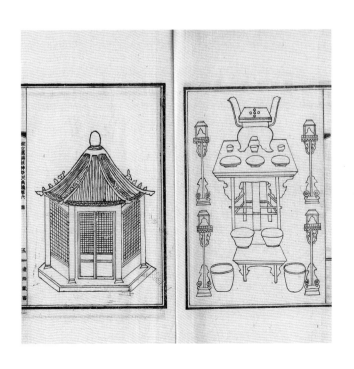

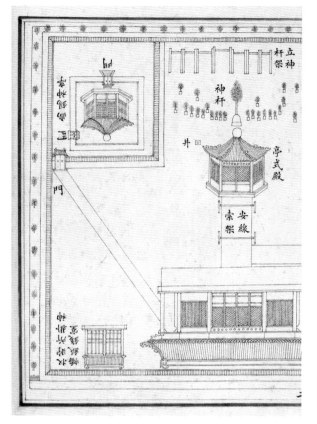

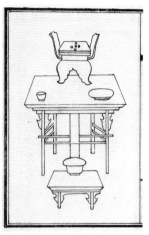

126

《尚锡亭图》

来源 （清）阿桂、于敏中等：《钦定满
洲祭神祭天典礼》，乾隆四十五年
（1780）内府抄本

尚锡亭南向，三间。每月初一日
于此祭祀，所祭神称"田苗"，或认为
是祭明副总兵邓子龙，因其与太祖努
尔哈齐有旧谊而附祀。

127

《尚锡亭内陈设图》

来源 （清）阿桂、于敏中等：《钦定满
洲祭神祭天典礼》，乾隆四十五年
（1780）内府抄本

亭中为楠木高桌一张，上供铜香
炉一、供酒银盏一、供糕银盘一，桌
下竖挂净纸杉木柱；前为献酒楠木低
桌一张，上置盛酒大蓝花瓷碗一。

祭祀时献时食一盘、醴酒一盏，并
在杉木柱上挂高丽纸钱二十七张。

128

《清宁宫神锅月台地盘尺
寸图》

年代 清晚期
收藏单位 故宫博物院

满洲既于堂子祭天，又于内廷祭
神。关外时期即于寝宫清宁宫恭设神
牌以祀佛菩萨诸神。尽管入关后建立
了坛庙祭祀，而关外旧俗未敢改易，因
而与坛庙祭祀并行。

宫中每日举行萨满祭神，关外在
清宁宫，入关后在坤宁宫。清宁宫或
坤宁宫均设有为祭神而煮肉蒸糕的大
锅，其中煮肉锅两口，蒸糕锅一口。

图中绘制了清宁宫神锅月台地盘
的尺寸。

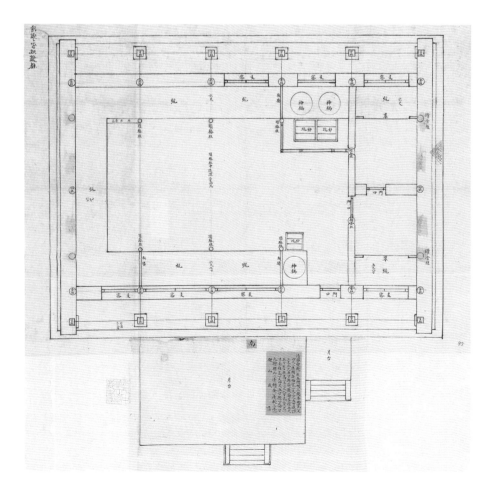

坤宁宫煮肉蒸糕连灶

坤宁宫每日朝祭、夕祭，各需宰杀黑毛猪两头煮熟，并蒸打糕。牺牲胙肉贡献后，朝祭分予祭祀的帝后及陪祀官员食掉，夕祭胙肉则无需承祭官员在坤宁宫当场食用，而是送到膳房作为日后宫中食材。煮肉蒸糕的三连灶台，即设在坤宁宫明间东一间北墙处。

如为求福祭祀则用鲤鱼两尾。

坤宁宫内景

坤宁宫每日朝祭、夕祭，每月祭天（初二日），每岁春秋二季大祭，四季献神均在此。坤宁宫所祭对象称"神"，朝为释迦牟尼佛、观世音菩萨、关圣帝君；夕为穆哩罕、画像神、蒙古神。

图为坤宁宫北炕所供画像神、蒙古神偶与祭器等。

131

蒙古神偶

年代　清

收藏单位　故宫博物院

　　此为坤宁宫夕祭神蒙古神神偶，供于坤宁宫北炕上。

132

《坤宁宫西楹供佛菩萨大亭》

来源　（清）阿桂、于敏中等：《钦定满洲祭神祭天典礼》，乾隆四十五年（1780）内府抄本

　　每日坤宁宫进行朝祭后，则将其佛像置于椠金小亭再放置于坤宁宫西楹此大亭内；菩萨像收于黄漆木筒、关帝像收于红漆木筒内供贮于西楹西山墙的绘花红漆抽屉桌上。

133

佛菩萨大亭

　　此为紫禁城宁寿宫内的佛菩萨大亭，坤宁宫的佛菩萨大亭与此相同。

《三弦》

来源 （清）阿桂、于敏中等：《钦定满洲祭神祭天典
礼》，乾隆四十五年（1780）内府抄本

每日朝祭，将贮在坤宁宫西楹的佛、菩萨、关
帝像请出供在坤宁宫西墙，左、右炕上置低桌二，陈
炉、盏各三，时果九，糕十。炕前置献案，黄瓷
碗二，虚其一，以一实酒。案下列樽酒。黎明丑
寅之时，司俎等进二豕，司香献香。太监在宫内
奏神弦，拍板，并拊掌应节。司祝跪，六献酒，两
次叩头后，弦板止。皇帝亲诣，立神牌前，司祝
先跪，帝跪。司祝致辞，帝行礼。随后，皇后在
各司礼妇人赞引下行礼。此后，再向作为牺牲的
豕以酒灌耳，割解献神，最后帝后率王、公等食
胙肉，如帝后不食胙则由大臣侍卫代食肉。

《手鼓、鼓槌》

来源 （清）阿桂、于敏中等：《钦定满洲祭神祭天典
礼》，乾隆四十五年（1780）内府抄本

每日夕祭，时间在未申之时，司香向夕祭神
上香后，司祝则系裙，束腰铃，击手鼓，坐杌上
诵神歌祈祷。帝后行礼如朝祭仪。

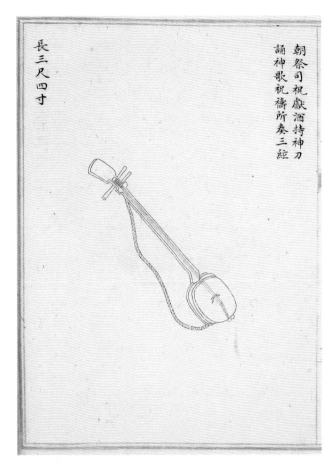

朝祭司祝献酒持神刀
诵神歌祝祷所奏三絃

長三尺四寸

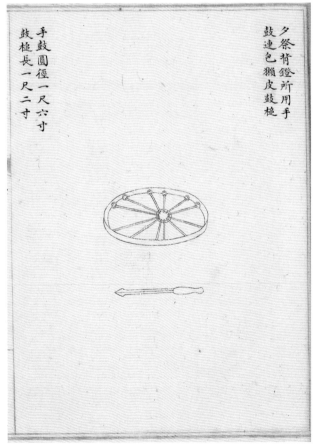

夕祭背鐙所用手
鼓連包獺皮鼓槌

手鼓圓徑一尺六寸
鼓槌長一尺二寸

黄釉碗

年代　清宣统
收藏单位　故宫博物院

　　清代内务府主持的堂子祭天与坤宁宫祭神所用祭器，不同于前列坛庙等祭祀之祭器用仿古造型的器皿，而是与实际生活中所用器皿无别。

　　此黄色瓷碗内底有"坤宁宫祭器"五字，即是在坤宁宫朝祭时，用来献酒，其功用与坛庙祭祀的爵相似。

黄釉尊

年代　清宣统
收藏单位　故宫博物院

　　此尊颈部有"坤宁宫祭器"五字，可知为坤宁宫祭神时盛清酒之尊。清酒是由蒸熟的稷米和以曲酿制四十天而成的酒，为皇宫中春秋二季立杆大祭时所用。

138

青花缠枝莲纹尊

年代　清宣统
收藏单位　故宫博物院

此尊颈部有"坤宁宫祭器"五字，可知坤宁宫
祭神时，以此尊盛醴酒。醴酒是由蒸熟的稷米和以
曲酿制三天而成的酒，味甜，类于今天食用的米酒，为
皇宫中每月常祭时所用。

139

《大槽盆》

来源　（清）阿桂、于敏中等：《钦定满洲祭神祭天典礼》，
　　　乾隆四十五年（1780）内府抄本

图为坤宁宫祭祀时，整理猪首用的锡里杉木大
槽盆。

140

《小槽盆》

来源　（清）阿桂、于敏中等：《钦定满洲祭神祭天典礼》，
　　　乾隆四十五年（1780）内府抄本

图为坤宁宫祭祀时，整理猪肠脏用的锡里杉木
小槽盆。

二

祀 祖

（一）太庙祭祖

《太庙总图》

来源 （清）托津等：《钦定大清会典》，嘉庆二十三年
　　　（1818）刻本

太庙在皇宫紫禁城东南，阙左门外，朝南，设
前中后三殿。前殿重檐，十一间，两侧有东西庑
房；中殿九间，东西有配殿；中殿后有垣墙，墙
北为后殿九间，亦置东西配殿。

戟门外筒子河南设神库、神厨各五间；琉璃
门外东南设宰牲亭三间、治牲房五间、进鲜房一间。

皇帝于太庙四孟时飨、岁暮祫祭，均为大祀。

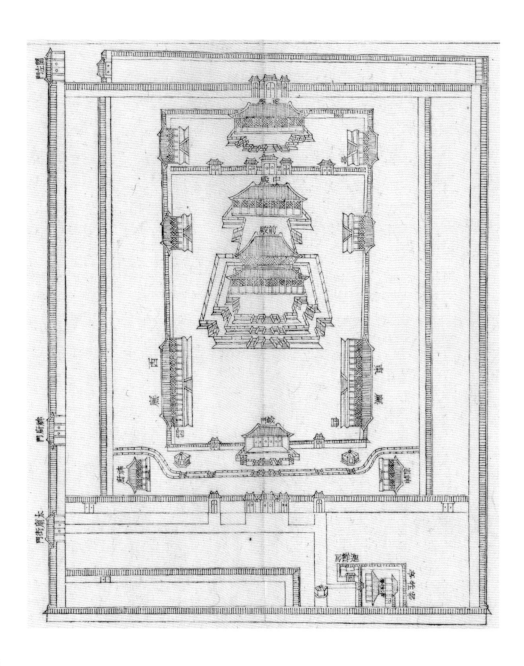

太庙前殿旧影

年代　20 世纪初
收藏单位　故宫博物院

　　太庙前殿即享殿，岁末在此举行列圣列后的合祭——袷祭。届时，将远祖肇祖原皇帝直至当朝皇帝之父皇的神牌请至该殿，置宝座上祭祀。

　　前殿两庑各十五楹，东庑诸王配飨，西庑功臣配飨。

　　岁暮袷祭的具体日期，如腊月为大月，在二十九日，小月在二十八日。

　　举行祭典时的仪仗墩，旧影上清晰可见，排列整齐。

《太庙祫祭位次图》

来源 （清）托津等：《钦定大清会典》，嘉庆二十三年
（1818）刻本

　　举行祫祭时，列圣列后的位次，以肇祖原皇
帝与原皇后神牌居中朝南，以下各帝后按左昭右
穆的顺序排列。

　　皇帝拜位朝北，面对肇祖原皇帝。

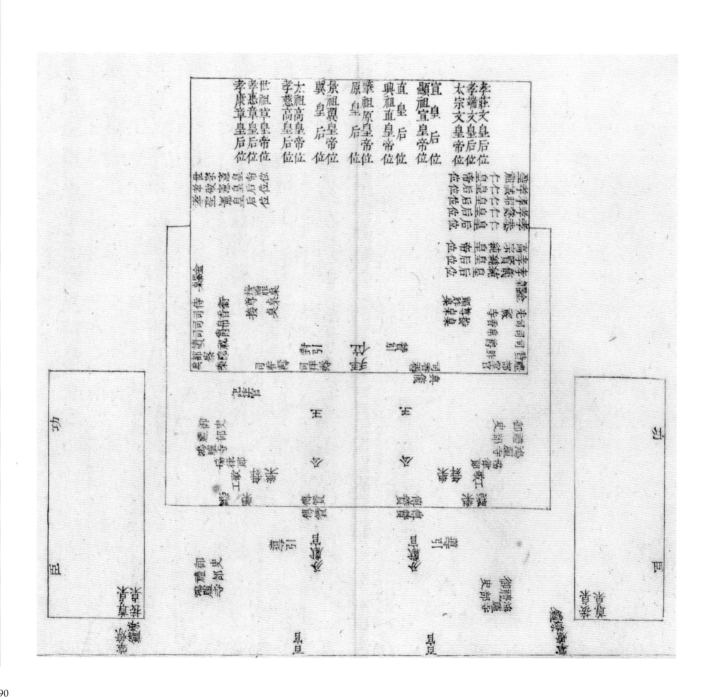

太庙中殿内景

年代　20世纪初
收藏单位　故宫博物院

　　太庙中殿又称寝殿。平日，自太祖努尔哈齐以下诸帝后的神牌贮置于殿中神龛内，类同于寝居之殿，故称寝殿。

145

《太庙时飨中殿位次图》

来源 （清）托津等：《钦定大清会典》，嘉庆二十三年（1818）
刻本

每当四孟月，正月择上旬吉日，四月、七月、十一
月以初一日，当朝皇帝前往太庙祭祖，称四孟时飨。

时飨之日，太祖努尔哈齐帝后神牌居中，以下各帝
后按左昭右穆排序。此图绘于嘉庆朝，故图上所绘受祭
的皇帝截止于高宗乾隆帝后。

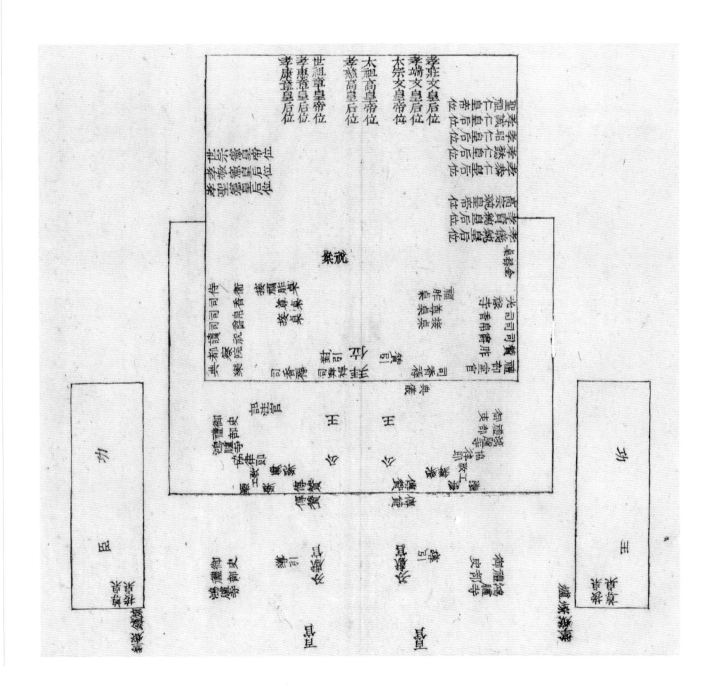

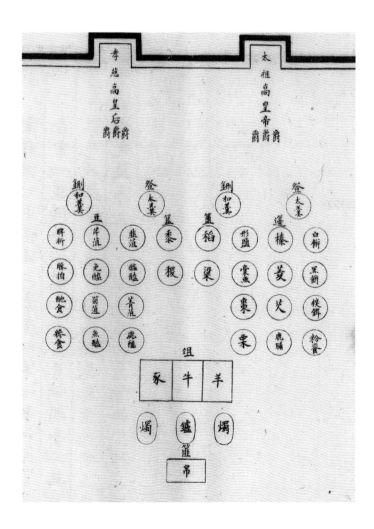

《太庙时飨中殿陈设图之一》

来源 （清）托津等：《钦定大清会典》，嘉庆二十三年（1818）
　　　刻本

　　四孟时飨，同一帝后共用一张馔桌。祭器则为簠二、簋
二、笾十二、豆十二，登、铏为每一位皇帝、皇后各一，玉
爵为每一位皇帝、皇后各三。馔桌前设俎，牺牲为太牢——
牛羊豕。岁末祫祭陈设亦同。

　　图中所举为太祖高皇帝、皇后馔桌上祭器，以下各
帝后祭器相同。后殿时飨亦同。

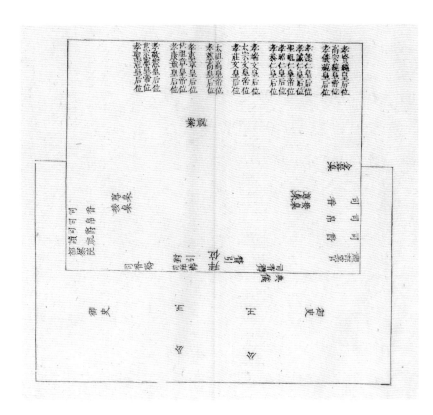

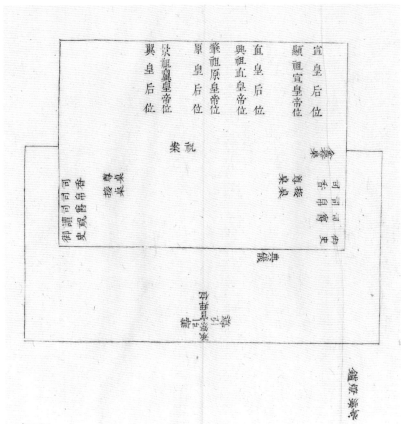

147

《太庙中殿祭告位次图》

来源 （清）托津等：《钦定大清会典》，嘉庆二十三年
　　 （1818）刻本

　　对太庙先祖祭祀，例行的有时飨、祫祭。如
有登极授受大典、上徽号、上尊谥庙号、祔庙、葬
陵、万寿节、册立皇太子、大婚册立皇后、亲征
命将等国之大事，均要特别向先祖祭告。

　　祭告时，在中殿与后殿分别举行。其仪式则
不请神牌，仅掀起放置神牌的龛座上的帷幔，在
其前设供案。

148

《太庙时飨后殿位次图》

来源 （清）托津等：《钦定大清会典》，嘉庆二十三年
　　 （1818）刻本

　　太庙中殿后有垣墙，墙北有后殿九间，称祧
庙，供贮肇祖原皇帝与原皇后等清代远祖四帝后
神牌，并举行四孟时飨。

　　太庙时飨，在前殿与后殿分别举行。届时将
中殿太祖努尔哈齐以下诸帝后神牌请出供于前殿
祭祀，在后殿则就地祭祀肇祖原皇帝与原皇后等
清代远祖四帝。

149

圣祖康熙帝神牌

年代　乾隆元年（1736）
收藏单位　故宫博物院

　　神牌亦称神主、神位、牌位，系为祭奠死者所立的牌位。皇家神牌木质涂金漆，上以石青色满汉文书写列圣列后的庙号、谥号。为大行帝后举行题神主仪后，择吉日升祔于太庙、奉先殿。后世皇帝为列圣列后加谥时，书写新的谥号重新制作。

　　图为圣祖康熙帝神牌，上书"圣祖合天弘运文武睿哲恭俭宽裕孝敬诚信中和功德大成仁皇帝神位"，即为乾隆元年（1736）增加谥号后所制。

150

金漆宝座

年代　清同治
收藏单位　故宫博物院

　　太庙时禴与祫祭，均需把祖先神牌从中殿、后殿龛内请到前殿享殿，供到宝座上祭祀。其宝座即用此种髹金漆工艺。神牌置于宝座上，犹如先祖生前御临殿宇坐在宝座上。

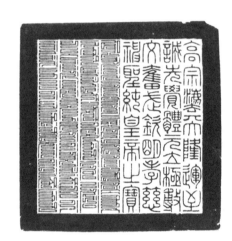

151

高宗乾隆帝谥宝

年代　嘉庆二十五年（1820）
收藏单位　故宫博物院

　　死去的列圣列后梓宫下葬后，嗣皇帝归返皇宫，把列圣列后神主供于太庙，以便依时而祭。奉神主于太庙，称为升祔太庙礼。

　　在为列圣列后上谥号时，制作三套谥册谥宝，绢册绢宝在下葬时祭祀后焚化，香册香宝埋于地宫，而玉册玉宝则供奉太庙。

　　乾隆帝死后，在嘉庆四年（1799）初上谥号为"高宗法天隆运至诚先觉体元立极敷文奋武孝慈神圣纯皇帝"供在太庙。嘉庆二十五年（1820）嘉庆帝死后，道光帝甫一即位，再向先祖累上尊谥，在高宗谥号"奋武"字下恭加"钦明"二字。

152

高宗乾隆帝谥册

年代　嘉庆二十五年（1820）
收藏单位　故宫博物院

　　上谥号，制作谥宝，同时亦制作谥册。谥册为满汉文镌刻，共十片，此为第一片。

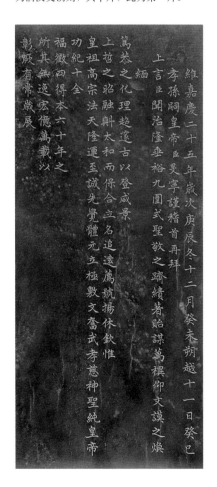

153

乾隆帝孝贤纯皇后谥宝

年代　道光三十年（1850）
收藏单位　故宫博物院

　　咸丰帝甫一即位，亦为孝贤纯皇后原上尊谥恭加"康顺"二字，称"孝贤诚正敦穆仁惠徽恭康顺辅天昌圣纯皇后"、重新制作谥宝、谥册供奉太庙。

154

乾隆帝孝贤纯皇后谥册

年代　嘉庆二十五年（1820）
收藏单位　故宫博物院

155

碧玉爵

年代　清乾隆

收藏单位　故宫博物院

皇帝祭祀太庙先祖，以玉爵酹酒行三献礼。

156

金漆豆

年代　清乾隆

收藏单位　故宫博物院

清代皇家祭器，清初沿袭明朝之制，尊古只用瓷器，雍正朝改为铜质。乾隆十三年（1748）再诏祭器宜法古，用瓷器。但太庙祭器有别，唯有登为瓷，其他或为木质髹金漆嵌玉或为铜质等。

此即太庙所用豆，木质，髹金漆，嵌玉。

金漆簋

年代　清光绪

收藏单位　故宫博物院

　　此为太庙所用簋，木质，髹金漆，嵌玉。

金漆簠

年代　清光绪

收藏单位　故宫博物院

　　此为太庙所用簠，木质，髹金漆，嵌玉。

159

五彩云龙纹登

年代　清乾隆
收藏单位　故宫博物院

　　太庙所用登不用木质髹漆而为瓷质，且有彩画，与其他各坛庙所用素色瓷器不同。

160

黄漆竹丝笾

年代　清宣统
收藏单位　故宫博物院

　　太庙所用笾与其他各坛庙所用素色不同，亦有彩画。

161

铜镀金铏

年代　清嘉庆
收藏单位　故宫博物院

太庙祭器铏，即如此之式。奉先殿亦如此。

162

铜牺尊

年代　清乾隆
收藏单位　故宫博物院

太庙所用盛祭祀酒醴的尊，按不同祭祀时间使用不同的样式。

孟春祭祀用铜牺尊，即用铜作牺形，尊加其上。

铜象尊

年代　清同治
收藏单位　故宫博物院

　　太庙孟夏祭祀用铜象尊，即用铜作象形，尊加其上。

铜象尊

铜著尊

年代　清同治
收藏单位　故宫博物院

太庙孟秋祭祀用铜著尊，即如此之式。

铜壶尊

年代　清乾隆
收藏单位　故宫博物院

太庙孟冬祭祀用铜壶尊，即如此之式。

铜山尊

年代　清同治
收藏单位　故宫博物院

太庙岁末祫祭用铜山尊，四面有棱，中为山形。

（二）奉先殿祭祖

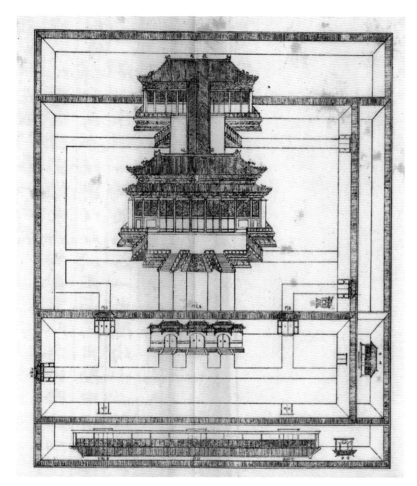

167

《奉先殿总图》

来源　（清）昆冈等：《钦定大清会典》，光绪二十五年
　　　　（1899）刻本

　　奉先殿建于明初，清沿明建筑之制，又先后
于顺治十三年（1656）、康熙十八年（1679）、二十
年（1681）、乾隆二年（1737）重修，工字形结构，前
后殿各九间。建筑南向，西开诚肃门，皇帝祭祀
由此出入。奉先门外东南有神库三间，正南为连
房十三间，分别为宰牲亭、神厨、治牲房，另有
井亭。

　　奉先殿系作为在宫内日常祭祀先祖的建筑，如
太庙寝制，后殿置放努尔哈齐以下列圣列后神
龛，祭祀时则把龛内神牌请至前殿宝座上。

168

奉先殿

　　奉先殿祭祀，每日供献汤饭、果五盘、肉三
盘，早晚点香灯，午间献面食。每遇列圣诞辰、列
圣列后忌辰，以及每月朔望、上元、立春、清明、四
月八日、端阳、中元、重阳、霜降、岁除日，皇
帝亲诣后殿上香行礼献食，其中，四月初八日、中
元献素果十二种；立春、端阳、重阳日，献果品
八种；其他则献果品十二种、肉二盘、酒三爵。

　　元旦、万寿节，请太庙后殿四远祖帝后神牌至
奉先殿，与列圣列后合飨。

《奉先殿位次图》

来源 （清）托津等：《钦定大清会典》，嘉庆二十三年
（1818）刻本

　　清朝定制，每月荐新，皇帝亲献；元旦、冬至、岁
除、万寿节、册封、每月朔望，均将后殿的神牌请至
前殿，皇帝亲自行礼，其供献如太庙时飨之仪。虽立
春、上元、四月八日、端阳、重阳皆寻常节，国忌、清明、霜
降、十月朔属哀慕期，皇帝亦亲祭，但不赞礼作乐。又
有七夕亦如常供，但不致祭。

　　奉先殿位次，以太祖居中，按昭穆之制排列。图
为嘉庆朝绘，时嘉庆帝的孝淑皇后已逝，故列在最右侧。

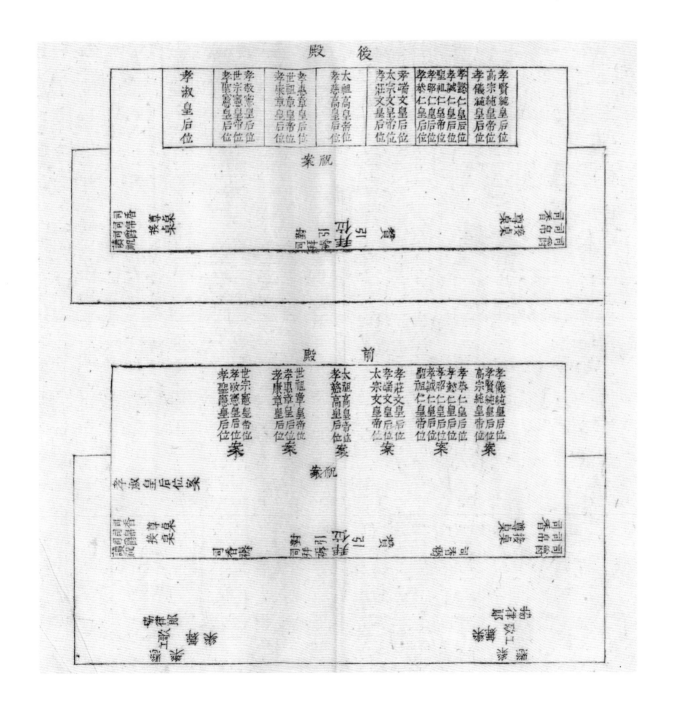

170

奉先殿陈设旧影

年代　20世纪初
收藏单位　故宫博物院

　　每月须向列圣列后荐新——即以时鲜的食品祭献，荐新之礼轻于"祭"，故不设牺牲。

　　荐新的具体时鲜为：正月鲤鱼、青韭、鸭卵；二月莴苣菜、菠菜、小葱、芹菜、花鱵鱼；三月王瓜、蒌蒿菜、芸薹菜、茼蒿菜、水萝卜；四月樱桃、茄子、雏鸡；五月桃、杏、李、桑葚、蕨菜、香瓜、子鹅；六月杜梨、西瓜、鲜葡萄、苹果；七月梨、莲子、菱、榛仁、藕、野鸡；八月山药、栗实、野鸭；九月柿、雁；十月松仁、软枣、蘑菇、木耳；十一月银鱼、鹿肉；十二月蓼芽、绿豆芽、兔、鲟鳇鱼。其豌豆、大麦、文官果等一应鲜品，以及奉旨特荐鲜品，包括行围亲射之鹿獐，皆随所得由太监荐献行礼。

　　每年元旦、冬至、岁除、万寿节、册封、每月朔望，祭祀所用祭器陈设如此图。

171

金爵

年代　清乾隆
收藏单位　故宫博物院

　　奉先殿祭祀列圣列后，与太庙一样以金爵向其进酒。

（三）寿皇殿祭祖

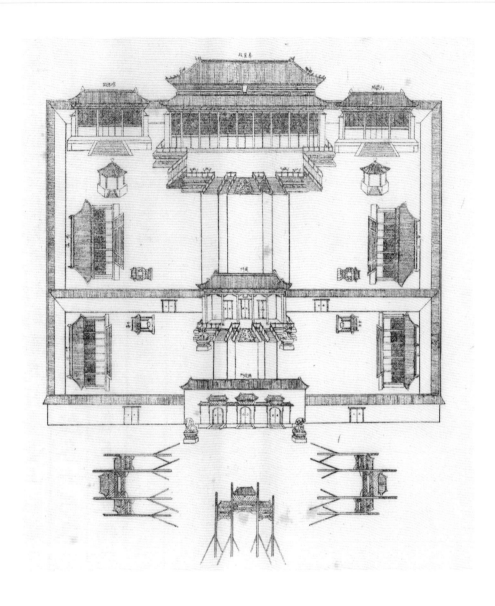

《寿皇殿总图》

来源 （清）昆冈等：《钦定大清会典》，光绪
　　　二十五年（1899）刻本

寿皇殿始建于紫禁城之北景山东北，乾隆十三年（1748）迁建于景山正北，大殿为重檐庑殿顶九间，朝南，左右为耳殿衍庆殿、绵禧殿，殿前有碑亭两座。东西为配殿两座各五间，前有黄琉璃焚帛燎炉两座。戟门外左右为神库、神厨各五间，前各有井亭一座。大门外有四柱九楼牌坊三座。

寿皇殿旧影

来源 ［日］平林太郎：《北京庚子事变照相》，
　　　1900 年

每岁元旦，皇帝祭过堂子、奉先殿，即前往寿皇殿举行大祭礼，如同太庙的祫祭。但祭祀不设神牌而是悬挂御容，所祭自努尔哈齐以下列圣列后。除夕则在御容前供鲜果、肉酱，除夕、正月初二由皇子轮番行礼。

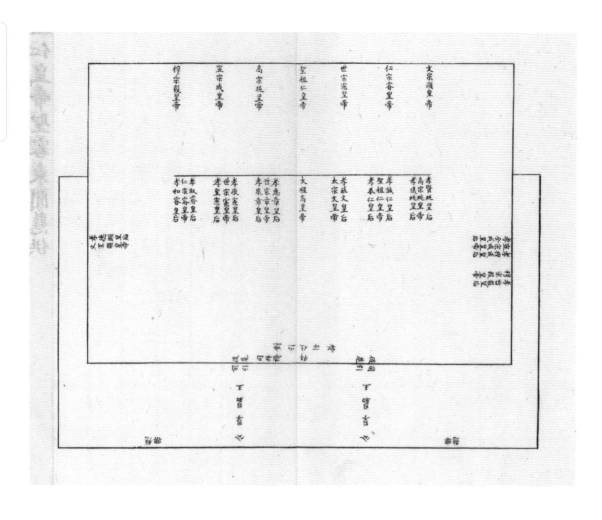

174

《寿皇殿位次图》

来源 （清）昆冈等：《钦定大清会典》，光绪二十五年
（1899）刻本

雍正朝始于寿皇殿供奉先帝圣祖康熙帝御容
像，故平日所悬御容像，以康熙帝居中，以下诸
帝后按左昭右穆顺序排列。

平日悬挂先帝御容像于龛内，并且世系无
止，图为光绪朝所绘，世系排至穆宗同治帝，共
设七龛。

每年除夕日，则在七座龛前设插屏七，将太
祖努尔哈齐以下诸帝后御容像全部悬挂，以太祖
像居中，七座插屏排满后，另在两侧续排宣宗道
光帝、文宗咸丰帝、穆宗同治帝。正月初二日收贮。

175

寿皇殿内景旧影

年底　20 世纪初
收藏单位　故宫博物院

照片可见插屏上所悬的列圣列后御容。

176

寿皇殿供帝后像册

年代　清光绪
收藏单位　中国第一历史档案馆

　　此册记载了寿皇殿内供奉的列圣列后画像数目、类别与挂放顺序。册以黄绫为面装帧，平日贮黄木匣内，存于清宫内务府。

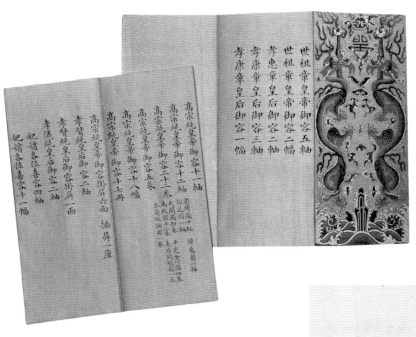

177

《寿皇殿陈设图》

来源　（清）昆冈等：《钦定大清会典》，光绪二十五年
　　（1899）刻本

　　每岁元旦祭祀，在帝后供案上陈黍、稷、稻、粟饭四盘，羊脯和羹一盘，白饼、黑饼、糗饼、粉餐、酏食、蒸鱼、鹿脯、形盐、豕肉、鹿肉、兔醢、鲤鱼、脾析、豚拍、菁菹、芹菹、韭菹、笋菹、榛、菱、芡、枣、荔枝各一盘。筐中仅有帛无玉，不进俎，无牺牲。

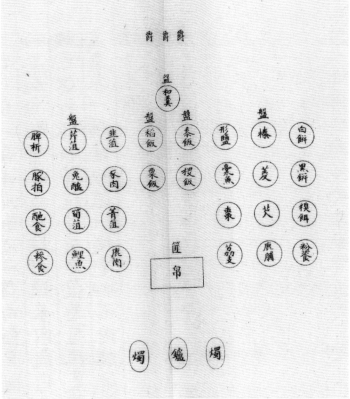

（四）谒陵祭祖

178

帝后诞辰忌辰单

年代　清光绪
收藏单位　故宫博物院

在紫禁城皇帝寝居的养心殿内，悬挂有列圣
列后的诞辰与祭辰单纸屏。

此单右列皇帝生辰，左列帝、后忌辰，均按
月日先后排序，以便于祭祀时间安排。凡列圣列
后生辰，皇帝需遣官前往陵墓行礼；凡列圣列后
忌辰，则要约束百官穿素服以表哀穆。

此单所列皇帝截止到同治帝，确定是光绪时
期所制。

179

景陵全图

年代　清雍正
收藏单位　中国第一历史档案馆

清代帝陵的建筑格局，主要分为三部分，前
引神道部分、隆恩殿及其两翼的附属建筑、方城
明楼与宝顶。其中，隆恩殿及其两翼的附属建筑
为举行祭祀的主要建筑。

景陵为康熙帝陵墓。

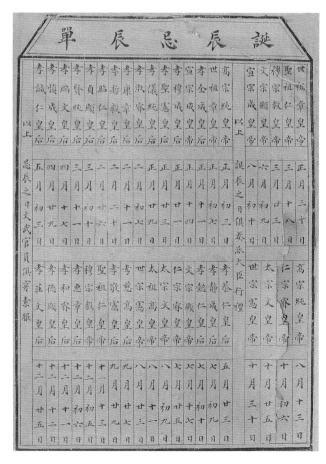

180

具服殿

　　皇帝祭陵时，在前往隆恩殿祭祀前，需在具服殿内更衣，即换下途中的行装，穿上朝服才能向先皇叩头行礼。

　　图为顺治帝孝陵具服殿。

181

神厨库省牲亭

　　祭祀前，牺牲祭品先陈于省牲亭内，经过皇帝审视合格后，方可陈于隆恩殿内以向祖先献祭。

　　图为孝陵的省牲亭。

182

神厨库遗址

　　举凡祭祀之所均设神厨库，即烹调供神祭品的庖厨。

　　图为孝陵的神厨库基址。

183

隆恩殿内景

　　每岁在清明、中元、冬至、岁暮，举行四次大祭列圣列后陵寝。祭祀在隆恩殿内举行，安设神牌，陈设祭品，贡献牺牲太牢。按《钦定满洲祭神祭天典礼》记载，满洲人家遇有墓祭丧祭皆不用猪，故顺治帝特命陵寝祭献所用牺牲太牢亦不用猪，而是一牛二羊。

　　图为雍正帝泰陵隆恩殿内祭祀时陈设神牌与牺牲情形。

184

帝陵燎炉

　　陵寝祭祀后，其陈设的牺牲供品均在燎炉焚化。图为乾隆帝裕陵的燎炉。

185

方城明楼前石五供

　　在皇帝陵墓中，接近地宫的方城明楼前，设置石五供，作为列圣列后永久享有香火供奉的象征。

　　图为孝陵的石五供。

186

帝陵月牙城

在明楼后，有一小院落，墙与前面形成小的半圆，称月牙城，俗称哑巴院。因院中的黄琉璃影壁正好遮挡着地宫的入口，如同人不能语。院内的神道下面就是进入地宫的斜坡墓道，昔日帝后的棺椁即由此送进地宫。

图为孝陵月牙城。

187

帝陵宝顶

宝城顶部微微隆起，称宝顶，其下即为安放梓宫的地宫。

每年清明节，皇帝登宝顶敷土。

届日，陵寝官预先准备洁土储筐。皇帝着缟素前往方城，助祭官员向皇帝进黄布护履，随从大臣亦护履。皇帝自东磴道升至宝城石栏东，陵寝大臣随皇帝至敷土处跪进筐土，康熙三年（1664）定为十三担，乾隆三年（1738）改为一担。皇帝拱举后，随即敷土。然后把筐授给陵寝大臣。从宝城降下后脱履。敷土礼毕。

图为咸丰帝定陵的宝顶。

188

帝陵宝城东栅栏门

皇帝行敷土礼即由此门达宝顶。

图为顺治帝孝陵宝城的东栅栏门。

（五）历代帝王庙祭先王

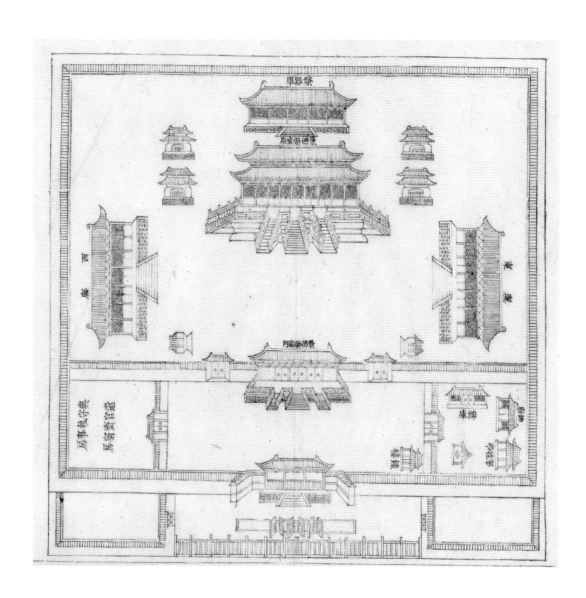

189

《历代帝王庙总图》

来源 （清）托津等：《钦定大清会典》，嘉庆二十三年
　　　（1818）刻本

　　明清两朝所建历代帝王庙位于京师阜成门
内。正殿为景德崇圣殿，南向，重檐九间；其北
为祭器库五间；东西两侧御碑亭各二；东西两庑
各七间，东庑前有绿色琉璃燎炉一，西庑前有砖
燎炉一。景德崇圣门外东侧，神库三间朝南、神

厨、宰牲亭各三间朝西，井亭一；门外东南有钟
楼一座。景德崇圣门外西侧，有遣官斋宿房、典
守执事房各五间。
　　景德街前东西各有牌坊一、其南有琉璃照壁
一座。

《历代帝王庙位次图》

来源 （清）托津等：《钦定大清会典》，嘉庆二十三年
　　　（1818）刻本

　　历代帝王庙祭祀为中祀，一般每年三月三日遣
官致祭，但雍正、乾隆帝均举行过亲祭。
　　所祭历代帝王位次，正中一龛供三皇（太昊伏羲
氏、炎帝神农氏、黄帝轩辕氏）神牌，东一龛供五帝
神牌（少昊金天氏、颛顼高阳氏、帝喾高辛氏、帝尧
陶唐氏、帝舜有虞氏），西一龛分为两室，左室内夏
王十四位，右室内商王二十六位。左右再分置神龛，所
供神牌截止明帝十三位。至乾隆时，供奉历代帝王总
计一百八十八位。
　　东庑一龛，配享前代名臣四十位，西庑一龛，配
享前代名臣三十九位。
　　皇帝拜位在景德崇圣门正中。

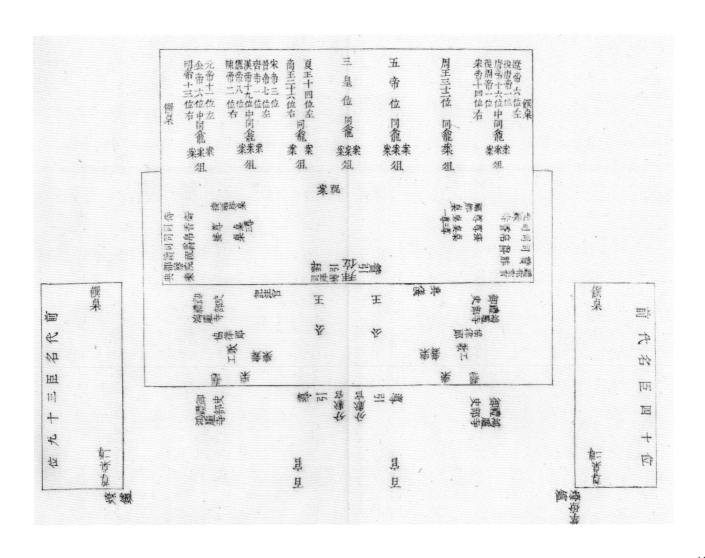

191

《帝王名臣像·庖牺氏》

年代　清

作者　佚名

收藏单位　故宫博物院

　　历代帝王庙中、清代祭祀明代及以前历代帝王，自传说中的三皇五帝至明代。乾隆时祭祀的朝代把晋、南北朝、五代、辽、金纳入，帝王确定为一百八十八位，除了因无道被杀和亡国之君外，全部致祭，以符乾隆帝所论"中华统绪、不绝如线"。

　　伏羲，又称庖牺氏，被奉为三皇之一，是历代帝王庙中排位第一而受祭的先皇。

192

《帝王名臣像·神农氏》

年代　清

作者　佚名

收藏单位　故宫博物院

　　神农被奉为三皇之一，是历代帝王庙中排位第二而受祭的先皇。

193

《帝王名臣像·汉高祖》

年代　清

作者　佚名

收藏单位　故宫博物院

　　汉高祖刘邦为汉朝开国之君，是历代帝王庙中供奉的重要帝王之一。

《历代帝王庙正位陈设图》

来源 （清）托津等：《钦定大清会典》，嘉庆二十三年
　　　（1818）刻本

　　历代帝王庙正位每案陈设铜爵三、铜登一、铜
铏二、铜簠二、铜簋二、竹笾十、铜豆十、竹筐一、木
俎一。

《历代帝王庙配位陈设图》

来源 （清）托津等：《钦定大清会典》，嘉庆二十三年
　　　（1818）刻本

　　历代帝王庙东庑配位四十，设供案十张，即
每四位供案一张。每张上陈铜爵十二、铜铏二、铜
簠一、铜簋一、竹笾四、铜豆四、木俎一。供案
每十张前置竹筐一。俎内牺牲为少牢羊豕。西庑
第十案为配位三，其前铜爵则为九。

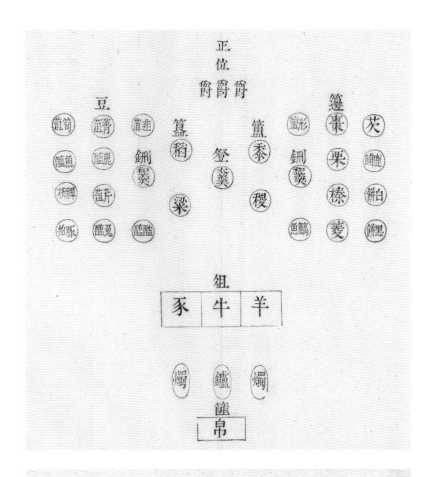

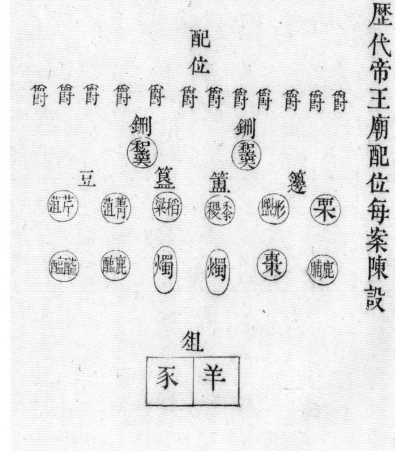

祭 孔

《传心殿总图》

来源　（清）昆冈等：《钦定大清会典》，光绪二十五年
　　　（1899）刻本

　　传心殿位于京师紫禁城内文华殿之东，康熙二十五年（1686）建。

　　正殿五间、朝南。前为景行门三间，再前为治牲所五间，最前为退牲所三间。正殿后有神库三间、朝东；神厨连檐三间，二间朝北，一间朝西。

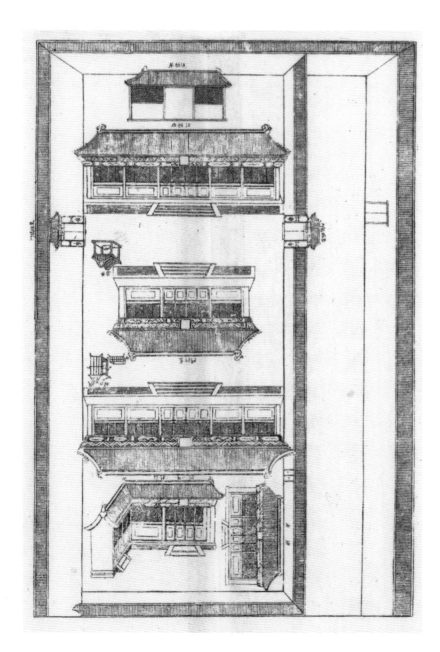

传心殿

　　传心殿供奉皇师伏羲氏、神农氏、轩辕氏、帝师陶唐氏、有虞氏、王师夏禹王、商汤王、周文王、周武王神牌，均正位，南向。

　　配位东侧系先圣周公，西为先师孔子。

　　每岁皇帝御经筵、皇太子出阁讲书（仅在康熙朝立太子期间），太常寺奏遣大学士一人行祭告礼。如皇帝亲诣传心殿祗告，则祭日点香烛，设铏一，实以和羹；笾二，实以龙眼、栗实；豆二，实以醢醯、鹿醢；奠帛爵，读祝文致祭。

198

《先师庙图》

来源 （清）托津等：《钦定大清会典》，嘉庆二十三年
（1818）刻本

先师庙又称孔庙，位于京师安定门内成贤街太学之左，朝南。

庙最北为崇圣祠五间，左右配殿各一座。南为大成殿七间、重檐；东西庑各十九间，庭院内甬道东西分别有碑亭六座、五座，庭院西南角有燎炉一座，西北瘗坎一座。大成门五间，门外东有神厨五间，宰牲亭三间，井亭一座；西有神库五间，致斋所三间，更衣亭一间。

图上未能明示者，街门外列木为栅。东西成贤街牌坊各一座，东为崇正学牌坊，西为育真才牌坊。大成门内左右列戟二十四件，石鼓十个，石鼓音训石碣一块，门外列乾隆帝御制重排石鼓十个。

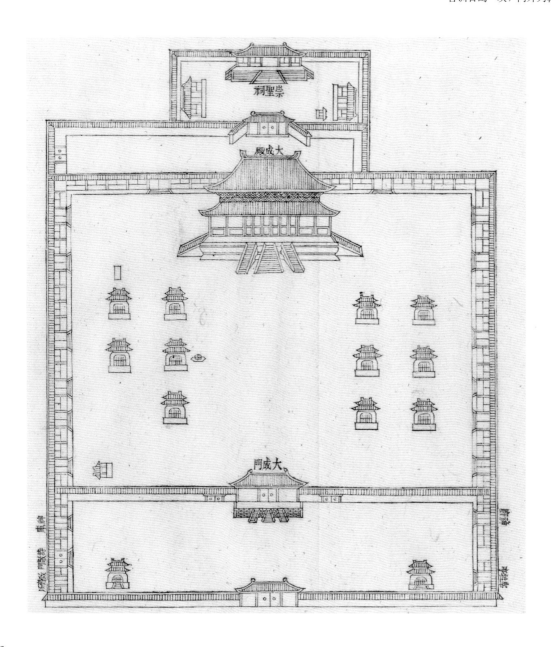

北京孔庙先师门

先师门，是孔庙正门，原称棂星门，清代易
名先师门。其面阔三间，单檐歇山顶，基本上保
留了元代的建筑风格。

200

北京孔庙大成殿旧影

来源　[英]唐纳德·曼尼：《北洋北京》，1920 年

　　先师孔子所创立的儒学，自汉代以来成为历代帝王与士庶尊崇的经典。全国自京城乃至各府州县皆设孔庙（除京师与曲阜而外，各地均称文庙。因唐玄宗封孔子为文宣王，其庙称文宣王庙。明代以后简称文庙），供人们春秋祭祀。

　　大成殿内供至圣先师孔子像与神牌。

201

《先师庙大成殿两庑位次》

来源　（清）托津等：《钦定大清会典》，嘉庆二十三年（1818）
　　　刻本

　　大成殿内至圣先师孔子神牌居正中，朝南。两侧四配位系复圣颜子、述圣子思子神牌，在殿东、朝西；宗圣曾子、亚圣孟子神牌，在殿西、朝东。

　　十二哲为先贤闵子（闵损）、冉子（冉雍）、端木子（端木赐）、仲子（仲由）、卜子（卜商）、有子（有若），神牌在殿内东侧朝西；冉子（冉耕）、宰子（宰予）、冉子（冉求）、言子（言偃）、颛孙子（颛孙师）、朱子（朱熹），神牌在殿内西侧朝东。

　　东庑为先贤公孙侨、林放等四十位，先儒公羊高、伏胜至清儒陆陇其、张伯行等三十四位。西庑为先贤蘧瑗、澹台灭明等三十九位，先儒谷梁赤、高堂生至清儒陆世仪、汤斌等三十四位。

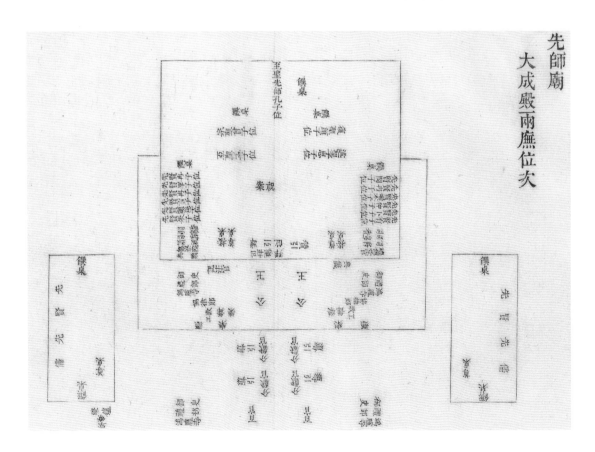

202

《帝王名臣像·孔子》

年代　清
作者　佚名
收藏单位　故宫博物院

　　孔子名丘，字仲尼，春秋时期鲁国人。创立儒家学说，即崇尚"礼乐""仁义"，提倡"忠恕""中庸"之道；主张"德治""仁政"，重视伦常关系。西汉以后，儒家学说逐渐成为中国封建社会占统治地位的学派，故孔子被奉为至圣先师。

203

《帝王名臣像·孟子》

年代　清
作者　佚名
收藏单位　故宫博物院

　　孟子名轲，字子舆，战国时期鲁国人。继承并发展了孔子的儒家学说，被奉为亚圣。

204

《先师庙大成殿正位陈设图》

来源　（清）托津等：《钦定大清会典》，嘉庆二十三年
　　　（1818）刻本

　　每岁春、秋二仲月上丁日，于大成殿祭祀先师孔子，因在上丁日祭祀，亦称丁祭。光绪朝升为大祀。

　　先师孔子供案陈设铜爵三、铜登一、铜铏二、铜簠二、铜簋二、竹笾十、铜豆十、竹筐一、木俎一。

　　又设香案一张，上有铜炉一，烛台二。其前有石五供，其瓶内插木质贴金灵芝。再前为周范案，即上面陈设周代礼器：鼎、尊、卣、罍、壶、簋、簠、瓴、爵、洗。

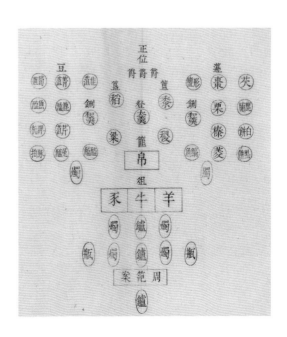

铜豆

年代　清乾隆
收藏单位　故宫博物院

　　太庙、奉先殿、历代帝王庙以及孔庙所用铜质祭器豆，即如此式。

铜簋

年代　清乾隆
收藏单位　故宫博物院

　　太庙、奉先殿、历代帝王庙以及孔庙所用铜质祭器簋，即如此式。

207

铜簠

年代　清乾隆
收藏单位　故宫博物院

　　太庙、奉先殿、历代帝王庙以及孔庙所用铜
质祭器簠，即如此式。

208

铜镀金铏

年代　清咸丰
收藏单位　故宫博物院

　　太庙、奉先殿、历代帝王庙以及孔庙所用铜
质祭器铏，即如此式。

曲阜大成殿

公元前 479 年孔子去世，鲁哀公将其生前住宅改为庙，唐代时尊称文宣王殿。宋代大修增扩为七间，徽宗又取《孟子》"孔子之谓集大成"语义，下诏更名为"大成殿"。

大成殿为孔庙中的正殿，其内供奉孔子像与牌位，康熙帝为其题写"万世师表"门额。康熙、乾隆帝南巡途径曲阜，或专程东巡曲阜，均在大成殿拜谒孔子行礼。

210

《孔林图》

年代　清
收藏单位　中国第一历史档案馆

　　孔子家族陵园称孔林。康熙帝在孔庙祭祀孔子神牌后，还曾前往孔林祭拜。

嘉礼篇

汉代经学家郑玄对嘉礼解释为："嘉，善也。所以因人心所善者而为之制。"《周礼·春官·大宗伯》所载嘉礼包括饮食、婚冠、宾射、飨燕、脤膰、贺庆六种。

历史发展到清代，嘉礼演进为登极、朝贺、册封、婚冠、飨燕、经筵、乡饮酒诸礼，而属于皇家的则不包括冠礼（清代皇帝无冠礼）、乡饮酒礼，唯清代还有禅让授受、太后垂帘之典。

皇帝登极标志着一个新时代的开始，从此确立新的君臣关系。清初太祖创业，建元天命，正月朔即位，仪式疏简。此后仪制逐渐完备，但各朝除嘉庆帝外均为先皇过世后即位，在大行皇帝丧礼中举行登极仪式。前期分遣官员祭告天、地、太庙、社稷，新帝着衰服诣先皇几筵行三跪九叩礼，祗告受命。拜谒皇太后，再御太和殿，接受王公百官上表，行三跪九叩之礼，最后颁诏。因在丧期内，贺表不宣读，中和韶乐悬而不作，不设宴。

特殊的一次登极仪式，属于嘉庆帝。而对于乾隆帝而言，则是内禅。新老皇帝先后御临太和殿，实现皇权交接。这是亘古未有的盛典，是有清以来唯一在喜庆气氛中举行的新帝登极仪式：奏乐、宣表、设宴。

与皇权交接相关的还有两种特殊仪式，即亲政之仪与皇太后垂帘听政之仪，均缘于清初与清末皇帝幼冲即位的特殊政局。

朝贺之仪有大朝仪与常朝仪。大朝仪主要是元旦、冬至、万寿节三次宫中大节所行，冬至节因须祭天则于次日受贺。大朝仪时皇帝（或太上皇）升座于太和殿，百官三跪九叩，宣表、作乐、赐宴、颁诏。在内廷亦有皇太后与皇后的大朝仪，对于皇太后，皇帝先率百官行礼，宣表，次则皇后率妃嫔与公主、命妇行礼；皇后的大朝仪则仅是妃嫔向皇后所行之礼。常朝仪始于太祖，五日一视朝。顺治九年（1652），规定每月初五、十五、二十五日行朝参礼。新任各官于此日谢恩，皇帝御太和殿，引见毕，赐座赐茶。如藩国使臣来朝，亦于常朝日行礼。大朝与常朝仪的意义，在于定期强化君臣上下关系。

御门听政仪主要在于处理朝政，虽有一定程式但并不属于真正的典礼。

大宴仪一般是附着在大朝仪之后，皇帝御太和殿升宝座，王大臣席位设在殿内，文三品、武二品以上官在丹陛上，其余在丹陛下。先奶茶宴，后酒席宴。宴后有庆隆舞，蒙古与朝鲜、回部等百戏，寓以教化。三大节筵宴外，还有大婚宴、耕耤宴、凯旋宴，此外，与皇室相关的还有宗室宴、外藩宴。清代还有过四次特殊的国宴——千叟宴，赐宴高年，以表尊老至意。

册封包括册立中宫皇后与东宫皇太子，册封妃嫔、王公爵位与公主封号，颁宝印、封册以确定其名分。此外，清初还有为太祖、太宗上尊号，而为皇太后上徽号仪则贯穿清朝始终，举凡国有大庆，即上徽号，表达尊亲之义。

皇家婚礼包括皇帝、皇子大婚，公主下嫁。其礼仪仍尊古代婚前礼、成婚礼、婚后礼三个阶段。但皇帝大婚须先册立皇后，婚后礼有颁诏礼，但无归宁礼。清代皇家婚礼中的迎娶时间，一改自唐朝以来用晨昕，而是复古礼用子时。婚礼之义在于敦序人伦。

此外，还有经筵大典、皇帝视学与策士，以表皇帝之崇文尚学。

总之，嘉礼均为喜庆之礼。

一

朝 贺

（一）登极

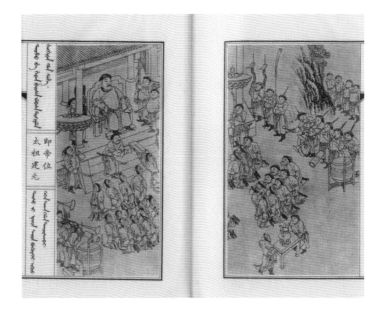

211

《努尔哈齐朝服像》

年代　清
作者　佚名
收藏单位　故宫博物院

　　努尔哈齐（1559—1626），姓爱新觉罗氏，明朝建州左卫女真人。早年在明辽东总兵李成梁部下赞画军务。明万历十一年（1583）以其祖、父被杀而起兵，先后统一女真诸部。万历四十四年（1616）称汗，国号金（史称后金），建元天命。后世上其庙号为太祖。

　　建国之初，各项制度草创。此画像似更能反映当时汗王的样貌。

212

《努尔哈齐建元称贺》

来源　《满洲实录》，乾隆四十四年（1779）崇谟阁本

　　明万历四十四年（1616），努尔哈齐在赫图阿拉（今辽宁新宾）称汗——"覆育列国英明汗"。《满洲实录》图绘努尔哈齐身着盛装，端坐在大殿内宝座上，其旁设卤簿仪仗。殿下鼓乐喧奏，贝勒、群臣集会殿前，按翼序立。八大臣出班，跪进上尊号表文。皇帝降座后，焚香告天，率贝勒、群臣一同向天行三跪九叩礼。此后，太宗皇太极即位仪式同此。画面上努尔哈齐形象高大、威仪凛凛，以此突出其权威。

213

盛京皇宫大政殿内景旧影

来源　[日] 内藤虎次郎：《增补满洲写真帖》，1935 年

　　后金建国后，其都城由赫图阿拉迁于辽阳，后再迁沈阳，在沈阳规划营建更大规模的宫室建筑。至太宗皇太极时期，宫廷典制逐步完善，规定每年最隆重的元旦（正月初一）朝贺大典在大政殿举行。当日清晨，皇太极在清宁宫祭神与前往城东门外的堂子祭天后，即御大政殿升上宝座，文武群臣以及前来祝贺的使节均已在殿庭按次序排列整齐，依次进殿行礼进表，向皇帝恭贺新年，并举行元旦筵宴。此外，万寿节（皇帝诞辰）、冬至节、出征与凯旋，以及顺治皇帝登极等重大庆典仪式均在此举行。

清宫图典
礼仪卷

214

《顺治帝朝服像》

年代　清顺治
作者　佚名
收藏单位　故宫博物院

崇德八年（1643）八月初九日，太宗皇太极
过世，其子福临于八月二十六日即位，在盛京皇
宫举行即位大典，次年改元顺治。

太和门

顺治元年（1644）十月，清政权入关，定鼎燕京为都城。于是，十月初一，顺治帝在前明旧宫紫禁城皇极门（清改称太和门），再次举行登极大典。

先期遣官祭告太庙、社稷坛。当日，皇帝前往南郊天坛祭天，并在此举行接受御玺"皇帝之宝"仪式。回到皇宫后，在这里接受大臣的贺表，完成即位大典。

这是入关后的一次特殊即位大典，国丧期三年未过，但在大典上，中和韶乐大作，并且即位大典当日先行祭天，也是以后历朝所未见。

顺治帝登极诏书

年代　顺治元年（1644）
收藏单位　中国第一历史档案馆

顺治帝即位大典后的第十天，即顺治元年十月十日，顺治帝向全国民众发布这一登极诏书。诏告新的国主统御天下，对功高业显的宗亲将帅加官晋爵，赦免囚犯，蠲免钱粮等。

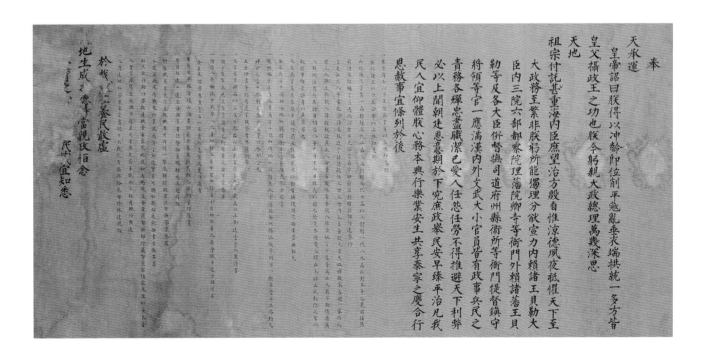

217

《孝庄文皇后便服像》

年代　清康熙
作者　佚名
收藏单位　故宫博物院

　　顺治帝临朝十八年而死，年方八岁的皇子玄烨即皇帝位，次年改元为康熙。皇帝冲龄即位，顺治帝遗命由索尼、苏克萨哈、遏必隆、鳌拜为辅政大臣，赞襄朝政。

　　顺治帝之母孝庄文皇后倾注全部精力鞠育皇孙。当四大辅臣，尤其是鳌拜的权势炽烈，即将危及皇权之时，孝庄文皇后于康熙四年（1665）主持完成皇帝大婚，以此来标志皇帝已成年，为康熙帝早日举行亲政大典铺就了道路。

218

《康熙帝少年朝服像》

年代　清康熙
作者　佚名
收藏单位　故宫博物院

　　康熙六年（1667）七月初七，皇帝御太和殿举行亲政大典。亲王以下文武官员上表行庆贺礼，宣诏天下。诏书共十七条，恩赦天下，以使天下务本兴行、乐业安生。

　　顺治、康熙帝的亲政大典，仪式简疏，仅有官员上表庆贺。但至清末，再次出现冲龄践祚的幼帝同治、光绪二帝，亦出现了亲政大典，其仪式繁缛。先期需遣官祭告天、地、太庙、社稷。届日，皇帝首先率群臣至慈宁宫向皇太后进贺表、叩拜，然后皇帝前往外朝，在中和殿先接受执事官员叩拜，再次御临太和殿接受贺表，三跪九叩，颁诏，是为亲政大典。

《宣统即位后诸大臣谒见图》

来源 [日] 田中良三绘，东京尚美堂画店印制，明治
四十二年（1909）

　　光绪三十四年（1908）十一月初九日，宣统
帝登临太和殿举行即位大典。

　　此图为日本人绘制的皇帝即位大典后，诸大
臣在乾清宫谒见皇帝的情形。

（二）授受大典与垂帘听政

220

《乾隆帝老年朝服像》

年代　清乾隆
作者　佚名
收藏单位　故宫博物院

　　中国古代皇位继承，基本为父死子继，个别为兄终弟及。所以，只有在老皇帝故去，才会有新皇帝登极。历史上个别出现的所谓"内禅"，多是国政变故，仓猝中的权宜之计。真正具有内禅意义的唯有乾隆帝传位予嘉庆帝。乾隆帝成为真正的太上皇帝。

　　乾隆帝即位之初，曾誓于上苍，年至八十五岁居帝位六十年即归政，绝不逾皇祖康熙帝在位六十一年。乾隆六十年，上谕明年元旦举行授受典礼，传皇位予其十五子颙琰——嘉庆帝。

《嘉庆帝朝服像》

年代　清嘉庆
作者　佚名
收藏单位　故宫博物院

嗣皇帝嘉庆接受了太上皇乾隆帝所授御玺后，太上皇回到内廷，而嗣皇帝则退至保和殿等候举行登极典礼。当钦天监再报吉时，嗣皇帝御中和殿，接受执事官员行礼，然后御太和殿登极：中和韶乐大作，宣读登极贺表，群臣行礼。嗣皇帝回到暂居的毓庆宫。大学士等将"皇帝之宝"送至乾清门，以便恭贮交泰殿，礼部官员则将传位诏书奉至天安门，举行颁诏礼后，再用龙亭抬至该部衙署，刊刻颁行全国。

222

太和殿内景旧影

来源　[日]东京帝室博物馆编：《清国北京皇城写真帖》，
明治三十九年（1906）

　　乾隆、嘉庆帝授受大典可谓空前绝后。先期遣官祭告天、地、太庙、社稷。届日，卤簿仪仗、中和韶乐等全部陈设，太和殿内设放置御宝、诏书、贺表的桌案，门槛内设嗣皇帝拜褥。吉时一到，太上皇帝、嗣皇帝着朝服分别从养心殿、毓庆宫乘舆先临御中和殿。太上皇帝在此升座，嗣皇帝殿内侍立，接受执事大臣行三跪九叩礼。然后，两皇帝再御太和殿，太上皇帝升上宝座，嗣皇帝率群臣跪听宣读庆贺传位表，太上皇帝亲授嗣皇帝以御玺"皇帝之宝"，嗣皇帝跪受后，率群臣行三跪九叩礼。太上皇帝回到内廷，接受女眷及皇孙等未有封爵者行礼庆贺。

　　太和殿宝座上方"建极绥猷"匾为乾隆帝御笔所书，寄予的正是其"承天建立法则，抚民顺应大道"的政治理想。

223

御玺"皇帝之宝"

年代 乾隆十三年（1748）
收藏单位 故宫博物院

　　"皇帝之宝"为乾隆十三年（1748）厘定的"二十五宝"之一，"以肃法驾"为其行政功能，钤于皇帝诏书。凡皇帝登极典礼，即受此御玺，以表明皇权的延续。乾隆帝与嘉庆帝授受大典上，太上皇乾隆帝亲手将此御玺授予嗣皇帝嘉庆帝，实现了自古帝王希冀而难能的禅位宏愿。

　　此玺系檀香木质，盘龙钮，印文为篆体满汉文合璧。

224

御玺"太上皇帝之宝"

年代 乾隆六十年（1795）
收藏单位 故宫博物院

　　清代皇帝御宝，乾隆十三年（1748）确定为"二十五宝"，根据其功用的不同，钤盖于诏书诰敕等御书谕旨之上。除"二十五宝"外，为授受大典、发布禅位诏书而特制"太上皇帝之宝"，其形制与"二十五宝"相同，印面文字为篆体满汉文字合璧，印钮为交龙。

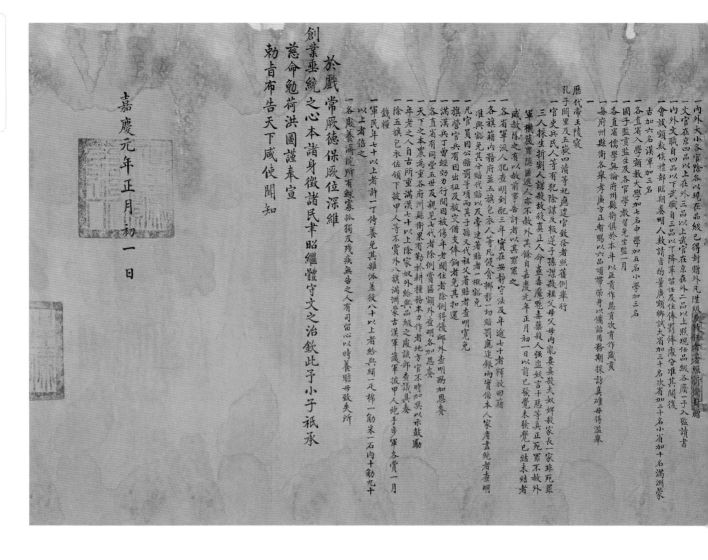

嘉慶元年正月初一日

於戲常厥厰德保厰位深維
創業垂統之心本諸身徵諸民事昭
慈命勉荷洪圖謹奉宣
繼體守文之治欽此予小子祇承
勅旨布告天下咸使聞知

歷代帝王陵寢
孔子闕里及五嶽四瀆等祀應遣官致祭者照舊例舉行
一官吏兵民人等有犯謀反叛逆子孫謀殺祖父母父母内亂妻妾殺夫奴婢殺家長一家非死罪
　三人採生折割人謀故殺真正人命蠱毒魘魅嘉祖父强盗妖言十惡等真正死罪不赦外其餘自嘉慶元年正月初一日以前已發覺未發覺已結未結者
　軍犯罪應遷人亦不赦外其餘凡侵貪挪彩一切賠罰追銀兩實係本人家產盡絕者查明
一各省軍流人犯查明到配三年實在安靜守法及年逾七十者釋放回籍
一各旗箱内務府並五旗包衣人等凡處遣人犯查明寬免
　准興寬免其分賠代賠以及牽連著賠者一概寬免
一凡官員因公賠罰等項而其子孫又代祖父著賠者查明寬免
一旗營官兵有因出征及被災情支體傷殘者免其扣選
一滿漢兵丁曾經効力行間住者倒得倦郵外查明酌加恩賚
一各直省同學五世及親見七代者賞加頂戴外查明加賞
　天下之本農滿重各府州縣衛果有勤於耕種輪本力作者地方官不時加獎以示鼓勵
一年老之人自古所重滿洲七十以上除家奴外給與品級之虛銜該部查真奏
　除五旗包衣佐領下披甲人等八旗滿洲蒙古漢軍披甲人馳手步軍各賞一月
　錢糧
一軍民年七十以上者許一丁侍養免其雜派差後八十以上者給與絹一元棉一勸米一石肉十勸九十
　以上者倍之
一各處養濟院所有鰥寡孤獨及殘疾無告之人有司留心以時養贍毋致失所

225

《乾隆帝传位诏书》(局部)

年代　嘉庆元年（1796）
收藏单位　中国第一历史档案馆

常规的诏书在具题时间的部位钤盖"皇帝之
宝"，而该诏书起首处增加钤盖"太上皇帝之宝"，这
正是太上皇帝与嗣皇帝授受大典颁布传位诏书的
特制。

奉

皇帝欽奉

太上皇帝詔曰朕纘紹丕基撫綏函夏勤求治理日有孜孜仰賴

上天眷佑

列聖貽謀寰宇乂安蒸黎阜歡教四詎中外一家御極以來平定伊犁回部

大小金川擴土開疆數萬餘里緬甸安南廓爾喀以及外藩屬國咸震懾

威稜恪修職貢其自作不靖者悉就殄功邁十全恩覃六合普免各省

漕糧者三地丁錢糧者四屢義巡方于慶施惠蠲通賑貸不下數千萬億

振興士類整飭官常嘉與萬邦黎獻蒼海隅同我太平躋之仁壽朕持

盈保泰弗念勤念雨賜周諮庶稼穡於庶言庶獄庶慎靡不躬親宵衣

單心時幾交勵用疊上副

祖宗付畀之重下撫億兆仰戴之誠日慎一日六十年於茲矣迴憶踐阼初元

曾黙籲

上蒼若紀年周甲當傳位嗣子不敢仰希

皇祖以次增戴今敬近

洪釐壽符初願朕康疆逢吉九旬望衰五代同堂積慶延祺光于往牒非

昊慈篤祐申命用麻昌克臻此

天生民而立之君使為司牧授受之際敢不兢兢淵自癸巳

南郊即以嗣位皇子之名黙奏

上帝並於盛京恭詣

祖陵敬告

列祖在天之鑒昨冬頒朔屆期特宣布詔旨明定儲位以丙辰為嘉慶元年預

勅所司敬議歸政典禮皇太子秉性謙沖臚誠固讓率同內外王公大臣

等具章請朕至百歲始行斯典但

天聽維聰朕志先定再四申諭勿得懇辭皇太子仁孝端醇克肩重器宗祏有

托朕用嘉焉已諏吉祗告

天

地

宗廟

社稷皇太子於丙辰正月上日即皇帝位朕親御太和殿躬授寶璽可稱朕

為太上皇帝其尊號繁文朕所弗取毋庸奏上凡軍國重務用人行政大

226

毓庆宫

举行了授受大典后，太上皇乾隆帝并未移居到太上皇宫殿，继续以养心殿为其寝宫。嗣皇帝嘉庆帝则仍御居皇太子宫毓庆宫，在太上皇帝归政仍训政的特殊体制下，行使其有限的皇帝权力。

《同治帝朝服像》

年代　清同治
作者　佚名
收藏单位　故宫博物院

　　咸丰十一年（1861），咸丰帝病故，遗命其六岁的皇子载淳继位，并由顾命八大臣辅佐冲龄之帝。然而幼帝母后那拉氏通过发动祺祥政变，废除了顾命大臣，实行母后干政的"垂帘听政"的特殊政体，走上了所谓的"同治"天下之路，原拟的年号"祺祥"改为"同治"，小皇帝以"同治"改元纪年。

《慈安皇太后便服像》

年代　清同治
作者　佚名
收藏单位　故宫博物院

　　咸丰帝皇后钮祜禄氏，按封建宗法制度为同治皇帝载淳嫡母。当咸丰帝病死后，皇帝载淳尊称其为母后皇太后，徽号为慈安。她作为正宫皇太后，与皇帝载淳生母慈禧皇太后一同垂帘听政。

《慈禧皇太后朝服像》

年代　清同治
作者　佚名
收藏单位　故宫博物院

　　咸丰帝贵人那拉氏，因其生子载淳而贵，先后由贵人晋升为懿嫔、懿贵妃。咸丰帝病死后，其子载淳继位，尊称其为圣母皇太后，徽号为慈禧。她与慈安皇太后一同垂帘听政于同治朝、光绪朝初期。光绪七年（1881）慈安暴亡后，则由其一人垂帘听政。

230

养心殿垂帘听政处

　　咸丰十一年（1861）十一月开始，同治帝与两宫皇太后同御养心殿听政。在养心殿东暖阁，垂挂一黄纱帘分割出两空间，黄纱帘外置皇帝宝座，纱帘内再置皇太后宝座。凡召见内外臣工，皇太后与皇帝则纱帘内外"里呼外应"。如要选拔官员引见，皇太后即在被引见人员的名单上钤印，然后授给亲王或大臣传旨。如果大臣进呈请安折，需为皇帝、皇太后每人撰拟一份并进；若发布谕旨，其行文仍以皇帝口吻，人称用"朕"字。

（三）大朝与常朝

231

《大朝会图》

来源 ［日］冈田玉山：《唐土名胜图会》，文化二年
　　　（1802）刻本

天命元年（1616），始行元旦（今春节）庆贺，至
顺治八年（1651），定元旦、冬至、万寿圣节为宫
中三大节，举行大朝会。

届日，卤簿、乐悬全部陈设，太和殿内设置
贺表的黄案。质明，王、贝勒、贝子集太和门，不
入八分公以下官集午门外。礼部官员将贺表置龙
亭内，校尉先抬至午门外陈设两旁，然后再奉表
置于太和殿黄案上。鸿胪卿导引王、贝勒等立于
太和殿丹陛。鸣赞官导引群臣及进表官入两掖
门，按序立于丹墀。蒙古诸臣与外国使节自西掖
门入立于西班之末。

钦天监奏报吉时，皇帝出宫御中和殿先接受
执事官行礼，然后午门鸣钟鼓，中和韶乐奏起，皇
帝再御临太和殿。内大臣分立宝座前后，侍卫又
次其后，起居注官四人立西旁金柱后，大学士与
詹事官立东檐下，御史立西檐下。銮仪卫官赞鸣
鞭，鸣赞官赞排班，王公百官就拜位立、跪。宣
表官宣贺表讫，丹陛大乐奏起，群臣与使节先后
皆三跪九叩。然后皇帝赐座、赐茶。最后，复鸣
鞭三次，中和韶乐再作，皇帝还宫。礼毕。

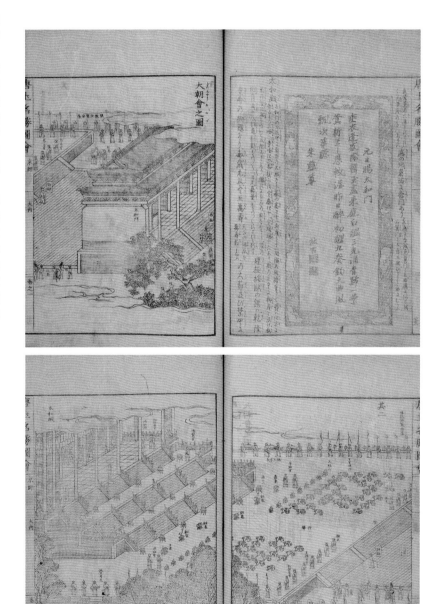

《法驾卤簿图卷》（局部）

年代　清
作者　佚名
收藏单位　故宫博物院

　　乾隆十三年（1748）厘定卤簿仪仗制度，规定大朝会用法驾卤簿。当日早晨，由銮仪卫布设。太和殿前陈盖，太和门外陈步辇等，午门外陈五辂，其南陈宝象，天安门外陈驯象。卤簿仪仗包括盖、伞、扇、幢、幡、旌、节、氅、麾、纛、旗、钺、星、瓜、仗等。

　　法驾卤簿较大驾卤簿减省数量，但辇舆、九龙曲盖、五辂、宝象与导象相同。

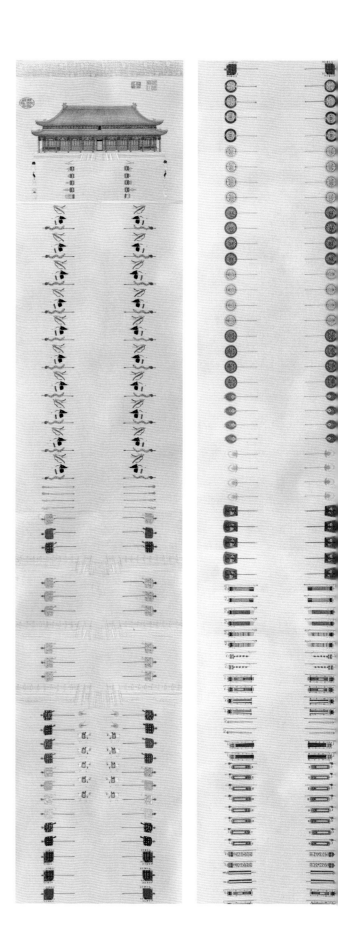

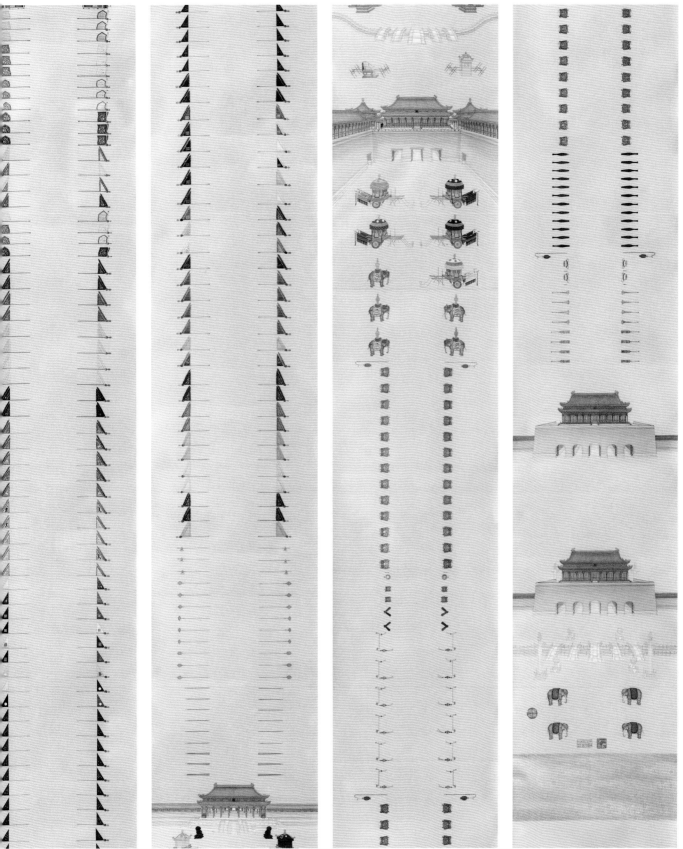

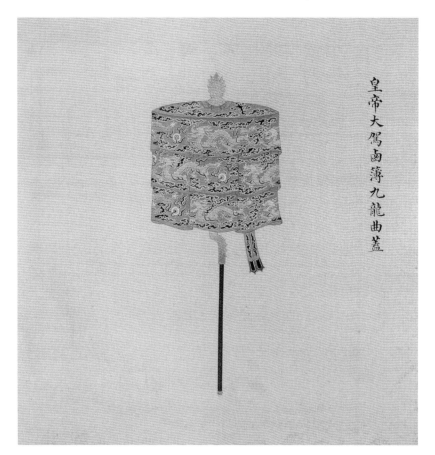

皇帝大驾卤簿九龙曲盖

(233)

《皇朝礼器图式·卤簿·九龙曲盖》

年代　乾隆二十四年（1759）

作者　（清）冷鉴、（清）黄门等

收藏单位　故宫博物院

　　在太和殿前陈设的卤簿仪仗，自北而南第一件即为九龙曲柄黄盖。盖黄缎质，上绣彩云、金龙九条；曲柄龙首，木质涂金。

皇帝大驾卤簿玉辂

(234)

《皇朝礼器图式·卤簿·玉辂》

年代　乾隆二十四年（1759）

作者　（清）冷鉴、（清）黄门等

收藏单位　故宫博物院

　　陈设在午门外的五辂，于乾隆八年（1743）改原五辇而成，即大辂改称金辂，大马辇改称象辂，小马辇改称革辂，香步辇改称木辂，玉辂仍旧，以符古礼之五辂之制。乾隆十三年（1748）确定为玉辂、金辂、木辂、象辂、革辂。其形制相同，均穹顶方车，正中圆顶皆用金顶。唯上盘与上檐所嵌花板颜色、质地，以及插旗不同。玉辂上盘青色，上檐花板用玉板镶嵌。按汉儒之说，所插之旗，玉辂为日月五星二十八宿纹饰。

《皇朝礼器图式·卤簿·金辂》

年代　乾隆二十四年（1759）
作者　（清）冷鉴、（清）黄门等
收藏单位　故宫博物院

　　金辂上盘黄色，上檐花板用金板镶嵌；所插旗用象征东方的飞龙纹饰。

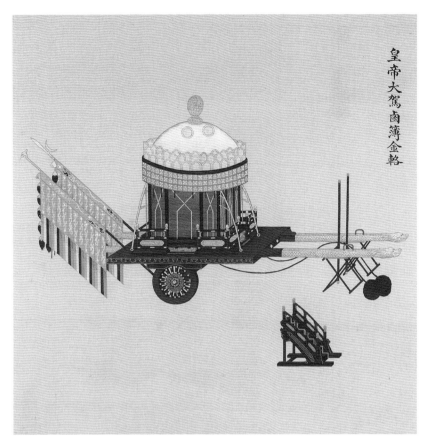

《皇朝礼器图式·卤簿·木辂》

年代　乾隆二十四年（1759）
作者　（清）冷鉴、（清）黄门等
收藏单位　故宫博物院

　　木辂上盘黑色，上檐花板用花梨木镶嵌；所插旗用象征北方的龟蛇纹饰。

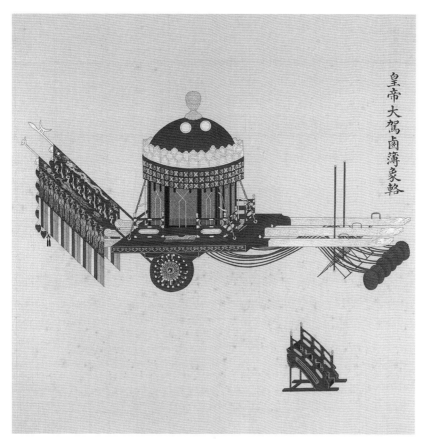

皇帝大駕鹵簿象輅

237

《皇朝礼器图式·卤簿·象辂》

年代　乾隆二十四年（1759）

作者　（清）冷鉴、（清）黄门等

收藏单位　故宫博物院

　　象辂上盘红色，上檐花板用象牙花板镶嵌；所插旗用象征南方的朱凤纹饰。

皇帝大駕鹵簿革輅

238

《皇朝礼器图式·卤簿·革辂》

年代　乾隆二十四年（1759）

作者　（清）冷鉴、（清）黄门等

收藏单位　故宫博物院

　　革辂上盘泥银色（本应用白色、但辂盖不便用白），上檐花板用黄色革板镶嵌；所插旗用象征西方的白虎纹饰。

《皇朝礼器图式·卤簿·宝象、导象》

年代　乾隆二十四年（1759）
作者　（清）冷鉴、（清）黄门等
收藏单位　故宫博物院

　　宝象五头，身披彩鞍，饰璎珞，背驼宝瓶，陈设在午门外五辂之南；导象又称朝象，四头，位于卤簿的最南端，身披素色鞍，陈设在天安门外。

皇帝大驾卤簿宝象

皇帝大驾卤簿导象

240

金提炉

年代　清

收藏单位　故宫博物院

皇帝法驾卤簿中有金提炉二、金瓶二、金香盒二、金唾壶一、金盥盆一，合称金八件，陈于太和殿中门屋檐下。

241

金瓶

年代　清

收藏单位　故宫博物院

　　此为金八件之一。

242

金香盒

年代　清

收藏单位　故宫博物院

　　此为金八件之一。

金唾壶

年代　清

收藏单位　故宫博物院

此为金八件之一。

金盥盆

年代　清

收藏单位　故宫博物院

此为金八件之一。

(245) 静鞭

年代　清
收藏单位　故宫博物院

举凡朝会典礼，当皇帝御临太和殿升上宝座以及降座离开太和殿时，銮仪卫官即赞礼鸣鞭、鸣鞭校尉于太和殿丹墀内，持静鞭向地面抽打三次，啪啪作响，提示行礼官员抖擞精神，准备排班行礼，或预告大礼即毕。

静鞭木柄长一尺，刻金龙首，髹红漆；鞭以黄丝编成，长一丈三尺，宽三寸；其梢长三丈，用蜡浸渍。

(246) 品级山

年代　清乾隆
收藏单位　故宫博物院

举凡朝会典礼，在太和殿下丹墀行礼的文武百官，均需按品级排列位置。乾隆二十四年（1759），规定大朝百官班次，设立红漆木牌。乾隆五十四年（1789）始按品级分立品级山为位置标志，以整齐朝序。

品级山为铜质空腔，其形如山之"峰"，面铸品级等次，故名。典礼之时，官员由正一品、从一品直至正九品、从九品，均按品级排班。

247

《太和殿朝贺位次图》

来源 （清）托津等：《钦定大清会典》，嘉庆二十三年
　　　（1818）刻本

　　大朝会时，官员的朝贺位次如此。丹墀下的官
员，文官居东，武官居西。

248

《朝会乐悬位次图》

来源 （清）托津等：《钦定大清会典》，嘉庆二十三年
　　　（1818）刻本

　　朝会典礼，皇帝升降宝座时，必演奏中和韶乐。陈
设在太和殿屋檐下的乐器东侧有镈钟、编钟、建
鼓、麾、柷；西侧有特磬、编磬、敔，此外有埙、篪、排
箫、笛、箫、琴、瑟、笏、笙、搏拊，东西对称设置。

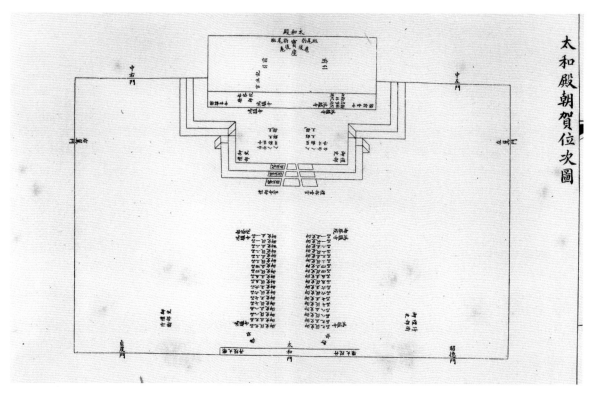

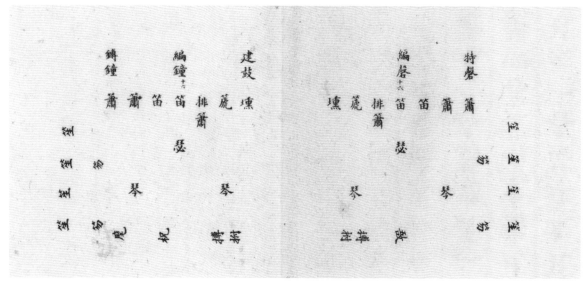

编磬

年代　康熙五十二年（1713）
收藏单位　故宫博物院

编磬为朝会乐悬的最重要乐器，系中和韶乐"八音"（金、石、土、革、丝、木、匏、竹）之石属乐器。十六枚为一虡，阴阳各八，以应十二本律及四倍律。律名依次为：倍夷则、倍南吕、倍无射、倍应钟、黄钟、大吕、太簇、夹钟、姑洗、仲吕、蕤宾、林钟、夷则、南吕、无射、应钟。磬体以厚薄来区分音的高低。

大朝会所奏中和韶乐，依节日不同而异。皇帝升座，万寿圣节奏《乾平之章》，元旦奏《元平之章》，冬至奏《遂平之章》；皇帝降座，万寿圣节奏《泰平之章》，元旦奏《和平之章》，冬至奏《允平之章》。

此编磬为新疆和田碧玉琢成，两面饰以描金云龙纹。其鼓（即长边）侧镌刻各自的律名，股（即短边）侧镌刻制作年款"康熙五十二年制"。

编钟

年代　乾隆二十九年（1764）
收藏单位　故宫博物院

编钟为中和韶乐"八音"之中金属乐器，与编磬同为中和韶乐重器，编配组成数量相同，亦十六枚为一虡，阴阳各八，以应十二本律及四倍律，其名称与编磬亦相同，以律名为名。

编钟以壁之厚薄来区分音之高低，倍夷则壁厚而音最高，由高渐至倍应钟为最低音。奏乐时,镈钟一鸣，编钟继之。

此编钟为铜镀金质，双龙钮，体饰云龙纹，形制相同，椭圆中空，顶及口皆平，背铸各自律名。

157

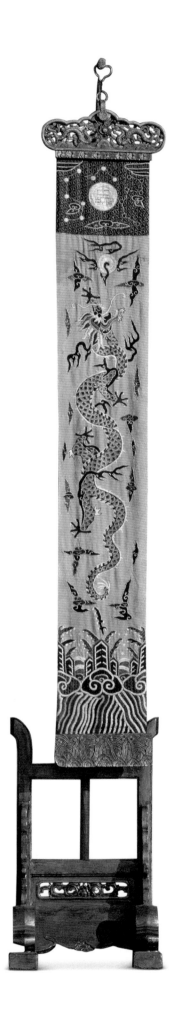

251

麾

年代 清

收藏单位 故宫博物院

麾以黄帛制作，绣九曲云龙。顶饰蓝帛，上绣三台星，左北斗，右南斗，下绣日华，日中金线绣篆体"中和"二字。帛上下施横木，上镂双龙，下为山水形，皆髹金。朱杠上曲为龙首以悬麾，麾举乐作，麾偃乐止。其功用相当于现代乐队的指挥棒。

此麾上黄帛为复制品。

252

柷

年代 清

收藏单位 故宫博物院

柷为清代宫廷中和韶乐"八音"之木属乐器。在殿陛朝会时，柷陈设于太和殿檐下乐队东面。在敲响编钟编磬之前，演奏的乐工用木槌先敲击柷的内壁圆形凸起处，中和韶乐正式开始演奏。

此柷为木质金漆彩画制成。

（253）

敔

年代　清

收藏单位　故宫博物院

敔亦是清代宫廷中和韶乐"八音"之木属乐器。陈设在太和殿檐下乐队西侧。在中和韶乐乐曲即将结束时，以敔的籈逆刮鉏铻发音作为乐曲的终止音。籈指截竹筒而成，从中劈开并削去一半，剩下一半析为二十四根的细竹条；鉏铻即指"虎"背正中列植的二十七片长方形木片。

此敔亦为金漆彩画制成。

（254）

《午门朝参图》

来源　［日］冈田玉山：《唐土名胜图会》，文化二年
　　　（1802）刻本

太祖努尔哈齐建元后，定五日一视朝，焚香告天，宣读古来嘉言懿行及成败兴废所由，训诫臣民，此即常朝。崇德初年，开始设大驾卤簿，王以下各官朝服，皇帝御殿升座、赐座，诸臣各依班次，一叩就座。部、院官出班奏事毕，驾还宫。顺治九年（1652），更定每月初五、十五、二十五日行朝参礼。帝御太和殿，引见毕，赐座赐茶，悉准常仪。如是日不御殿，各官则在午门外行礼。此即午门朝参之礼。光绪九年（1883），再作调整，凡新任命各官，谢恩行礼，如皇帝不御殿，文武官则坐班午门外观礼。

午门朝参时间，夏秋在卯正（六点），春冬在辰正（八点），遇雨雪及国忌日则免礼。具体的坐班位置，按翼定位，王公集太和门外，分东西各二班；百官集午门外，东西各九班，吏、礼部官员各四人作为纠仪御史，分列各班首末，纠仪稽查。

（四）筵宴

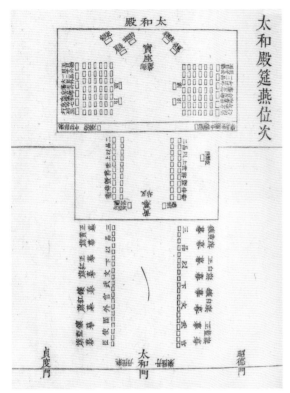

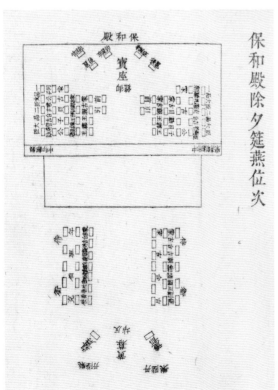

255

《太和殿筵燕位次》

来源 （清）托津等：《钦定大清会典》，嘉庆二十三年
（1818）刻本

　　清代宫廷，三大节以及皇帝大婚，均在太和殿举行筵宴。

　　崇德初年定制，元旦筵宴由王、贝勒、贝子、公等各进筵食牲酒，顺治十年（1653）延续进牲酒制，不足部分由光禄寺增益。雍正四年（1726），始定元旦宴仪。是日巳时（9—11点），内外王公等着朝服先集太和门，文武各官集午门，然后再由鸿胪寺等官员导引到太和殿丹陛上下。帝御太和殿，升座，赐茶，帝饮茶毕，侍卫、光禄寺官授王大臣茶，饮毕，赐宴。进爵大臣至御前向皇帝进酒后，皇帝赐进爵大臣酒；皇帝进馔后，始分给各筵食品与酒一厄，宴后杂陈乐舞。

　　图即筵宴时，太和殿内皇帝御座左右以及丹陛上下筵席布置的方位。

256

《保和殿除夕筵燕位次》

来源 （清）托津等：《钦定大清会典》，嘉庆二十三年
（1818）刻本

　　清代，每年除夕，在保和殿赐宴前来朝正的蒙古王公、台吉等。其进茶、进馔、行酒、乐舞等与元旦筵宴仪式相同。

《正大光明殿元夕筵燕位次》

来源　（清）托津等：《钦定大清会典》，嘉庆二十三年（1818）
　　　刻本

　　每年上元节，朝正蒙古王公等即将离京回归驻
地，皇帝在圆明园正大光明殿再次赐宴。与宴的还有
内大臣、喇嘛等。图为其席位布局。

《山高水长筵燕位次》

来源　（清）托津等：《钦定大清会典》，嘉庆二十三年（1818）
　　　刻本

　　乾隆朝开始，正月间（或九十月间有来使朝觐），在
圆明园山高水长偶举筵宴，赐宴西域回部、哈萨克、布
鲁特诸部长，以及朝鲜、琉球、安南、暹罗、廓尔喀、荷
兰国等国使臣，设大黄幄殿如蒙古包，可容千余人。其
入座典礼，均如保和殿除夕宴，宗室王公皆与宴。皇
帝亲赐卮酒，以示礼无中外，俗称大蒙古包宴。
　　图为宴会席位座次。

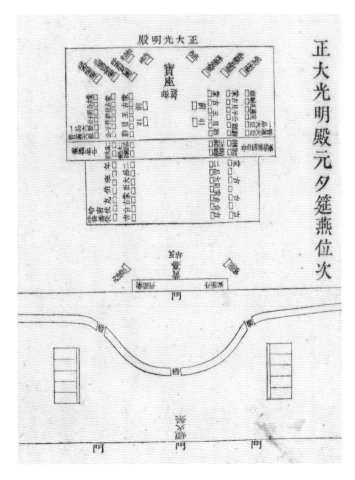

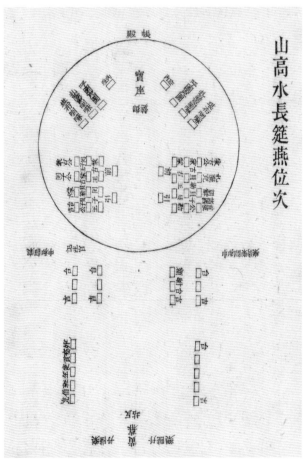

259

《万树园赐宴图》

年代　乾隆十九年（1754）

作者　佚名

收藏单位　故宫博物院

如西域来使朝觐，皇帝驻跸热河避暑山庄，则于万树园赐宴。

乾隆十八年（1753）冬，厄鲁特蒙古四部之一的杜尔伯特部由其首领车凌、车凌乌巴什、车凌孟克（史称三车凌）三台吉率部归附。次年五月，三车凌前往避暑山庄朝觐，乾隆帝在万树园举行了隆重宴会，以表彰其归诚至意。宫廷画家绘此巨幅，真实地描绘了这一筵宴盛会场景。

图中乾隆皇帝乘坐16人抬的步舆向大蒙古包样式的黄幄走来，黄幄内外已经布置好宴桌，待皇帝升上宝座后，各与宴台吉及官员方可入席就桌。

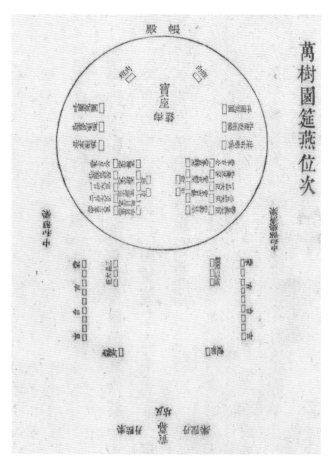

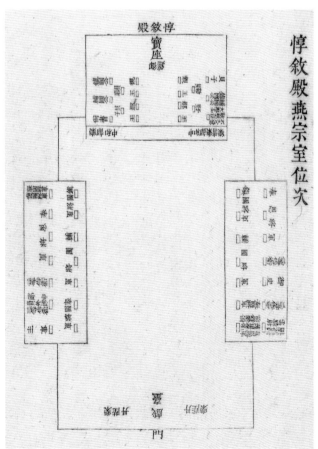

260

《万树园筵燕位次》

来源 （清）托津等：《钦定大清会典》，嘉庆二十三年
（1818）刻本

举凡于万树园皇帝赐宴，其席位座次即如本图。

261

《惇叙殿燕宗室位次》

来源 （清）托津等：《钦定大清会典》，嘉庆二十三年
（1818）刻本

惇叙殿位于西苑瀛台，原称崇雅殿，乾隆年
间更名惇叙殿，在此举行宗室宴。赐宴宗室王公
时，按长幼列坐，行家人礼，赐酒果，赋柏梁体诗。乾
隆四十八年（1783），则在乾清宫大宴宗室，命皇
子、王、公等及至三、四品顶戴宗室等一千多人
入宴，因事未与宴者，均给以赏赐。
图为宗室成员在惇叙殿入宴的席位布局。

《千叟宴图》（局部）

年代　清乾隆
作者　（清）汪承霈
收藏单位　中国国家博物馆

　　康熙五十二年（1713）首举千叟宴，此后，亦于康熙六十一年（1722）、乾隆五十年（1785）、嘉庆元年（1796）举行千叟宴。

　　康熙五十二年，康熙帝设宴于畅春园，官员及士庶等年六十五岁以上至九十岁者咸与，遣子孙、宗室执爵授饮，分给食品，以示优崇。康熙六十一年正月初一至初四，在乾清宫赐宴六十五岁以上者 680 人。乾隆五十年，设宴乾清宫，自王公百官及士庶、蒙古王公、使节等，年逾六十岁者，共 3000 人赐宴，颁赏珍物有差。嘉庆元年设宴皇极殿，与宴者 3056 人，邀赏者 5000 人。

　　此图描绘乾隆五十年，与宴的众耆老聚会乾清门前，正待入席前的场景。

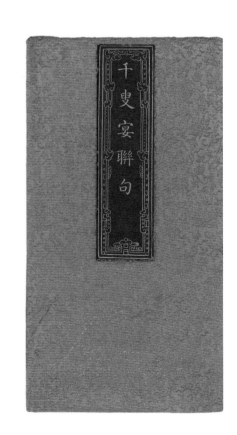

梁国治书《千叟宴联句》册

年代　乾隆五十年（1785）
收藏单位　故宫博物院

　　乾隆四十九年（1784）上谕，明年正月举行千叟宴。乾隆五十年（1785）正月初二，乾隆帝御重华宫，召大学士及内廷翰林等人举行茶宴，以即将举行的千叟宴作为茶宴联句之题，令大学士与翰林赋诗。初六日举行千叟宴，与宴者以柏梁体与乾隆帝和诗。事后，敕命大学士梁国治以楷书书写，刻成帖版刷印，以便于赏赐群臣。

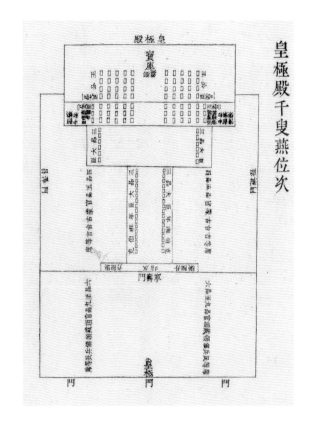

皇極殿千叟燕位次

264

《皇极殿千叟燕位次》

来源　（清）托津等：《钦定大清会典》，嘉庆二十三年
　　　（1818）刻本

　　图为嘉庆元年（1796），皇极殿千叟宴时，众多
与宴者的席位图。

265

皇极殿千叟宴养老银牌

年代　嘉庆元年（1796）
收藏单位　首都博物馆

　　千叟宴后，皇帝向与宴者赏赐诗章、如意、寿
杖、缎匹、银牌等物，以示优渥。此银牌，正面阳
刻"太上皇帝御赐养老"，背面正中阴刻"皇极殿千
叟宴"字样，旁刻"丙辰年""重十两"。丙辰年即嘉
庆元年。

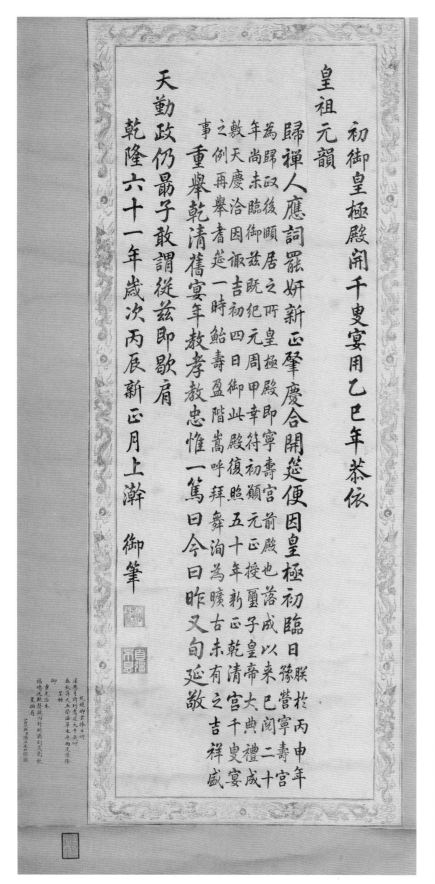

266

乾隆帝书《千叟宴诗》印版

年代　嘉庆元年（1796）
收藏单位　故宫博物院

　　此诗轴系木版印成，为嘉庆元年千叟宴太上皇乾隆帝所赋七律诗。刻版刷印以用于颁赐。此时内府仍沿用乾隆年号以迎合太上皇喜好，故存在"乾隆六十一年"纪年。

　　其诗正文为："归禅人应词罢妍、新正肇庆合开筵。便因皇极初临日、重举乾清旧宴年。教孝教忠惟一笃，日今日昨又旬延。敬天勤政仍勖子、敢谓从兹即歇肩。"

　　裱褙题有"嘉庆元年正月初四日赐江西巡抚臣陈淮"，并且在裱边还有其恭和诗。

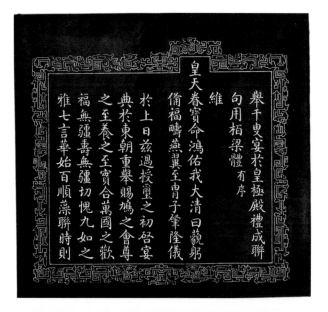

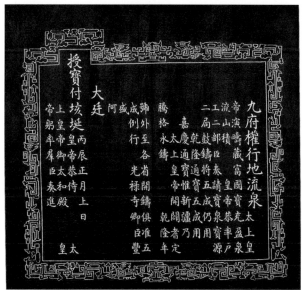

267

王杰书《举千叟宴于皇极殿礼成联句用柏梁体》册

年代　嘉庆元年（1796）
收藏单位　故宫博物院

　　嘉庆元年，皇极殿千叟宴后，太上皇乾隆帝同嘉庆帝共同与参加宴会的王公大臣以举千叟宴于皇极殿礼成为题，作柏梁体联句诗，吾敕命大学士王杰书写后刻板刷印，再装帧成册。

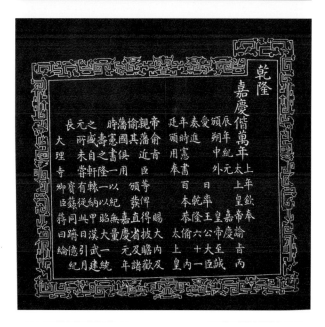

268

棕竹镶古铜鸠首杖

年代　乾隆四十七年（1782）
收藏单位　故宫博物院

　　每举千叟宴，皇帝即向耆老颁赐鸠首拐杖，以表其尊老之意。

　　据《后汉书·礼仪志》："仲秋之月，县道皆案户比民，年始七十者，授之以玉杖……八十、九十礼有加赐。玉杖长九尺，端以鸠鸟为饰。鸠者，不噎之鸟也，欲老人不噎。"《新唐书·玄宗本纪》亦记载唐玄宗曾宴京师，侍老于含元殿庭，赐八十以上鸠杖。乾隆帝继承传统，亦赐授长者鸠杖。

　　此手杖上刻有《清高宗御制诗》四集卷九十一收录的《白玉鸠头杖口号》诗："白玉鸠头刻杖扶，即今健步尚非须。山庄置待耆艾用，耆艾犹能至此无。"纪年为壬寅年，即乾隆四十七年。

　　千叟宴向耆老所颁鸠杖，即如此之式。

270

紫檀嵌玉灵芝式如意

年代　清
收藏单位　故宫博物院

　　如意在清代被视为吉祥之物，广泛使用于各种喜庆场合。所以，千叟宴后皇帝亦赐与宴者如意。

269

石青色团寿字织金缎

年代　清
收藏单位　故宫博物院

　　缎匹也是皇帝颁赐给参加千叟宴老者的礼物。

　　入宴王以下大臣官员与兵民人等所赐，等级有差。如亲王、郡王、贝勒、贝子每人赏御制千叟宴诗一首、如意一柄、朝珠一盘、寿杖一根、蟒袍一件、两面缎一匹、大卷缎二匹、漳绒一匹、羽缎褂料二件、毡袍褂料二件、小卷羽线绉缎绸四匹、蟒缎一匹、锦二匹、倭缎二匹、八丝缎二匹、彭缎一匹、素缎二匹、貂皮三十张、各色绢笺二十张、朱红绢福方二十张、笔二十支、徽墨十锭、朱墨十锭、砚一方、鼻烟一瓶、鼻烟壶一个、玉扳指一个、扳指套一个、小荷包四对、紫檀嵌丝茶盘二件。以下等级逐次减少。

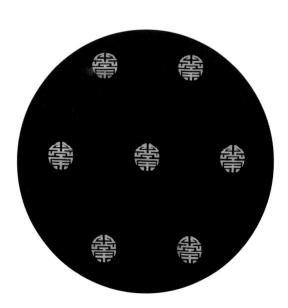

《大学士阿桂像》

年代　清咸丰
作者　（清）沈贞
收藏单位　故宫博物院

　　阿桂（1717—1797），章佳氏，字广庭，隶满洲正白旗，乾隆朝举人，官至军机大臣，授大学士。

　　乾隆五十年（1785），阿桂年六十九岁，参加千叟宴，在宴会上是获得皇帝赐酒的唯一的一品大臣。

　　此像为咸丰年间画家沈贞摹绘。

《裕亲王广禄八旬像》

年代　清
作者　佚名
收藏单位　美国弗利尔美术馆

　　广禄（1706—1785），康熙帝之兄裕亲王福全之孙，雍正朝袭爵。乾隆五十年（1785），裕亲王年八十岁，年长乾隆帝五岁，参加当年的千叟宴，是唯一获得皇帝赐酒的享有高寿的亲王。

　　该画诗塘处有《钦赐和硕裕亲王值八十正寿诗一首》："念我同曾有几人，老来益与老年亲。春秋较长正五岁，福禄骈臻值八旬。善射兄今逊筋力，习蒐予尚勉精神。儿孙拜合坐而受，佳话天家贻万春。"此诗收入《清高宗御制诗》五集卷十七。

婚 礼

（一）婚前礼

273

《光绪帝大婚图·命使纳采》

年代　光绪十四至十五年（1888—1889）
作者　（清）庆宽等
收藏单位　故宫博物院

　　清代皇帝大婚典礼，分为婚前礼、成婚礼、婚后礼。婚前礼有纳采礼、大征礼、进妆奁、奉迎礼。

　　纳采礼等同于民间的订婚礼，须任命使节代表皇家行礼。此图为在太和殿前命使情景。纳采、大征皇帝均不御临太和殿，由大学士向正使授代表皇权的节。当日早晨，礼部与鸿胪寺官员预先把节陈设在太和殿内正中。待钦天监官员报告吉时一到，身着裘皮端罩的大学士将太和殿中的节持出，授予跪着的纳采正使，然后正副使行三跪九叩礼。

　　此图绘送给皇后家的纳采礼物整齐排列在丹陛上的十六座龙亭内。

《皇朝礼器图式·卤簿·金节》

年代　乾隆二十四年（1759）
作者　（清）冷鉴、（清）黄门等
收藏单位　故宫博物院

　　节，本为缀有旄牛尾的竹竿，为古代使者出使的信物。皇帝大婚，在纳采、大征、奉迎等典礼中，均任命官员为使官持节，代表皇帝行礼。皇帝大婚使官所持节称金节，主体为黄纱筒，上绣云龙纹，挑于龙头柄杆。行礼时正使双手擎起持节，副使随行。

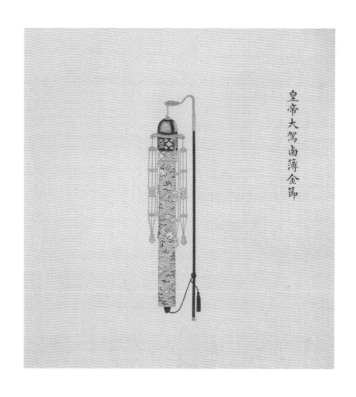

皇帝大驾卤簿金節

《光绪帝大婚图·纳采宣制》

年代　光绪十四至十五年（1888—1889）
作者　（清）庆宽等
收藏单位　故宫博物院

　　当纳采正副使率领的一行人马来到皇后府邸，将纳采礼物安排就绪后，正副使走到提前准备好的节案两侧，正使把节立放到案子上，再退到案侧。节案后面设宝座、宫扇、屏风，犹如皇帝驾临。皇后父亲面向节跪下，就如同面向皇帝跪下。正使口宣纳采圣旨，皇后父亲表示领受，行三跪九叩礼。官员们则序列在两侧观礼。

276

纳采礼物·盔

年代　清

收藏单位　故宫博物院

清代皇帝大婚纳采礼物，由内务府备办，计有文马（搭有鞍辔的马）四匹、闲马（没有鞍辔的马）四匹、甲胄十副、缎百匹、布二百匹。

纳采结束后，銮仪卫将马匹领回皇宫，内务府官员把甲胄也撤回皇宫，缎布则暂存皇后府邸，留下进妆奁时再抬入皇宫。所以，皇家所举行的这些仪式只具有象征意义。

此盔作为纳采礼物，当时的描金漆带"囍"字包装盒现今仍保存完好。

《光绪帝大婚图·纳采宴》

年代　光绪十四至十五年（1888—1889）
作者　（清）庆宽等
收藏单位　故宫博物院

纳采典礼后，举行纳采宴。

纳采宴在皇后府邸外堂前的庭院内搭起的喜棚内举行，内务府官员预备好宴桌，皇帝特命内大臣、侍卫、八旗公侯以下，满汉二品官以上，代表皇帝宴请皇后父亲。皇后父亲等亲族是宾席，坐在东侧，代表皇帝的入宴大臣则是主席，在西侧。其席位与民间婚礼迥别，民间婚礼纳采以女家为主席，宾（媒人）为宾席。

清代满族人筵宴分前后两席，先是喝奶茶吃饽饽的饽饽宴，撤下后才是喝酒吃菜的酒席宴。上图为饽饽宴，下图为酒席宴。

278

《光绪帝大婚图·大征礼》

年代　光绪十四至十五年（1888—1889）
作者　（清）庆宽等
收藏单位　故宫博物院

纳采礼后再择吉举行大征礼，相当于民间的大定礼，亦即过彩礼。

大征礼亦需任命使节，其任命仪式与纳采礼相同。

内务府为皇后备办的大征礼物为：黄金二百两、白银一万两、金茶筒一个、银茶筒二个、银盆二个、缎子一千匹、文马二十匹、闲马四十匹、驮甲二十副；又预备给皇后父母的赐物为：黄金一百两、白银五千两、金茶筒一

个、银茶筒一个、银盆一个、缎五百匹、布一千匹、文马六匹、甲胄一副、弓一张、箭一箙（即撒袋）、朝服各二套、便服各二套（冬一套、夏一套）、貂裘各一件、上等玲珑带一捆；预备给皇后弟弟的赐物为：缎四十匹、布一百匹、文马二匹；预备给从人的赐物为：银四百两。给皇后的礼物用龙亭七十四座盛装，陈设于丹陛上。用彩亭五十八座分别盛装赐物，并与马匹陈设于丹陛下。

大征礼物·茶筒

年代　清

收藏单位　故宫博物院

　　大征礼物中的金银茶筒，即奶茶筒，又称为多穆壶。在满族人的饮食习惯中，十分重视喝奶茶，故在大征礼物中有之。

　　此茶筒为银镀金质，充当金茶筒，是清末经济衰落的表现之一。

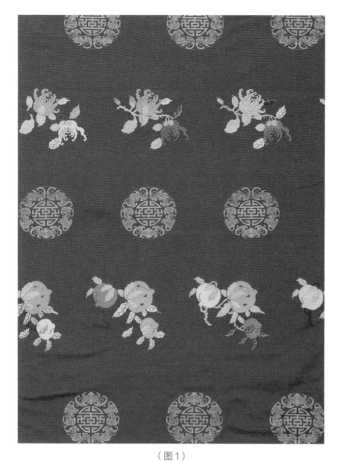

（图1）

（图2）

（图3）

（图4）

280

大征礼物·各色布帛

年代　清

收藏单位　故宫博物院

　　五福捧寿纹为五只蝙蝠环绕一团寿字；三多纹为佛手、桃、石榴，寓意多福、多寿、多子，均为吉祥纹饰，是在大婚礼上常用的图案。以下诸款，多用吉祥纹饰。

　　图示依次为红色五福捧寿三多纹妆花缎、品蓝色蝶报富贵纹妆花缎、雪青地竹叶富贵万年妆花缎、雪青色子孙万代纹织金缎。

281

《光绪帝大婚图·进妆奁图》之一

年代　光绪十四至十五年（1888—1889）

作者　（清）庆宽等

收藏单位　故宫博物院

　　大征礼后，临近奉迎前夕，进妆奁。其妆奁亦是由内务府备办，根据户部与内务府准备银两多少决定妆奁多少。顺治帝、康熙帝大婚在清初，其妆奁多少未见于文献记载；清末档案明确记载，同治帝大婚，皇后妆奁共六百抬（一"抬"就是捆好的一件或一组物品，由二至四位抬夫抬运）。光绪帝大婚，皇后妆奁二百抬。

　　此为光绪帝大婚进妆奁情形，每日进一百抬。这是第一天的妆奁队伍前锋，走到皇宫乾清门外，最前面龙亭内是皇帝赏赐给皇后的金如意一柄为一抬，皇后进献给皇帝的金如意两柄两抬紧随其后，以下是帽围一百九十一匣、领围一百九十一匣为龙亭一抬，帽围一百九十一匣为龙亭一抬，接着是帽围一百九十一匣为彩亭一抬、各色布帛九匹一匣为彩亭一抬。

《光绪帝大婚图·进妆奁图》之二

年代　光绪十四至十五年（1888—1889）
作者　（清）庆宽等
收藏单位　故宫博物院

　　图示为走在皇宫内协和门至太和门以东昭德门的妆奁队伍，抬着脂玉双环兽面雕坐龙有盖扁瓶一件为一抬，粉地五彩瓷八仙庆寿尊一对为一抬，脂玉兽面双环有盖扁瓶一件与脂玉雕西番瑞草方彝一件为一抬，古铜周云雷鼎一件与古铜周父癸鼎一件为一抬，金转花洋钟一对分为两抬，金四面转花洋钟一对分为两抬，铜珐琅龙凤火盆一对分为两抬，紫檀雕花炕案一对为一抬，紫檀雕事事如意月圆桌一对分为两抬，紫檀茶几一对为一抬，紫檀宝椅八张分为四抬，紫檀琴桌一对分为两抬，紫檀连三一对分为两抬，紫檀雕花架几案一对分为两抬。

283

妆奁·银錾花双喜托杯

年代　清

收藏单位　故宫博物院

　　皇后妆奁物品包括服饰、女红材料、陈设文玩、日常用器、家具等，大到架子床，小到针线无所不有。

　　此件"囍"字托杯，耳系彩丝，托衬红纸剪花，是明确的大婚妆奁之一。

284

妆奁·金线

年代　清末

收藏单位　故宫博物院

　　光绪皇后妆奁中有针黹一百九十一匣，是日后皇后母仪天下，从事女红所用的针线工具与材料。其中金线分有等级，即头等金、二等金、三等金，还有通过粤海关从西洋购进的洋金线。

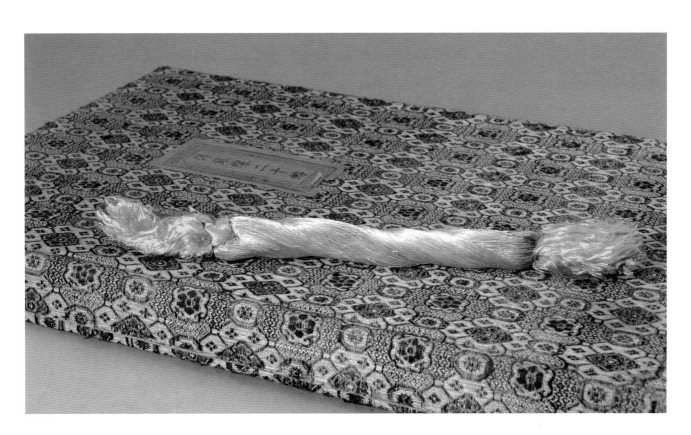

285

《光绪帝大婚图·命使册立奉迎》

年代　光绪十四至十五年（1888—1889）

作者　（清）庆宽等

收藏单位　故宫博物院

进完妆奁的次日，举行册立奉迎皇后之礼。

届日，陈设法驾卤簿仪仗，在太和殿正中向南设节案，左边设册案，右边设宝案。皇帝御临太和殿任命册立奉迎使。

皇帝首先到慈宁宫向皇太后行礼后，再御临太和殿阅视皇后封册、皇后之宝，升上宝座，王公百官向皇帝行三跪九叩祝贺礼，大学士授节予正使。鸣赞官高声宣道："皇帝有制！"正副使随即跪下聆听。宣制官进入太和殿内宣

读命令。光绪帝大婚宣布的制文为："皇帝钦奉慈禧皇太后懿旨，纳副都统桂祥之女叶赫那拉氏为皇后。兹当吉月令辰，备物典册，命尔持节以礼奉迎。"宣毕，大学士将殿内节捧起出中门，授给正使。正使受节后，丹陛下鸣鞭三响，中和韶乐奏起《舒平之章》，皇帝起驾回乾清宫，命使典礼结束。

图1为太和殿前行礼的官员，图2为凤舆启行经过内金水桥。

（图1）

（图2）

286

《皇朝礼器图式·卤簿·皇后仪驾凤舆》

年代　乾隆二十四年（1759）
作者　（清）冷鉴、（清）黄门等
收藏单位　故宫博物院

正副使持节，随后用龙亭抬着金册、金宝，抬着皇后凤舆从太和门出发，经天安门、大清门绕道前往皇后府邸。

皇后凤舆形制，轿身木质，明黄色；穹盖两重，八角各饰金凤；垂檐明黄色缎、上绘金凤；四帷石青色，亦绘金凤；其内髹红漆，轿椅明黄色绘金凤，轿垫明黄缎绣彩凤；轿杆为金凤首。

凤舆本为乾隆十四年（1749）所定皇后举行亲蚕礼使用，即皇后举行最高等级的典礼所用，故同治、光绪帝大婚，皇后均乘坐此种凤舆。

287

《光绪帝大婚图·册立礼》

年代　光绪十四至十五年（1888—1889）
作者　（清）庆宽等
收藏单位　故宫博物院

当凤舆抬到了皇后府邸内，开始准备册立仪式。正使把节恭放到府邸堂中的节案上，向皇后父亲宣读皇帝册立其女为皇后的制文，皇后父行三跪九叩礼后，正使把节交给司礼的太监，副使把龙亭内的册、宝亦交给太监。

真正的册立仪式在内堂，由太监与女官向皇后司礼，但画面不能表现。太监把节、册、宝分别放置在预先准备好的案子上，皇后就拜位面北而立。四位仪卫女官立在皇后拜位左右。引

礼女官奏请皇后跪下后，宣册太监开始宣读册文，然后引礼女官口令受册，宣册太监把金册授给侍立皇后左侧的仪卫女官，女官跪接后授给皇后，皇后接受，再转授给侍立右侧的女官，女官跪接后陈放在册案上。接下来是宣宝与受宝仪，与宣册、受册仪相同。两项仪式结束后，引礼女官奏请皇后行六肃三跪三拜礼，册立礼仪结束。

皇后之宝

年代　清

收藏单位　故宫博物院

　　册立皇后，所授之宝即此式"皇后之宝"，金质、交龙钮，印文为满汉文玉箸篆体形式，书体与皇帝御宝相同。

　　向皇后颁授的金册、金宝，成为皇后身份的象征。

289

金双喜如意

年代　光绪十五年（1889）
收藏单位　故宫博物院

　　奉迎皇后进宫时，皇后坐在凤舆内，需一手持如意、一手持苹果，寓意平安如意。

　　此如意上錾"囍"字，与龙字轴盛装在这个黄锦盒内，其盒面亦有"囍"字，明确为皇后进宫时所持的仪物。

290

御笔"龙"字轴

年代　光绪十五年（1889）
收藏单位　故宫博物院

　　奉迎皇后进宫时，皇后所坐的凤舆内，还置有一件"龙"字轴。因民间结婚迎娶，须新郎亲自前往女家接新娘。但皇帝至尊无上，其大婚迎娶皇后派使节奉迎，皇帝不亲迎。中国古代认为皇帝是真龙天子，故以"龙"字作为皇帝——新郎的化身，置于凤舆之内。

　　"龙"字轴或皇帝御笔，或皇太后御笔。本轴上钤"慈禧皇太后御笔之宝"，即慈禧皇太后所书，为光绪帝大婚的仪物。

291

大红色绸绣金万字地八团彩云龙凤
双喜纹绵袍

年代　光绪十五年（1889）
收藏单位　故宫博物院

　　迎娶的皇后需盛装，着此式龙袍。团形龙凤
双喜纹，亦称龙凤同和纹，是皇帝大婚所用的特
定纹饰。光绪帝大婚迎娶时间在光绪十五年（1889）
正月，故穿着绵服，宫中服饰奢华，绵服即以丝
绵填絮。

292

石青色绸绣八团彩云龙凤双喜纹绵褂

年代　光绪十五年（1889）
收藏单位　故宫博物院

　　按清朝服饰制度，在龙袍外套穿朝褂。此为光绪帝大婚迎娶时，皇后套穿在上图绵袍外的龙褂。

293

红缎绣云蝠平金龙凤双喜纹盖头

年代　光绪十五年（1889）
收藏单位　故宫博物院

　　皇后坐在迎娶的凤舆内，亦需像庶民结婚时新娘面遮盖头，以避"三煞"——乌鸡、青牛、青羊。
　　此盖头亦为龙凤同和纹，系光绪帝大婚时皇后所用。

294

《光绪帝大婚图·奉迎皇后进宫》

年代　光绪十四至十五年（1888—1889）

作者　（清）庆宽等

收藏单位　故宫博物院

　　奉迎皇后，为表明其正位，须走大清门、天安门、午门的中轴路线入宫。

　　此图所绘为迎娶的队伍行进到大清门前，走在最前面的为身着红衣的执灯校尉手执挑杆灯，着蓝衣的为执灯护军手执手把灯，然后是提炉校尉手执皇后的金提炉，礼仪处官员护卫在凤舆近前；太监二人在凤舆旁护轿；其后为带豹尾枪大臣与豹尾班；走在最后的还有内大臣与侍卫乘马护卫。

　　清代皇帝大婚复古，在子夜迎娶皇后，故迎娶经过的路上设有站杆路灯，凤舆前有多人执打灯只。

皇后金提炉

年代　清

收藏单位　故宫博物院

在皇后凤舆前面，作为导引的提炉校尉手执皇后的金提炉，即如此之式。

提炉金质，圆形錾"囍"字纹，镂空盖，盖钮为凤首，炉身有三兽耳，下置三象首为足。三耳系有三条金链，与紫檀木嵌金錾凤首杆相连，紫檀木杆身与其尾如意头形上亦有"囍"字。

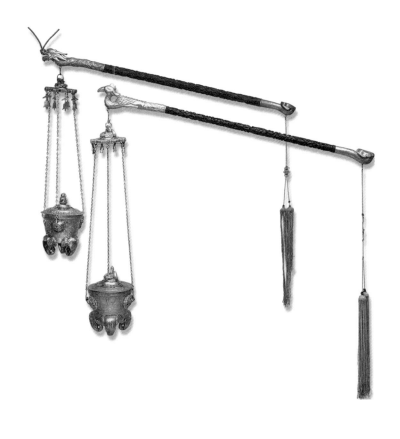

《光绪帝大婚图·皇后迎进宫内乾清宫》

年代　光绪十四至十五年（1888—1889）
作者　（清）庆宽等
收藏单位　故宫博物院

　　皇后凤舆的行进速度，由钦天监预测的被抬到乾清宫阶下吉时而定（如光绪帝大婚为寅正三刻五分，即凌晨 4 点 50 分左右）。当凤舆抬至乾清门外需停下，所有的外朝官员就此止步，改由太监把皇后抬入内廷，然后奏请皇后下轿。

　　皇后迎进内廷后，即将在坤宁宫举行成婚礼——合卺礼。

金宝瓶

年代　清

收藏单位　故宫博物院

　　皇后在乾清宫前走下凤舆，把在凤舆内所持的金如意和苹果交给恭侍典礼的命妇，同时她们又交给皇后一个金宝瓶，里面盛有珍珠二颗、宝石二块、金钱二个、银钱二个、金如意二个、银如意二个、金锞二个、银锞二个、金八宝二个、银八宝二个、金银米一把，象征拥有天下一切金银财宝。皇后怀抱金宝瓶，在四位恭侍命妇搀扶下在乾清宫内跨过火盆，从后隔扇走出来，到交泰殿前，再换乘孔雀顶礼舆，由恭侍命妇导引到皇后日后居住的宫殿休息。

　　如光绪皇后先到东六宫的钟粹宫暂歇，待到傍晚酉时，再用孔雀顶礼舆抬至坤宁宫行成婚礼——合卺礼。

（二）成婚礼

马鞍

年代　清同治
收藏单位　故宫博物院

　　酉时（17 至 19 时之间），皇后来到真正的中宫坤宁宫行合卺礼。在坤宁宫的门槛上，太监提前放置了一个马鞍，下面放置两个苹果，寓意平安。皇后进入坤宁宫时，须先从此马鞍上跨过去，然后举行合卺礼。

　　此马鞍为桃木质，其包袱皮上有"囍"字，明确为大婚所用仪物。

明黄色缂丝彩云金龙纹银鼠皮龙袍

年代　清光绪
收藏单位　故宫博物院

　　在坤宁宫，皇帝皇后举行合卺礼，真正成为正式夫妻。

　　此时，皇后已经卸去迎娶所穿的龙凤同和袍、褂，换上皇后的吉服龙袍、龙褂，即明黄五彩龙袍、八团五彩有水龙褂，同时戴凤钿、项圈（即金约）、拴辫子手巾、正珠朝珠。

　　此为光绪皇后龙袍，因皇帝大婚合卺在正月二十七，正是隆冬季节，故而穿裘皮里袍服。

东珠朝珠

年代　清
收藏单位　故宫博物院

　　合卺礼时皇后穿龙袍，只戴一挂正珠朝珠。

　　如皇后在向皇太后行朝见礼，以及率妃嫔在乾清宫向皇帝行庆贺礼，并在交泰殿接受妃嫔福晋公主命妇的祝贺礼时，则身着一袭朝袍，胸前须正面佩戴一挂东珠朝珠，两侧腋下斜挂两挂珊瑚朝珠。

301

坤宁宫洞房

坤宁宫东暖阁，布置为大婚洞房。喜床上挂红缎绣龙凤同和纹幔帐，地上铺同样纹饰的红色地毯。整个房间笼罩在大红色的喜庆气氛中。

302

合卺宴桌

年代　清

收藏单位　故宫博物院

在洞房中的喜床下，铺设坐褥，皇帝皇后面对面合卺。

以光绪帝大婚为例，其合卺食物为：猪乌叉、羊乌叉、子孙饽饽二品、燕窝双喜字八仙鸭、燕窝双喜字金银鸭丝、燕窝"龙"字拌熏鸡丝、燕窝"凤"字金银肘花、燕窝"呈"字五香鸡、燕窝"祥"字金银鸭丝、细猪肉丝汤二品、燕窝八仙汤二品、小菜二品、酱油二品、老米膳二品。

红色髹漆桌面上，作菱花形开光，其内亦装饰有龙凤双喜纹，即大婚特定的龙凤同和图案。

303

龙凤双喜纹怀挡

年代　清
收藏单位　故宫博物院

帝后合卺时，胸前挂怀挡，犹如今日餐巾，以免污渍服饰。

此怀挡亦以黄绸绣龙凤"囍"字纹。

304

子孙饽饽盒

年代　清
收藏单位　故宫博物院

满族人把面食统称为饽饽，饺子亦称饽饽。皇帝皇后在坤宁宫合卺时，吃的饺子称子孙饽饽。满族民间子孙饽饽必得煮半生不熟，以谐音"生"，即生子。

子孙饽饽不由皇家预备，而是由皇后母家预备。用此种剔红漆盒盛装，其盒面装饰龙凤同和纹、盒里金漆"囍"字。

305

龙凤双喜纹金酒壶

年代　清

收藏单位　故宫博物院

　　皇帝皇后合卺时，以金合卺杯喝酒，以金酒壶斟酒。酒壶錾以龙凤双喜纹——龙凤同和纹。

　　卺本为瓢，民间合卺即把一个匏瓜剖成两个瓢，新郎新娘各持一个饮酒。其寓意有二：匏苦不可食，用之以饮，喻夫妇当同甘共苦；匏、八音之一，笙竽用之，喻音韵调和，即如琴瑟之好合。

　　合卺礼即为现代的喝交杯酒之源。

306

泥质彩漆喜酒坛

年代　清光绪

收藏单位　故宫博物院

　　合卺礼，皇帝皇后所喝的元绍酒，盛装于这样的酒坛中。

红地粉彩描金双喜字龙凤同和纹碗

年代 清同治
收藏单位 故宫博物院

　　帝后合卺礼所用餐具，也装饰为龙凤同和纹与"囍"
字。其底款为"长春同庆"、寓意百年好合。

308

黄地粉彩岁朝婴戏图大果盘

年代 清同治
收藏单位 故宫博物院

　　婴戏图也常用于大婚礼用物的装饰。此果盘为同治帝大婚所用，盘里为百子婴戏图，盘外壁为龙凤同和纹，其底款为"吉祥如意"。

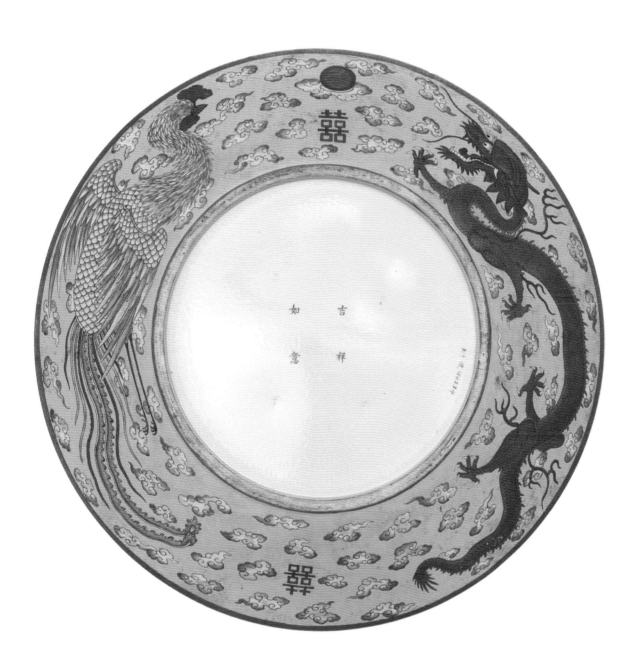

309

红色缎绣子孙万代金双喜字被

年代　清光绪
收藏单位　故宫博物院

此件绣有金"囍"字与子孙万代纹的缎被，为光绪帝大婚所用。

310

黄色缎绣葫芦万字龙凤同和纹枕

年代　清
收藏单位　故宫博物院

帝后大婚所用的枕头，也绣有龙凤同和纹，此外还有葫芦万字纹，寓意帝后同和一心，子嗣绵延不绝。

311

五彩双喜葫芦纹方蜡

年代　清末
收藏单位　故宫博物院

所谓洞房花烛，在皇宫中，帝后大婚所用，有如此之式。

312

青玉珐琅双喜字风挡烛台

年代　清
收藏单位　故宫博物院

帝后洞房花烛之夜，插花烛所用玉烛台，还装有珐琅的风挡，以免风吹烛光。

（三）婚后礼

313

喜神牌位

年代　清末

收藏单位　故宫博物院

　　皇帝大婚之婚后礼，包括拜神、朝见礼（即皇后拜见皇太后，等同于民间的新妇拜舅姑）、庙见礼、庆贺礼、颁诏礼、筵宴礼。但没有归宁礼（即回门礼）。

　　皇帝大婚合卺的次日，帝后一同在坤宁宫明间祭拜天地神、喜神等。

　　此为祭拜喜神时供桌上的牌位，紫檀木制作，贴以红纸书"喜神之神位"。

314

红绸绣龙凤同和纹拜垫

年代　清末

收藏单位　故宫博物院

　　故宫博物院典藏有这样两件完全相同的拜垫，是帝后一同在婚礼中行祭拜时所用。

《寿皇殿彩棚图》

年代　清末
作者　佚名
收藏单位　故宫博物院

　　民间婚后礼之庙见礼，即新妇到夫家家庙祭奠祖先，以求得夫家祖先神灵对新妇的接纳。如果未行此礼，则不能成为夫家成员，生前没有祭祀的资格，死后也不会有被祭祀的权利。

　　清代皇帝大婚，庙见礼在悬挂列祖列宗画像的寿皇殿举行。届日，皇帝偕皇后出神武门前往景山后面的寿皇殿。行礼时需把出宫所穿的龙袍换成祭服，在寿皇殿红墙外搭建临时的彩棚，作为更衣的场所。

316

《光绪帝大婚图·庆贺礼》

年代　光绪十四至十五年（1888—1889）
作者　（清）庆宽等
收藏单位　故宫博物院

大婚庆贺礼择吉日举行。届时，在太和殿陈设法驾卤簿，在皇太后宫慈宁宫陈设皇太后仪驾。皇帝先率百官前往慈宁宫向皇太后行庆贺礼，然后御临太和殿接受百官向其行庆贺礼。

入八分公以上及蒙古王公等位列丹陛上，二品大臣以下文武各官各按品级排立在丹陛下。丹陛下西北边四位身着异样服装的行礼人员，是来自藩国的庆贺使节。

典礼开始，宣表官向皇帝宣读贺表，百官行三跪九叩礼，即为庆贺礼。

317

《光绪帝大婚图·大婚颁诏》

年代　光绪十四至十五年（1888—1889）
作者　（清）庆宽等
收藏单位　故宫博物院

　　庆贺礼后举行颁诏礼。大学士将太和殿内东旁黄案上的诏书授给礼部尚书。礼部尚书跪受诏书后安设丹陛上黄案，行一跪三叩礼后，交到礼部官员端着的云盘内，奉到午门外安设在龙亭内，再行一跪三叩礼，最后安设在天安门城楼的高台黄案上。宣诏官先用满语宣读诏书，再用汉语宣读。然后把诏书置在朵云内，用彩色丝线与朵云拴系好，悬挂在天安门城楼雉口正中的金凤口中，徐徐垂下。礼部官员跪着接住诏书，再安设到龙亭内，由大清门抬出送到礼部，镌刻印刷，颁行各省。

318

《光绪帝大婚图·大婚赐宴》

年代 光绪十四至十五年（1888—1889）

作者 （清）庆宽等

收藏单位 故宫博物院

颁诏后再择吉日皇帝临御太和殿，赏赐皇后父亲及其族属筵宴。

当日亦设法驾卤簿，在太和殿丹陛上设黄幕，其内反坫陈设尊、罍、匜、爵，丹陛下卤簿之外设蓝布凉棚东西各八架。

鸿胪寺官先引导皇后父亲率其族属均着朝服至慈宁门向皇太后行三跪九叩礼毕，再至太和殿丹陛东侧候礼。

皇帝升太和殿宝座，鸿胪寺官引导皇后父亲率其族属向皇帝行三跪九叩礼，礼毕，入席，与所有参加宴会的人再行一叩礼。

然后皇帝饮奶茶，由侍卫代替皇帝分别赐给皇后父亲及王公大臣官员奶茶；接着皇帝进酒，此时皇后父亲及其族属须到丹陛下甬道两旁跪下，进爵大臣向皇帝进酒行礼后，鸿胪寺官再引导皇后父亲率其族属回到各自的席位。皇帝用馔，并恩赐菜肴者馔予皇后父属及王公大臣，再由侍卫向皇后父属及王公大臣官员各巡酒一次，光禄寺各官向丹陛下文武各官巡酒一次。

宴饮完毕，举行乐舞表演。演毕，众入宴者均于席位行一跪三叩礼。大婚典礼全部结束。

《大婚太和殿筵燕位次》

来源 （清）托津等：《钦定大清会典》，嘉庆二十三
年（1818）刻本

　　大婚筵宴，设皇帝御宴桌于宝座前；稍远
设皇后父亲及王公一二品文武大臣、台吉等
席，但皇后父亲席位在王公位次之末；宝座前
左右设前引大臣席，东西相向；宝座后靠西又
同向设起居注官、日讲官席；殿门外西檐下设
都察院御史席，东向；东檐下设理藩院尚书席，西
向；丹陛上设二品以上诸世爵及侍卫等席，东
西相向；丹陛下左右设三品以下文武各官席，按
左右翼为序排列；外国来使席，设在西班之末。

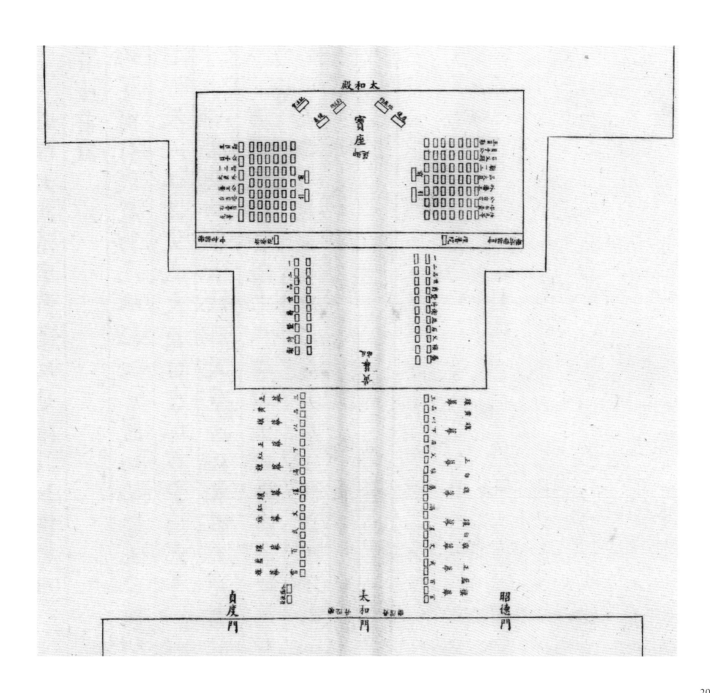

320

《光绪帝大婚图·大婚赐宴乐舞》
（局部）

年代　光绪十四至十五年（1888—1889）
作者　（清）庆宽等
收藏单位　故宫博物院

　　宴饮完毕，举行乐舞表演。
　　由礼部尚书引导表演的顺序，先跳扬烈舞，再跳喜起舞，最后是蒙古乐曲、高丽筋斗、回子乐、大郭庄、粗缅甸乐各项依次表演。

《庆隆舞》

来源 （清）托津等：《钦定大清会典》，嘉庆二十三年
（1818）刻本

　　筵宴上的乐舞均属队舞形式，初名蟒式舞，又
称玛克式舞，乾隆八年（1743），更为总名庆隆舞（凯
旋宴上称德胜舞，于盛京宴请宗室时称世德舞），包
括武舞扬烈舞与文舞喜起舞。宴会上表演武舞，目
的在于教化王公大臣其祖先创业之艰辛，告诫众
人须同心勠力，永保江山稳固。

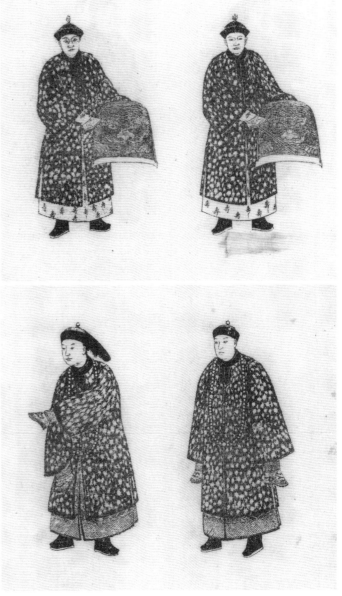

《扬烈舞》

来源 （清）托津等：《钦定大清会典》，嘉庆二十三年
　　　（1818）刻本

　　跳扬烈舞人所骑竹马即禺马（木马），所戴马
护即面具。共用戴面具三十二人，一半穿黄布彩
画衣，一半穿黑羊皮衣。其跳跃倒掷，象异兽。另
有骑禺马者八人象征八旗勇士，穿甲胄背弓矢，分
为两翼轮番而上，面北向皇帝一叩头，然后周旋驰
逐，一人射向一兽，该兽随即佯装受矢，群兽则均
作慑服状，表示武功告成。

《喜起舞》

来源 （清）托津等：《钦定大清会典》，嘉庆二十三年
　　　（1818）刻本

　　扬烈舞表演后，大臣起舞为皇帝上寿，称为
喜起舞。

　　由侍卫或大臣二十二人或十八人表演，身着
朝服腰佩仪刀，分队于太和殿内依次进舞。两人
一对舞蹈，舞毕向皇帝三叩头，退到东侧面西而
立。随后依次成对继舞，仪式同前。

324

皇子婚宴地点——箭亭

清代皇子婚礼程序，先指婚，然后是纳采、纳征、进妆奁、迎娶、合卺、筵宴、朝见、归宁。其纳采礼又称为文定礼。

婚礼筵宴在成婚日，于皇宫中举行，由内务府主持宴请福晋家人。男女眷筵席分设，男眷席即设在皇宫景运门外的箭亭，女眷席则设在皇子居住宫殿处。

325

《公主婚礼保和殿筵燕位次》

来源 （清）托津等：《钦定大清会典》，嘉庆二十三年
　　　（1818）刻本

清代皇帝之女公主婚礼有指婚、额驸谢恩、纳采、进妆奁、纳征、迎娶、合卺、筵宴、归宁诸礼节。纳采礼称初定礼。唯纳征时间在公主向额驸家进过妆奁后的迎娶公主当日，额驸家把备好的九九礼物，如鞍马、甲胄等，恭纳到皇宫正门午门。

其中，纳采宴在纳采的次日，于皇宫保和殿内举行，即在女方家——皇帝家举行。此图为在保和殿纳采宴的席位图，与宴的额驸族人与内大臣席位在西，为主席，亲王郡王等代表女方家眷席位在东，是宾席。虽然皇帝为女方——公主之父，但绝不能归入宾席，而是在宝座前单设御座。

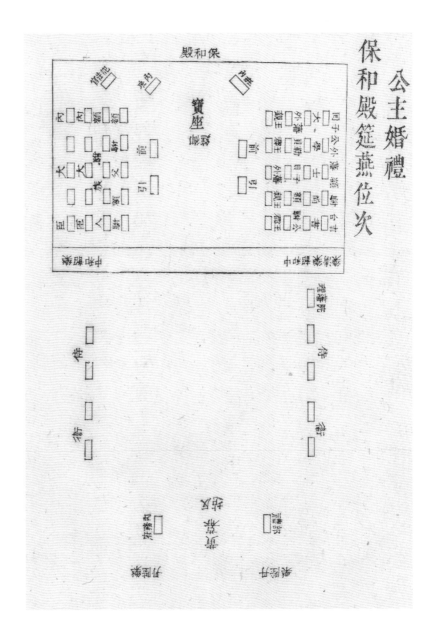

三

尊崇与册立

（一）上尊号

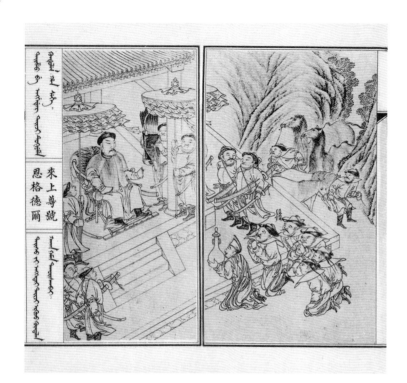

326

《恩格德尔来上尊号》

来源　《满洲实录》，乾隆四十四年（1779）崇谟阁本

　　恩格德尔，博尔济吉特氏，为蒙古喀尔喀巴约特部长。当清太祖努尔哈齐初起兵时，喀尔喀裂为五部，巴约特为其一部。太祖起兵十二年后始遣使聘问。万历三十四年（1606），即在太祖建元天命前，恩格德尔率喀尔喀五部诸贝勒使节谒见太祖，献驼马，奉表上尊号曰"昆都仑汗"（即恭敬之意），后世文献则记载为"神武皇帝"。

327

《努尔哈齐朝服像》

年代　清
作者　佚名
收藏单位　故宫博物院

　　明万历四十四年（1616），努尔哈齐建元天命，定国号为金。诸贝勒大臣为其上尊号"覆育列国英明皇帝"。

宽温仁圣皇帝信牌

年代　清崇德
收藏单位　沈阳故宫博物院

　　清天聪十年（1636）四月，太宗皇太极定国
号大清，改元崇德，群臣上尊号曰宽温仁圣皇帝，行
受尊号礼。

　　届日，皇太极前往德盛门外天坛，祭告天地，随
即举行受尊号礼。在天坛之东筑坛，陈设卤簿，接
受大臣献御玺四颗，众官员行三跪九叩头礼。宣
读满、蒙、汉三体表文"敬上尊号曰宽温仁圣皇
帝。建国号曰大清。改元为崇德元年。"众官员再
行三跪九叩头礼。礼毕，在坛前树鹄，命善射者
射之，射毕，列仪仗，作乐，皇帝还宫，礼成。

　　为皇帝上尊号礼，仅见于此。入关后，康熙
帝严禁大臣为皇帝上尊号，故此后废除此礼。

　　此信牌上有皇太极尊号"宽温仁圣皇帝"字样。

御玺 "皇帝尊亲之宝"

年代　乾隆十三年（1748）
收藏单位　故宫博物院

　　乾隆十三年，皇帝厘定"二十五宝"，其中有"皇
帝尊亲之宝"一枚，"以荐徽号"。所谓徽号，本为
褒扬赞美的称号，但对于帝后而言，则专指所上
的尊号。入关后，皇帝不再接受上尊号的虚文，但
皇太后为皇帝之母后，系尊长，所以，多有为皇
太后屡上徽号之礼。凡为皇太后上徽号，其册文
上均钤盖"皇帝尊亲之宝"。

　　此宝白玉质，交龙纽，印文满汉文玉箸篆体。

330

青玉崇庆皇太后徽号册

年代　乾隆三十六年（1771）
收藏单位　故宫博物院

　　新皇帝即位，均尊称皇帝生母与先皇所遗寡居的皇后为"皇太后"。雍正十三年（1735）八月，雍正帝病逝，九月乾隆帝即位，十二月即尊称雍正帝熹贵妃，即乾隆帝生母为崇庆皇太后。

　　为皇太后上徽号，既颁徽号册，又颁徽号宝。

　　其仪式为，届日，慈宁宫前陈设皇太后仪驾，宫内放置安设册宝的黄案。届时，皇帝着礼服、御太和殿，恭阅徽号册、宝。然后将册宝奉安彩亭内，皇帝乘礼舆跟随在彩亭之后，恭送至皇太后宫慈宁宫正中黄案上。皇太后着礼服升慈宁宫宝座，中和韶乐作，皇帝诣正中拜位跪，其左旁大学士捧册宝依次跪进，皇帝恭受后，再献授予右旁大学士跪接，置于正中黄案上。最后，宣册官、宣宝官跪宣册宝讫，皇帝行三叩九拜。

　　慈宁宫行礼结束后，皇帝再次御临太和殿，接受诸王公百官等上表贺，颁诏天下。

　　图为乾隆三十六年，皇太后八十圣寿节所上徽号册。

青玉崇庆皇太后徽号宝

年代　乾隆四十一年（1776）
收藏单位　故宫博物院

　　皇帝为皇太后上徽号，一般每逢国有大庆，即为其累次加上。

　　如乾隆帝之母钮祜禄氏，在乾隆帝即位之初首上崇庆皇太后；乾隆二年（1737），以册立皇后，加上徽号"慈宣"；乾隆十四年（1749），以平定金川，加上徽号"康惠"；乾隆十五年（1750），以再次册立皇后，加上徽号"敦和"；乾隆十六年（1751），以皇太后六旬圣寿节，加上徽号"裕寿"；乾隆二十年（1755），以平定准噶尔，加上徽号"纯禧"；乾隆二十六年（1761），以皇太后七旬圣寿节，加上徽号"恭懿"；乾隆三十六年（1771），以皇太后八旬圣寿节，加上徽号"安祺"。乾隆四十一年，以平定金川，加上徽号"宁豫"。

　　此徽号宝为青玉质，交龙纽，印文为满汉文篆体合璧"崇庆慈宣康惠敦和裕寿纯禧恭懿安祺宁豫皇太后宝"，即乾隆四十一年所上。

（二）册立后妃

332

《孝诚仁皇后朝服像》

年代　清康熙
收藏单位　故宫博物院

按照清代后妃制度规定，皇帝可在同一时段内，册立皇后一人、皇贵妃一人、贵妃二人、妃四人、嫔六人，贵人、常在、答应无定额。

皇后可通过大婚册立，亦可由皇子即位皇帝后对其嫡妃举行仪式升任；其他级别的妃嫔均需册封，并由不同的原因晋升黜降。

康熙帝孝诚仁皇后，即通过大婚典礼册立的皇后。

册立皇后之礼见于前文婚礼部分。

333

《孝昭仁皇后朝服像》

年代　清康熙
收藏单位　故宫博物院

如大婚皇后病逝，皇帝正当壮年，中宫不可无主，需由皇贵妃或贵妃册立为后。由皇贵妃册立为皇后，如康熙帝的孝昭仁皇后、孝懿仁皇后、乾隆帝的纳喇皇后等。

康熙十三年（1674），孝诚皇后病逝，康熙十六年（1677）册立孝昭仁皇后，前期补行纳采、大征礼；皇帝亲诣奉先殿祭告，遣官祭告天地、太庙后殿。届日，在太和殿设节案、册案、宝案，皇帝御临太和殿阅视皇后金册、皇后金宝，王公百官按序排立，正、副使立于丹陛上，宣制官立太和殿中门左，宣制曰：某年月日，册立妃某氏为皇后，命卿等持节行礼。正、副使持节前行，校尉抬册宝亭出皇宫协和门，绕道至景运门，则把册、宝、节授予太监。太监则将册、宝、节奉至皇后所居宫殿，皇后迎受。行礼毕，太监出皇后宫殿，把节还予正副使节。使节复命后，皇帝率群臣诣太皇太后、皇太后宫行礼。次日，皇后着礼服诣皇太后及皇帝，行六肃三跪三拜谢恩礼，然后在交泰殿接受皇贵妃以下妃嫔向其行庆贺礼。

从册立孝昭仁皇后始，形成由皇贵妃册立为皇后的固定典礼模式。

《孝贤纯皇后朝服像》

年代　清乾隆
收藏单位　故宫博物院

　　册立皇后身份的另一情况，是由成年已婚的皇子继位皇帝后、册立其在皇子时期所纳的嫡福晋为皇后。此种情况有太宗皇太极的孝端文皇后、雍正帝的孝敬宪皇后、乾隆帝的孝贤纯皇后、嘉庆帝的孝淑睿皇后。

　　由皇贵妃或贵妃册立及已婚皇子继位后晋嫡福晋为皇后，这两种都是象征性的仪式。册立嫡福晋为皇后，一般在新皇帝即位改元后、或元年、或二年。雍正元年（1723）二月谕旨册封世宗嫡妃纳喇氏为皇后，十二月行册立礼，又以太后丧，于雍正二年（1724）十二月授册，雍正三年（1725）十月补行庆贺礼。乾隆二年（1737），册立嫡福晋富察氏为皇后，增加了颁诏礼，成为由嫡福晋册立为皇后的固定礼仪程序之一。

金凤貂皮皇后冬朝冠

年代　清
收藏单位　故宫博物院

　　册立皇后仪式上，皇后须头戴朝冠、身着朝服行礼，其整身装束如前列皇后朝服像。此为皇后冬季接受册立时所戴朝冠（其他冬季大典皇后亦用此冠）。

　　朝冠中央顶饰三层金凤，朱纬上还缀一周金凤共七只和金翟一只，位于后面的金翟向脑后垂珠为饰，皇后为五行二就（五串两节），冠后又垂护领。

《慧贤皇贵妃吉服像》

年代　清乾隆
收藏单位　故宫博物院

册封妃嫔，始于崇德初年，当时的庄妃（即孝庄文皇后）等四妃同日受封。

册封皇贵妃、贵妃、妃、嫔，前期一日遣官祭告太庙、奉先殿；道光三年（1823）始，封嫔则不祭告。届日早，礼部、鸿胪寺官设节案于太和殿正中，设册、宝或印案于殿左右（如封嫔因无印则不设印案），设彩亭于内阁门外。内銮仪卫设仪仗或彩仗于妃嫔所居宫门外，太监设节案于该宫内正中，其前设香案，册、宝印案设于两旁，妃嫔拜位设于香案之南。一切准备就绪，内阁、礼部官自内阁将册、宝印分置彩亭内，抬至太和殿陈设到桌案，并将节也陈设在节的桌案上。由大学士将太和殿中的节奉出授给册封的正使，然后正使偕副使受命前往后妃居住宫殿册封。内阁、礼部官将太和殿内的册、宝印奉出，随黄盖御仗行至景运门外，然后正使将节授予太监，内銮仪校抬册、宝印彩亭至妃嫔宫门外，由太监奉节、册、宝印入宫。妃嫔着礼服恭迎于宫门内道右，候过随行，太监奉节、册、宝印陈于案。执事女官引妃嫔就拜位跪，女官宣读册文、宝或印文，妃嫔受册、宝或印，行六肃三跪三拜礼。次日早受封妃嫔向皇太后、皇帝、皇后前行六肃三跪三拜谢恩礼。如册封嫔，嫔还需在妃前行四肃二跪二叩谢恩礼。

图为受过册封的慧贤皇贵妃吉服像。

金黄色纱绣彩云金龙纹女朝袍

年代　清咸丰
收藏单位　故宫博物院

接受册封的妃嫔须身着朝服，通过朝服颜色表明等级。皇贵妃、贵妃、妃朝服用金黄色，嫔用香黄色。此朝袍为妃以上等级接受册封以及参加典礼时所穿。

敦宜皇贵妃之宝

年代 光绪二年（1876）
收藏单位 故宫博物院

　　清代册封妃嫔，妃以上既有封册，又有封印，皇贵妃、贵妃称宝，妃称印。

　　清代制度规定，妃册封宝，蹲龙钮，满汉文合璧玉箸篆体，金质。咸丰四年（1854）以后，规定册封皇贵妃、贵妃、妃之金册、金宝，以及册封嫔所制金册，均改为银质镀金。此宝即为银镀金质。

　　册封宝印，均为身份的象征，并无实际使用功能。

　　敦宜皇贵妃即同治帝慧妃富察氏。同治十三年（1874）十二月初五皇帝病死，光绪帝即位，尊封其为敦宜皇贵妃。册封典礼在光绪二年举行。

敦宜皇贵妃册

年代 光绪二年（1876）
收藏单位 故宫博物院

　　此为光绪二年册封敦宜皇贵妃之银镀金册。

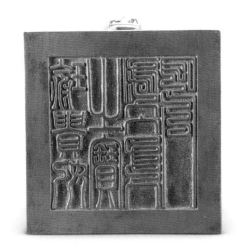

340

瑜贵妃之宝

年代　光绪二十年（1894）

收藏单位　故宫博物院

　　瑜贵妃为同治帝之妃赫舍里氏，同治十一年（1872）封为瑜嫔，同治十三年（1874）晋封为瑜妃，光绪二十年晋封为瑜贵妃。此为其封宝，质地、钮式、印文之制与皇贵妃宝相同。光绪二十一年（1895）举行册封典礼。

341

瑜贵妃册

年代　光绪二十一年（1895）

收藏单位　故宫博物院

　　此为光绪二十一年瑜贵妃之银镀金封册。

342

瑾妃之印

年代　光绪二十一年（1895）
收藏单位　故宫博物院

　　册封妃用印只能称"印"而不能称"宝"。此印满汉文合璧玉箸篆，龟钮。为光绪二十一年十一月，封他他拉氏为瑾妃所颁的封印。

343

瑾妃册

年代　光绪二十一年（1895）
收藏单位　故宫博物院

　　此为光绪二十一年册封瑾妃的银镀金封册。

344

瑾嫔册

年代　光绪十五年（1889）
收藏单位　故宫博物院

　　册封嫔，仅有封册而无宝印。此为光绪十五年册封他他拉氏为瑾嫔的银镀金封册。

345

香黄色绸绣彩云蝠八宝金龙纹朝袍

年代　清光绪
收藏单位　故宫博物院

　　接受册封之嫔，须身着香黄色礼服向皇太后、皇帝、皇后、妃等行谢恩礼。

（三）册立太子与封爵宗室

346

皇太子宝

年代　清康熙
收藏单位　故宫博物院

　　清代册立太子沿袭前代之制，即立嫡立长制。康熙帝立其嫡皇后所生子胤礽为太子。至雍正朝后始行秘密立储制，清代册立太子唯行于康熙朝。

　　康熙十四年（1675），胤礽两岁，册立其为太子。先期遣官祭告天地、太庙、社稷。届日，康熙帝御临太和殿阅视册、宝，并命使节，与册立中宫皇后的仪式相同。正使向皇太子授册，副使授宝。行礼毕，正、副使复命。康熙帝率皇太子祭告奉先殿。然后，皇太子到康熙帝与后妃前行礼。因其母后已逝，尚未再册立皇后，故皇太子只能向康熙帝的妃嫔行礼。次日，康熙帝御太和殿受贺、颁诏。王公向皇太子进贺笺致庆，皇太子诣武英殿向亲、郡王等行礼。外省文武官亦向皇太子进贺笺。

　　康熙十五年（1676），定皇太子宝为金宝、蹲龙钮、玉箸篆。然图中此宝为巴林石，盘螭钮，印文仅有汉文，可能是在康熙十四年册立太子，其宝制尚未确定时的产物。

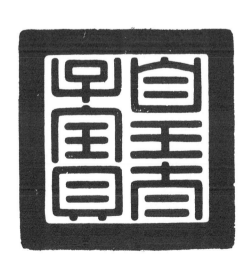

347

皇太子宫毓庆宫

康熙十四年（1675）举行了册立太子之仪，康熙十八年（1679），在内廷斋宫与奉先殿之间建毓庆宫，作为皇太子宫。

《礼亲王代善像》

年代　清
收藏单位　美国弗利尔美术馆

　　天聪十年（1636），皇太极始分叙诸兄弟子侄军功。册封代善、济尔哈朗、多尔衮、多铎、豪格、岳托为和硕亲王，阿济格为多罗郡王，杜度、阿巴泰为多罗贝勒，各赐银两有差。

　　宗室封爵制度自崇德元年（1636）定为九等，后定制为十二等：和硕亲王、多罗郡王、多罗贝勒、固山贝子、奉恩镇国公、奉恩辅国公、不入八分镇国公、不入八分辅国公、镇国将军、辅国将军、奉国将军、奉恩将军。其中，亲王、郡王又可封其长子为世子、长子。当皇子年及十五岁，由宗人府请旨册封。

皇帝亲亲之宝

年代　乾隆十三年（1748）
收藏单位　故宫博物院

　　乾隆十三年，厘定"二十五宝"，其中有"皇帝亲亲之宝"一枚，"以展宗盟"，即钤印于册封宗室爵位的册文之上。

　　此宝白玉质，交龙钮，印文为满汉文合璧玉箸篆体。

350

和硕智亲王宝与封册

年代　嘉庆十八年（1808）
收藏单位　南京博物院

　　凡册封宗室，皇帝钦命正、副使二人，恭捧经皇帝阅视过的陈设在太和殿的节、册、宝赴府邸，即将受封的王、公等率府僚跪迎门外。正、副使奉节、册、宝分陈各案，受封的王、公等跪在节案前，听正使宣制册，然后授予册、宝，王、公等接受后行三跪九叩礼。

　　封亲王印称宝，郡王印称印，贝勒有制册无印。封亲王、世子用金册，郡王用镀金银册，贝勒先为授诰命，后改用纸制册。咸丰十年（1860），谕册封亲王用银质镀金册、宝。

　　亲王宝为龟钮、满汉文芝英篆体。此宝为嘉庆十八年十二月册封旻宁为智亲王的仪物。嘉庆帝崩逝后，旻宁即位称道光帝。

礼亲王府大门

来源　[瑞典] 喜仁龙:《中国北京皇城写真全图》,
　　　　1926 年

　　受封的宗室王公, 按不同的等级享有权利。顺治元年（1644）三月确定和硕亲王以下造屋筑基之制:和硕亲王、多罗郡王、多罗贝勒可照例台上造屋五座;固山贝子、镇国公、辅国公, 屋基高二尺。亦定超品一等公以下、庶民以上, 屋基高一尺, 违者治罪。

　　礼亲王爵始封于清太祖努尔哈齐第二子代善, 其爵位世袭罔替。王府按规制建造, 其府邸大门宽五间, 三组台阶。

怡亲王府银安殿

来源　《北平大学女子文理学院毕业同学录》, 1930 年

　　亲王府是规模宏大的四合院, 分为东、中、西三路, 东、西路可以自由配置, 但中路统一, 从南往北依次为影壁、府门、银安殿、二门、神殿、后楼、家庙等。银安殿即正殿, 规制为七间。

　　怡亲王爵始封于康熙六十一年（1722）皇十三子允祥。雍正八年（1730）允祥卒, 皇帝谕旨嗣后怡亲王爵世袭罔替。

　　图为怡亲王府银安殿七间, 是亲王府邸建筑等级的直接印证。

 353

多罗定郡王印

年代　清乾隆

收藏单位　上海博物馆

多罗郡王为清代封爵的第二等。其册封之仪与册封亲王等同。唯册封用印不用宝，其印为银镀金质，麒麟钮，印文亦为满汉文芝英篆。

定郡王爵位始封于乾隆帝第一子永璜，后世绵德、绵恩、载铨、溥煦等袭爵。

354

顺承郡王府

顺治五年（1648），封礼亲王代善之孙勒克德浑为顺承郡王，并世袭罔替，随即建府。其正房五间，正符合郡王府的建筑规制。

（四）册立公主

355

荣宪公主龙袍

年代　清康熙
收藏单位　内蒙古博物院

　　清代皇帝之女称公主，封为两级，皇后所生之女封固伦公主，妃、嫔所生之女封和硕公主。另外，亲王女封郡主，郡王女封县主，贝勒女封郡君，贝子女封县君，入八分镇国公辅国公女封乡君。而皇帝姊妹封长公主，皇帝姑母封大长公主。固伦公主、和硕公主分别相当于亲王、郡王。

　　荣宪公主系康熙帝第三女，荣妃马佳氏生。初封和硕荣宪公主。康熙三十年（1691），下嫁乌尔衮。康熙四十八年（1709），晋封固伦荣宪公主。

　　该袍出土于内蒙古巴林右旗白音尔灯十家子荣宪公主墓。

356

恪靖公主府

　　册封公主的仪式为：皇帝钦命册封正副使、从皇宫太和殿奉节、册，前往公主府。额驸（公主之夫）着朝服率族员于大门外道右跪迎。正副使持节、册入，公主着礼服率侍女迎于仪门内道右跪迎。节、册陈于案后，公主就拜位，作乐，行六肃三跪三拜礼。再至节案前跪听宣册。副使将册授太监、太监跪接授侍女，侍女跪授公主，公主接受金册，复授侍女陈于案。公主退就拜位，乐作，仍行六肃三跪三拜礼，礼毕。

　　当日皇帝升殿，公主至御前及皇后前谢恩，行六肃三跪三叩礼。再到诸妃前行四肃二跪二叩礼。回府邸后，府属庆贺。

　　恪靖公主为康熙帝第六女，贵人郭络罗氏生。康熙三十六年（1697）下嫁敦多布多尔济。康熙四十五年（1706），封和硕恪靖公主。雍正元年（1723），进固伦恪靖公主。府邸在内蒙古呼和浩特。

357

和嘉公主府垂花门

来源　［美］满乐道：《围困北京：义和团反洋战争》，1901 年

　　册封公主仪式一般在公主下嫁后于其府邸举行。如公主下嫁蒙古王公，在京赐有府邸者，仪式与在京公主同；如下嫁外藩在京未赐府邸者，或于下嫁婚礼时，在额驸驻京的临时居所，或在公主下嫁后归宁时的临时居所，权充府邸举行仪式。

　　和嘉公主为乾隆帝第四女，纯惠皇贵妃苏氏生，封为和硕公主。乾隆二十五年（1760），下嫁福隆安。公主府在京师景山东街。

358

和恪公主册函钥匙牌

年代　清乾隆
收藏单位　故宫博物院

　　册封公主仅有金册、无印。封册需用函匣贮藏，并以锁封。此钥匙牌即为封锁的标牌，象牙雕，其上刻有"和恪公主册函钥匙牌"字。

　　和恪公主为乾隆帝第九女，母为孝仪纯皇后，封为和硕和恪公主，乾隆三十七年（1772）下嫁札兰泰。

359

《道光帝行乐图》

年代　清道光
作者　佚名
收藏单位　故宫博物院

　　图中绘有两位公主，即图的右下方两女，其旁有题签，左为寿恩固伦公主，右为寿安固伦公主。

　　寿安固伦公主是道光帝第四女，为孝全成皇后生。

　　寿恩固伦公主是道光帝第六女，为孝静成皇后生，道光二十四年（1844）封固伦公主。当其册封时，其母尚为皇贵妃，应封和硕公主而实封固伦公主，因而她属于高封的特例。

360

荣安固伦公主封册

年代　同治十二年（1873）
收藏单位　故宫博物院

　　荣安固伦公主为咸丰帝独女，庄静皇贵妃他他拉氏生。同治十二年下嫁瓜尔佳氏世袭一等雄勇公都统内大臣符珍。

　　因其与同治帝同辈，故属于长公主。册封长公主时，一般不再根据其母的等级，而就高等级册封。

　　此封册为同治十二年下嫁时所封银镀金册。

四

崇　文

（一）经筵与日讲

四

崇　文

四

崇　文

（一）经筵与日讲

361

文华殿鸟瞰

　　清代皇帝亦崇尚文治，从而把研习中国传统文献经典活动列为嘉礼之一。其中，经筵大典始于顺治九年（1652），春、秋仲月各举行一次，地点在紫禁城文华殿。

　　举行经筵，预先陈设案子两个，一为皇帝所用御案，其上放皇帝御览讲章；一为进讲官所用，上放讲官所用讲章副本。典礼由大学士主持，翰林两人进讲。届时，讲官与侍班官等同行二跪六叩后，鸣赞官赞"进讲"，讲官再跪到案子左右两侧，三叩后开始进讲。讲章讲毕，皇帝则以满、汉文阐述其学习心得"御论"，各官跪聆毕，再次行二跪六叩礼。皇帝御临文渊阁对讲官赐座、赐茶。最后，在文华殿配殿本仁殿赐宴，由礼部主持。

362

《经筵位次》

来源　（清）托津等：《钦定大清会典》，嘉庆二十三年（1818）刻本

　　图上可见，皇帝宝座前为御案，再前为讲官案，均把讲章"四书"放在左边、经书放在右边，满汉讲官居于讲案左右。大殿两侧是参加经筵侍班的官员：内阁大学士、六部、都察院、通政使司、大理寺、詹事府等官员。

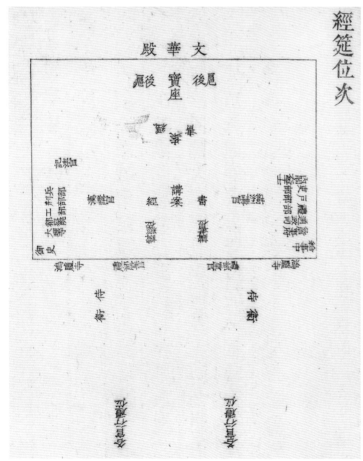

234

《文华殿经筵》

来源 ［日］冈田玉山：《唐土名胜图会》，文化二年
　　　　（1802）刻本

　　《唐土名胜图会》立体地描绘了经筵大典的人员布局情况。

364

蓝色团龙纹暗花江绸常服袍

年代　清乾隆
收藏单位　故宫博物院

　　举行经筵典礼时，皇帝不穿朝服或吉服，而是穿常服聆听讲官进讲。常服不用皇帝专用的明黄色，一般多为素色，或有暗花图案。经筵时，讲官为师、皇帝为徒，皇帝不穿朝服而穿常服，意在师前表示恭敬谦逊。所以，讲官所行礼也由三跪九叩而减为二跪六叩。

365

经筵讲章

年代　清康熙
收藏单位　中国国家博物馆

讲章即讲官的讲义。经筵所讲为儒家经典中的"四书"与各种经书。"四书"即《大学》《中庸》《论语》《孟子》；经书主要为十三经，即《易》《书》《诗》《周礼》《仪礼》《礼记》《春秋左氏传》《春秋公羊传》《春秋谷梁传》《论语》《孝经》《尔雅》《孟子》。其中《论语》《孟子》重复，进讲时列在四书一侧。

366

满文"四书"讲章

年代　清康熙
收藏单位　故宫博物院

此为满洲讲官所翻译的"四书"讲章抄本。

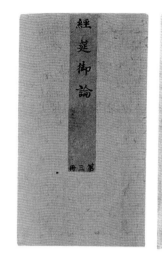

367

经筵御论

年代　乾隆三年（1738）
收藏单位　中国第一历史档案馆

　　图为乾隆帝于乾隆三年春季经筵所作的御论，即皇帝将此次经筵议题的心得写成的论文。此文为其《清高宗御制文初集》卷一之中的第一类"经筵御论"中的首篇，即《道之以德，齐之以礼，有耻且格》，是《论语·为政》中句。

　　其中乾隆帝对"德、礼、刑"与"理、教、学"表述了自己的观点。

　　御论一般由翰林院拟稿，皇帝钦定后翻译成满文，经筵时皇帝宣讲后，再由翰林院书写为正本呈览，最后收贮大内。

368

碧玉御制经筵论册

年代　清乾隆
收藏单位　故宫博物院

　　图为乾隆帝对《诗经》上所说的"乐只君子，民之父母，民之所好好之，民之所恶恶之，此之谓民之父母"阐发的观点。此文亦收入其《清高宗御制文初集》卷一，并镌刻成玉册为存之久远。

369

《经筵大臣鄂尔泰像》

年代 清后期
作者 （清）叶衍兰
收藏单位 中国国家博物馆

　　鄂尔泰（1680—1745），西林觉罗氏，字毅庵，隶满洲镶蓝旗。康熙朝举人，历任巡抚、总督等，政绩卓著。乾隆朝初年任经筵讲官。

370

弘德殿

　　经筵每年只在春秋举行两次，仅具象征意义。所以，康熙帝认为太过疏阔，决定每日在乾清宫西侧弘德殿进行日讲。

　　日讲官为满洲一人，汉族二人或三人。预先由汉族讲官写就讲章，然后翻译成满文，誊写后将其正本进呈御览，讲官持副本进讲。讲毕，行一跪三叩礼，康熙十六年（1677）后奉旨免礼。

《日讲易经解义》

年代　康熙二十二年（1683）
作者　（清）牛钮
收藏单位　故宫博物院

　　日讲的内容较经筵广泛，除经书外，亦有史书。皇帝由此可广纳资治安邦之道，以史镜鉴理政之得失。

　　《日讲易经解义》十八卷，为内府刻本，系日讲官等所撰写的对《易经》内涵阐发的文字。

《日讲官乔莱像》

年代　清康熙
作者　（清）禹之鼎、（清）顾符祯
收藏单位　南京博物院

　　乔莱（1642—1694），字子静，江苏宝应（江苏扬州）人。康熙六年（1667）进士，康熙二十四年（1685）起充日讲官。

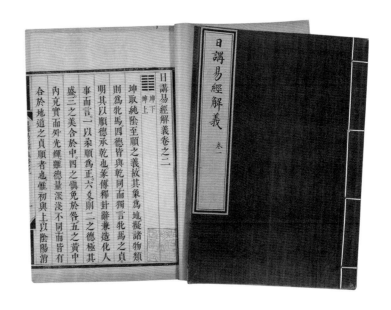

（二）视学与策士

国子监牌坊旧影

来源 ［德］海因茨·冯·佩克哈默尔：《北京》，1920 年

北京国子监始建于元代，元、明以来一直为
国家最高学府，亦即"太学"。顺治元年（1644），清
王朝继承明制，于京师亦设国子学于国子监，皇
帝于此对国子监生员讲学，称视学。

此牌坊位于国子监二门内，正面额为"圜桥
教泽"，背面为"学海节观"。

国子监彝伦堂

因尚未建筑辟雍，顺治、康熙、雍正三朝，皇帝视学仪在国子监彝伦堂举行。

彝伦堂设黄幄御座，幄前置御案，左右讲案二，祭酒等奉讲章及进副本，"书"左"经"右，陈于案。皇帝礼服乘舆诣太学大成殿释奠礼毕，更易衮服到彝伦堂内御讲幄，升座，王公立阶上，百官立阶下，衍圣公率博士、各氏裔，祭酒等率官生就拜位，行三跪九叩礼，皇帝赐王公九卿与讲官坐，祭酒等依次宣讲。翰林院、詹事府等四品以下官、监官、师儒、博士、圣贤后裔、肄业诸生环听。讲毕，听讲者均退至拜位跪聆传制。辞曰："圣人之道，如日中天，讲贯服膺，用资治理，尔师生勉之。"祭酒等三跪九叩，皇帝赐茶，群臣受饮，再一叩头，礼成。是为视学仪。

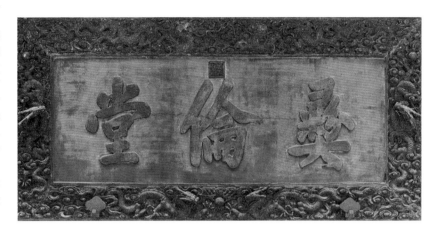

雍正帝临雍讲学图

年代　清雍正
收藏单位　故宫博物院

　　此画卷生动地描绘了雍正皇帝在国子监彝伦堂讲学时的场景。因为是嘉礼之典，在彝伦堂的屋檐还进行了结彩。

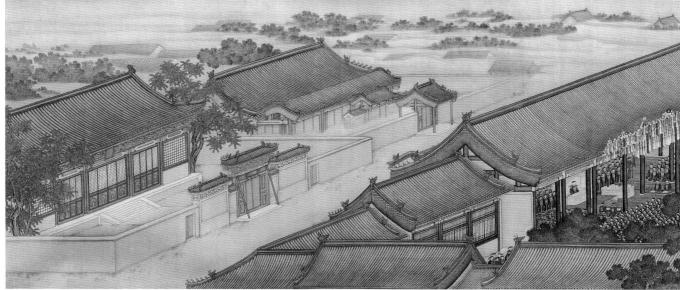

国子监辟雍旧影

来源　Henri Borel：*The New China: A Traveller's
　　　Impressions*，Dodd Mead and Company，
　　　1912

　　乾隆时期于国子监筑辟雍，成为国子监的中
心建筑。此后，乾隆、嘉庆、道光三位皇帝则在
此视学。

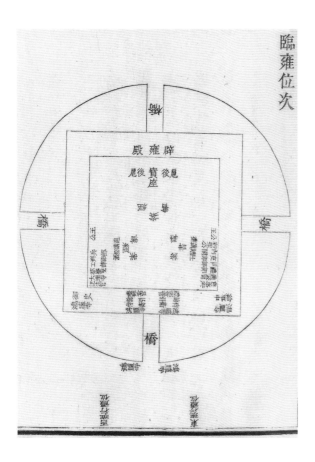

377

《临雍位次》

来源 （清）托津等：《钦定大清会典》，嘉庆二十三年
（1818）刻本

图上可见，辟雍内皇帝宝座前为御案，再前
为讲案两张，一为由大学士进讲的"书"案，一为
由国子监祭酒进讲的"经"案。大殿两侧是参加临
雍讲学的侍班官员：衍圣公、王公、内阁以及六
部、都察院、通政使司、大理寺、詹事府等官员。

378

保和殿内景旧影

来源 ［日］东京帝室博物馆编：《清国北京皇城写真帖》，
明治三十九年（1906）

殿试是中国古代科举的最高一级考试，由皇
帝主考，录取者称进士。因考试的题目是策问（即
写时政问题、向朝廷献策的议论文章），是为国家
选取才士，故称"策士"。

考试的地点屡有变更，顺治初年在天安门
外，顺治十五年（1658）改在皇宫内太和殿前丹
陛上，乾隆五十四年（1789）直至清末，均在保
和殿内进行。考生于黎明时分在午门外集合，届
时由鸿胪寺官导入，待皇帝升殿后，考官与贡士
各行三跪九叩礼。礼毕皇帝回宫，礼部官员散发
考卷开考。

379

殿试卷

年代　同治七年（1868）
收藏单位　中国第一历史档案馆

　　清代策士的殿试，考时务策一道。策问一般包含几个问题，由内阁预拟，再经皇帝钦定。考生根据策问，撰写对策，围绕策问发表自己的看法。

　　此为周璜同治七年（1868）殿试卷，殿试名列二甲第二十三名。

380

《点石斋画报·传胪盛典》

年代　清光绪
收藏单位　故宫博物院

　　殿试后，宣布登第进士名次的典礼称为传胪。届日，皇帝御临太和殿，司礼的鸿胪寺官引领贡士（会试录取者，即所有参加殿试的人员）就位，聆听宣布皇帝的命令："某年月日，策试天下贡士，第一甲赐进士及第，第二甲赐进士出身，第三甲赐同进士出身。"当宣布"一甲一名某"时，该进士即出班前跪，宣布二、三名亦同。但宣布"二甲一名某等若干名，三甲某等若干名"，则不需单独出班，而是一同行三跪九叩礼。

　　此图描绘光绪十六年（1890）状元吴鲁、榜眼文廷式、探花吴荫培参加传胪大典盛况。

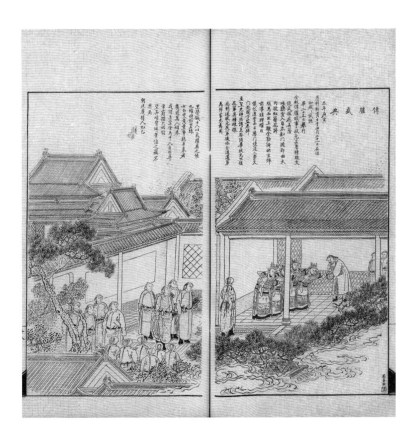

午门

传胪大典结束后，礼部官员即举大金榜率一甲三名走午门御路出皇宫以示荣耀，其他进士则按金榜上的单双号分别出左右掖门。

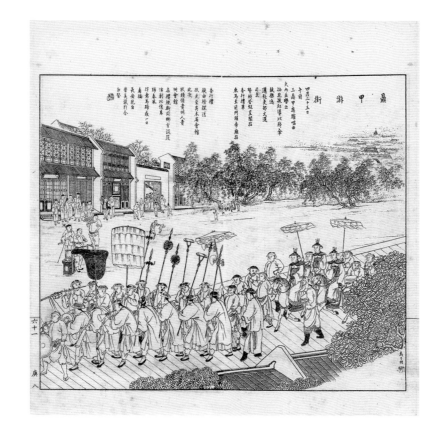

《点石斋画报·鼎甲游街》

年代 清光绪
收藏单位 故宫博物院

殿试所取一、二、三甲统称进士。一甲第一名俗称状元，第二名称榜眼，第三名称探花，合称三鼎甲。传胪大典之后，顺天府则备伞盖仪从，送状元归第（实际是他们在京考试期间下榻的各省在京会馆）。五日后，状元再偕诸进士上表谢恩。

進士夏朝冠

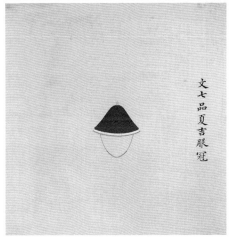

文七品夏吉服冠

383

《皇朝礼器图式·冠服·进士冠》

年代　乾隆二十四年（1759）
作者　（清）冷鉴、（清）黄门等
收藏单位　故宫博物院

传胪大典之后，新科进士参加正式活动需穿
着礼服，其朝冠的冠顶座用黄金镂花，顶上插三
枝九叶。

二图分别为进士夏朝冠、夏吉服冠（与文官
七品相同）。

384

小金榜

年代　乾隆十六年（1751）
收藏单位　中国第一历史档案馆

所谓金榜题名之金榜，分为大金榜与小金榜
两种。殿试之后，公布名次的榜文用黄纸书写，故
称黄榜、金榜。大金榜上面钤盖"皇帝之宝"御玺，于
传胪大典仪式后，文科大金榜张挂在东长安门前
公布，三天后收贮内阁；小金榜用于进呈皇帝御
览，之后亦存内阁保存。

此为乾隆十六年殿试小金榜，共计 243 名进
士题名其上，三鼎甲为吴鸿、饶学曙、周沣。

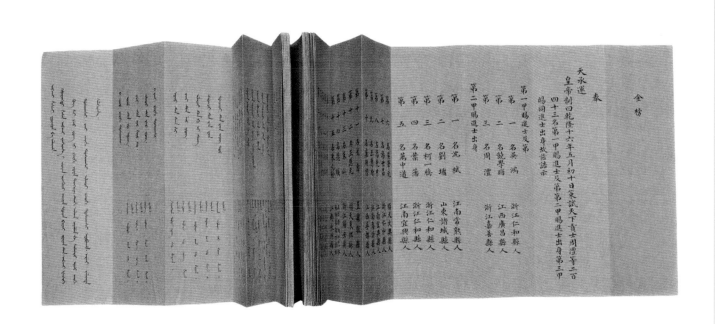

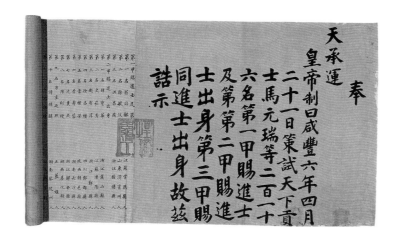

大金榜（局部）

年代　咸丰六年（1856）
收藏单位　中国第一历史档案馆

此为咸丰六年殿试大金榜，该科状元为翁同龢，榜眼为孙毓汶，探花为洪昌燕。

《紫光阁试武进士》

来源　[日] 冈田玉山：《唐土名胜图会》，文化二年（1802）刻本

科举分为文科、武科。文殿试在紫禁城保和殿举行。武殿试分为内场与外场，其外场在两日内进行，前一日试马箭、步箭，后一日试弓、刀、石。嘉庆十九年（1814）前均在中南海紫光阁举行，嘉庆十九年后试弓、刀、石改在紫禁城内箭亭。

387

武科小金榜

年代　光绪二十一年（1895）
收藏单位　中国第一历史档案馆

　　本年武举一甲三名分别为武国栋、张大宗、林宜春。榜上不仅写有籍贯，而且还写有"闱"的千字文编号。

388

武殿试录用单

年代　清嘉庆
收藏者　中国第一历史档案馆

　　武殿试结束后，清廷亦均举行隆重的唱名仪式。清初三鼎甲授参将、游击、都司。雍正时，改为武状元授一等侍卫、榜眼、探花授二等侍卫。此为嘉庆十三年（1808）至二十二年（1817）间武进士的录用情况。

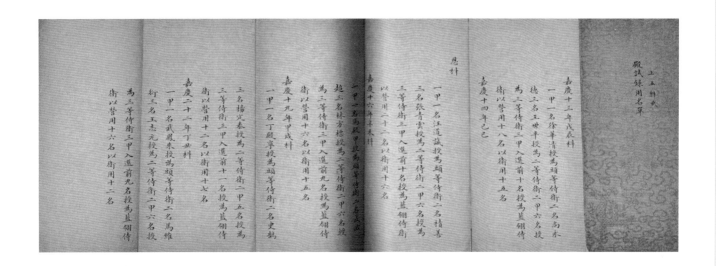

武状元盔

武状元甲

(389)

《武状元盔甲》

来源 （清）托津等:《钦定大清会典》,嘉庆二十三年
（1818）刻本

传胪大典之后,新科武状元所着盔甲,即如
此式。

(390)

《点石斋画报·一元大武》

年代 清光绪
收藏单位 故宫博物院

武殿试一甲及二、三甲前十名均由皇帝钦
定。因其较高的社会地位而受到社会的关注。此
图即绘武状元在京师显荣之情形。

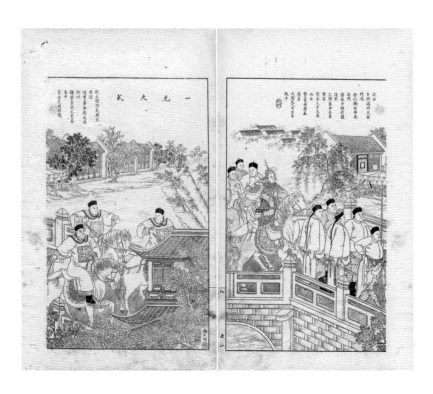

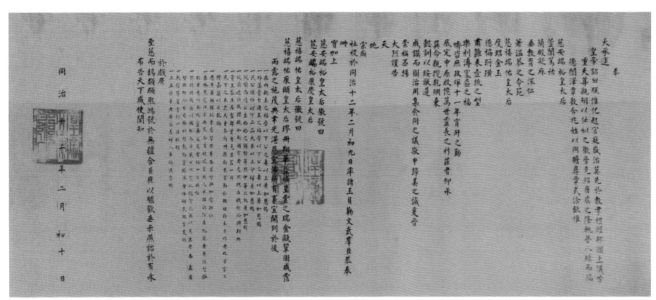

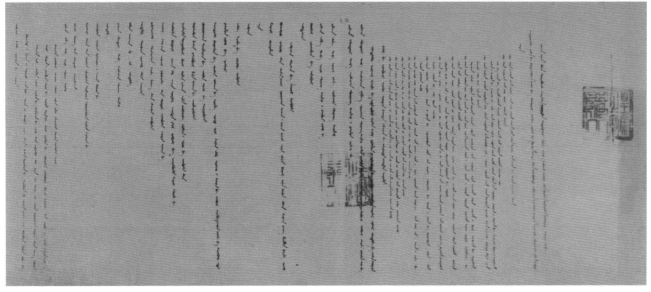

391

诏书

年代　同治十二年（1873）

收藏单位　台北"故宫博物院"

每遇国有大事，皇帝向全国臣民颁发的公告性命令，即为诏书。一般在先皇驾崩、新皇帝即位、册立皇后与太子、大婚、为皇太后上尊号、征伐等时间，均颁诏。

此诏书为同治十二年二月初十日发布的《慈安慈禧皇太后加徽号诏》。

贺表

年代　清嘉庆
收藏单位　中国第一历史档案馆

　　清代每逢宫中三大节，即元旦、万寿、冬至，内外臣工须进表、笺以庆贺。向皇帝祝贺的文书叫表，向皇后祝贺的文书叫笺。乾隆六十年（1795）为革除缛节繁文，上谕停止笺贺皇后的制度，一律改叫贺表。贺表分别有正、副二份。正件为卷状，副件为折状。表文初用三体字式，后专用汉文，唯满洲驻防用清文。

　　此为福建海坛管辖闽安等处总兵官孙大刚所进万寿表文。图1为正表，图2为副表。

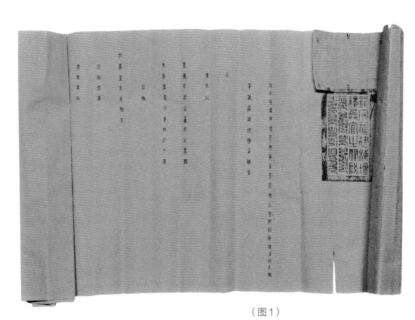

（图1）

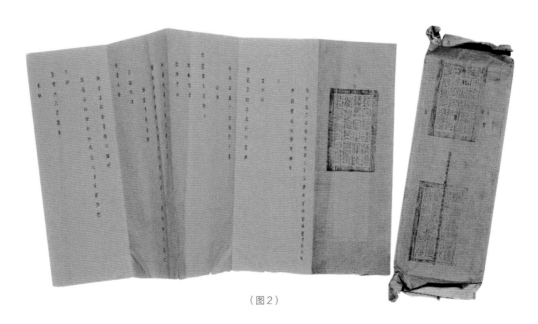

（图2）

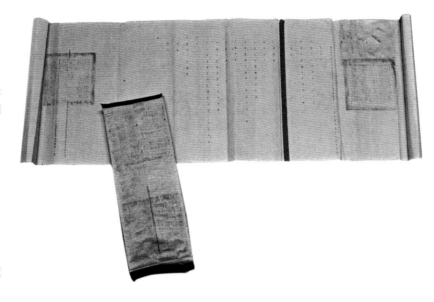

393

贺笺

年代　乾隆十八年（1753）

收藏单位　中国第一历史档案馆

　　此为乾隆十八年二月初十，广州将军曹瑞等为庆贺节令进献给皇后的贺笺。正笺为手卷式，副笺为折式。

394

道光帝庆贺皇太后表文

年代　道光二十三年（1843）

收藏单位　中国第一历史档案馆

　　此为道光二十三年十月初十日，皇帝所上庆贺皇太后万寿节表文。

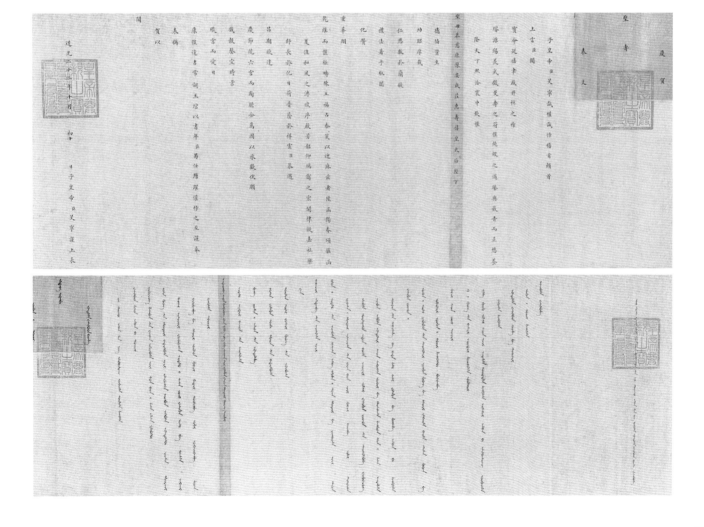

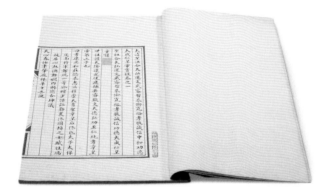

(395)

光绪帝上慈禧皇太后万寿贺表

年代　光绪二十年（1894）
收藏单位　中国第一历史档案馆

　　在京王公百官所上表文直达礼部，在外将军、都统、督、抚、提、镇各进贺表、笺，由驿递送达礼部。节庆之日，先将表文列彩亭，舁至午门外，奉陈于案。待皇帝御临太和殿，再将其奉至于太和殿左楹的表案上，然后宣表行礼讫，将其送内阁收贮。

　　光绪二十年十月正值慈禧太后六十岁寿辰，光绪皇帝以子臣的身份，特上贺表祝万寿无疆。

(396)

《圣祖仁皇帝实录》

年代　清雍正
收藏单位　故宫博物院

　　凡纂修实录、圣训、玉牒告竣，要择吉进呈。皇帝御殿受书，王公百官表贺，即进书仪。

　　凡实录修竣，前期一日，太和殿陛东设贺表案，阶下列实录案。至日陈设卤簿乐悬，监修官奉表陈表亭，纂修官奉实录陈彩亭，由校尉抬至太和殿丹墀，监修官等奉实录与表分陈案上。皇帝御临太和殿，鸿胪官奏进实录，乐作。皇帝再次临御保和殿，于此"进表"，宣表官跪宣毕，乐作，众官三跪九叩。皇帝赐茶，众官俱一叩头，皇帝起驾还宫。监修等奉实录至乾清门，交送内阁。

　　实录是记载皇帝在位期间的编年大事记。新皇帝嗣位后，开设实录馆，令儒臣编纂先帝实录。此为雍正朝所修康熙帝实录。

397

《大清圣祖仁皇帝圣训》

年代　清雍正
收藏单位　故宫博物院

　　圣训为嗣皇帝所汇编的先帝训谕、诏令。此为雍正帝即位后敕命大臣编辑的康熙帝圣训。其进书仪式与进实录相同。

398

玉牒

年代　清初
收藏单位　中国第一历史档案馆

　　玉牒为皇家谱系，十年一纂。以努尔哈齐之父塔克世为大宗，其子孙腰系黄带子，称宗室，以帝系为统，辈分为序，其玉牒封面用黄绫；塔克世叔伯兄弟的子孙腰系红带子，称觉罗，其玉牒封面为红色。
　　进玉牒时，不上贺表，不传制。监修等随彩亭抬入中和殿，置案上，展示正中四箧，皇帝立阅；或皇帝不御殿，则于宫中览之。进全书览毕，送皇史宬封藏。

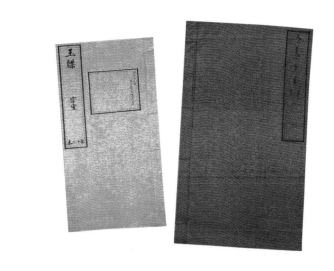

399

《平定两金川方略》

年代　清乾隆
收藏单位　故宫博物院

　　自康熙朝起，每有大的征伐，战后即编辑其战事始末的各类文件，汇编称为"方略"。乾隆年始，方略修竣亦进二部，一藏皇史宬，一交礼部刊刻颁发。

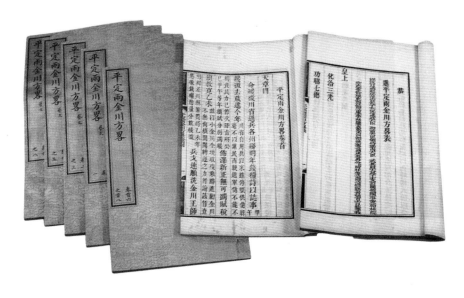

皇史宬

　　乾隆朝定制、实录、圣训修竣，行进书仪后，即将之归贮作为皇家档案馆的皇史宬，遣监修等奉藏金匮，副本存内阁。嘉庆朝开始，奉藏时皇帝诣皇史宬拈香。除皇史宬外、实录、圣训、玉牒亦送盛京尊藏一部。

401

时宪书

年代　同治十三年（1874）
收藏单位　故宫博物院

　　时宪书类似现今日历，因封面黄色旧称"黄历"，除载有农历月、日和农时节气外，并有"宜忌"等迷信内容，如某日宜祭祀，某日忌出行，某日喜神在何方等，由钦天监官主持编排，每年十月朔日（初一）进献皇帝，然后颁赐王公百官。十月朔日于午门行颁朔礼，颁到直省、督、抚受朔如常仪。

　　图为同治十三年所编十四年时宪书。因颁朔礼在十月朔日，而同治帝死于十二月初五，故次年的时宪书已刊刻刷印。

402

太和门进书单

年代　清光绪
收藏单位　中国第一历史档案馆

　　凡实录、圣训、玉牒、时宪书等修竣后，例需向皇帝、太后等呈进。一般在太和殿或乾清宫举行，因所进书时第一道门为太和门，故称向帝后所进书的清单为"太和门进书单"。

　　图为向光绪帝、慈禧太后、隆裕皇后、瑾妃所进时宪书与七政书的书单。

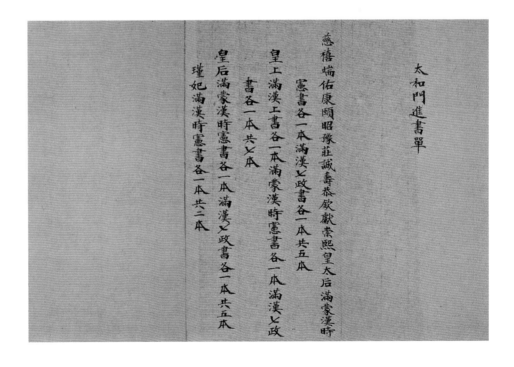

军礼篇

　　军礼是与军事征伐相关的各项礼仪。按《左传·成公十三年》所言"国之大事，在祀与戎"，军礼是与祭礼同样重要的礼典。《周礼·春官·大宗伯》总结周代军礼为大师、大均、大田、大役、大封五种。但今人以礼制分析，其中的大均、大役、大封并非军礼，而应属于政务。历史发展至清朝，军礼包括皇帝亲征与凯旋、命将出征、奏凯受降、献俘受俘、大阅、会阅暨京师训练、秋狝、日食救护。但京师训练皇帝不参与，日食救护本与军事征伐无关，皇帝亦不参与，故本卷不作列述；秋狝与皇帝巡幸密切相关，因在本丛书《出巡卷》重点展开，故本卷不列。

　　清代皇帝亲征，主要是太祖、太宗两朝。此时军事方殷，国是即军事。太祖朝亲征之礼仅有谒堂子告天。太宗朝亲征，前期誓天、告庙；届日驾出城门时陈卤簿，吹螺奏乐；再恭谒堂子，行三跪九拜；城外树八旗大纛致祭，礼毕方启行。入关后，诸帝只有康熙帝曾御驾亲征，前期三日，祭告天地坛、太庙等；届期遣官祭道路、火炮诸神。届日，皇帝御征衣佩刀，乘骑出宫，内大臣等翊卫；午门鸣钟鼓，军士鸣角螺，祭堂子、纛神；奏导迎乐，御驾出城门；到达整装待发的兵营，放炮二声，八旗军随之出发，王公百官跪送。此为亲征礼之全程。亲征告天，意即受命于天而替天伐逆；告庙，以求得祖先保佑挥师凯旋，延续宗族乃至国家的稳固。

　　皇帝亲征后凯旋，皇子、王公暨群臣郊迎，进城后皇帝告谒堂子，遣官祭天地坛、社稷坛、太庙、谒陵寝，御殿宣表受贺，颁诏。最后在太学建碑，以纪其盛。

　　命将出征，皇帝亲自护送将军，祭堂子、纛神，赐敕印。顺治元年（1644）确定其仪，午门外陈设卤簿，太和殿丹陛上张黄幄，殿内设皇帝御座，王公百官会集；大将军率出征官诣拜位跪，内院大臣奉宣满、蒙、汉三体敕书，授大将军敕印后启行。顺治十三年（1656）又定，出师前一日，在午门前颁赐盔甲战马弓刀等武器，并面授方略，赐筵宴。出发日，队伍咸戎服待命于午门外，颁敕书、将军印。雍正七年（1729）始定，命将前一日祭告太庙，出发日祭告奉先殿。乾隆十四年（1749），命将出征之礼始成为定制的三项：一为授敕印；二为被社，即出师前期祭告奉先殿，拜堂子，祭纛；三为祖道，大将军启行，皇帝亲饯赐酒，命大臣送至郊外。

将军奏凯，太宗朝皇帝率群臣出城迎劳，建纛鸣螺，帝率同拜天，王、贝勒进献捷表，御前读毕，跪叩如仪，再行抱见礼并赐宴。乾隆十四年规定，奏凯功成，祭告天地坛、太庙、社稷坛、陵寝，释奠先师，勒碑太学，编辑平定方略；大将军将入城时则遣官郊劳，如皇帝在行宫亦躬自郊劳凯旋将士；皇帝临御太和殿，大将军等有功诸臣谢恩，缴印敕，筵宴。

献俘受俘之礼始于雍正二年（1724），俘至京师，诹吉先献太庙、社稷坛；翌日，皇帝御午门城楼受俘，陈设卤簿仪仗。王公百官咸集，奏大乐铙吹，兵部官跪奏献俘，皇帝谕旨"所献俘交刑部"，刑部长官则将俘械系引出，或恩赦不诛，或行刑。

大阅礼始于天聪七年（1633），以督厉众军，练习行阵。顺治十三年（1656）定为三岁一举，阅骑射，并演围猎示群臣。康雍乾三朝多次举行，或在南苑，或在卢沟桥、玉泉山、多伦诺尔等地，但并未严格遵循三年一举之制，后世多所荒废。至于会阅，即蒙古各部会盟，唯在康熙朝具有礼制色彩。

清代以骑射立国，故对军礼的重视较之汉族王朝为重。

一

亲 征

《康熙帝戎装像》

年代　清康熙
作者　佚名
收藏单位　故宫博物院

　　军礼之中，首重皇帝亲征。亲征前三日，祭告天地坛、太庙、太岁；届期遣官祭祀道路、火炮诸神。出发之时，皇帝御征衣佩刀，乘骑出宫，内大臣等翊卫，午门鸣钟，军士鸣角螺，前往堂子致祭，并祭纛神，均行三跪九叩之礼。然后皇帝出京城，抵达京郊列阵待发的八旗兵营后，发炮声三响，官军皆马上俯伏，待皇帝乘骑经过，即整队随行。不从征的王公百官则跪送。

　　康熙三十五年（1696），讨噶尔丹，康熙帝躬率六师出中道。此图可见康熙帝着盔甲佩弓矢，一幅戎装征旅之状。

404

康熙帝御用弓

年代　康熙二十一年（1682）
收藏单位　故宫博物院

　　弓以桦木制作，上挂皮签标明其为康熙帝御用弓。

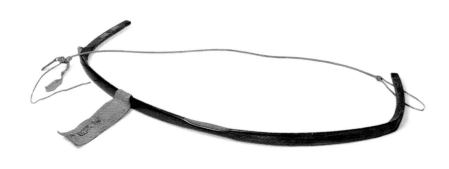

405

康熙帝亲征途中给宫中太监的朱谕

年代　康熙三十五年（1696）
收藏单位　中国第一历史档案馆

　　康熙三十五年，皇帝第一次亲征噶尔丹。期间，康熙帝谕告总管太监顾问行，他已率六师抵达苏牛忒地方，并介绍了征途的情况，包括当地的水土以及饮食起居，还有随行的四阿哥、侍卫等俱好。

406

德胜门

　　凡清代皇帝亲征，均出德胜门，奔赴征讨目标。此为德胜门箭楼。

407

康熙帝赐给崇福寺的甲胄

年代　清康熙
收藏单位　内蒙古崇福寺

　　康熙三十六年（1697），皇帝西征噶尔丹凯旋，途经归化城（今呼和浩特市）崇福寺，时值该寺建成，即将其甲胄与腰刀赐予该寺。

408

康熙帝赐给崇福寺的腰刀

年代　清康熙
收藏单位　内蒙古崇福寺

《平定朔漠告成太学碑》拓片

年代　清康熙
收藏单位　中国国家图书馆

　　皇帝亲征凯旋抵京当日，先祭堂子。次日遣官祭告天地、宗庙、社稷、陵寝。再行饮至礼，即赐宴从征将士，并颁赏有差。择吉日，皇帝御太和殿，受群臣表贺如同大朝仪，颁诏布告天下。直省文武官亦需奉表祝贺。同时遣官祭随营旗纛、火炮之神于京师城外教场，分遣各官致祭岳镇海渎、前代帝王陵寝、先师阙里。

　　此外，还要告成于太学，勒石纪功，并编纂平定方略。图为康熙朝平定噶尔丹后在京师孔庙大成门内所立碑文拓片。

410

《乾隆帝大阅戎装像》

年代　乾隆四年（1739）
作者　[意]郎世宁
收藏单位　故宫博物院

　　清廷大阅礼始于太宗天聪七年（1633），目的
为练习行阵。顺治十三年(1656)，定为三岁一举，阅
骑射，并演围猎示群臣。康熙朝后，多在南苑阅
兵，或卢沟桥，或玉泉山，或多伦诺尔等，地无
一定，时亦不以三年为限。《清高宗起居注》卷四载：
"上躬披甲胄，连发五矢，皆中的。乘骑巡视军营，御
黄幄。"

　　乾隆四年，皇帝始幸南苑大阅。图当为乾隆
帝于始行南苑大阅当年，令宫廷画家所绘其擐甲
骑马的飒爽英姿。从笔法上推断当是郎世宁所绘。

411

乾隆帝大阅盔甲

年代　清乾隆
收藏单位　故宫博物院

　　乾隆帝大阅时所用盔甲，明黄色缎绣金龙纹
镶铜钉，上衣下裳式；盔为牛皮胎，髹以黑漆。

　　乾隆二十四年（1759）编纂《皇朝礼器图式》
记载皇帝大阅甲，上衣正中有护心镜，是定制时
期的样式。此甲无护心镜，应为乾隆初期的形制，与
上图乾隆四年（1739）初次大阅后所绘铠甲一致。

412

乾隆帝御用马鞍

年代　清乾隆
收藏单位　故宫博物院

　　乾隆帝大阅时，所用马鞍有此种样式，为木镶铜镀金质，饰以錾双龙纹。

413

皇帝大阅櫜鞬

年代　清乾隆
收藏单位　故宫博物院

　　清代规定，皇帝大阅所用鞬，以银丝缎制成，绿革缘，天鹅绒里，面缀金环，系明黄緌，插弓；櫜面覆银丝缎，以革为囊，后有软壶三个亦以革制作，饰以金丝花，衔东珠，其内盛铍箭五支、梅针箭五支、骲箭二支。

　　乾隆帝大阅时，所佩盛插弓矢的櫜鞬即如此。

414

《皇朝礼器图式·武备·皇帝大阅弓》

年代 乾隆二十四年（1759）
作者 （清）冷鉴、（清）黄门等
收藏单位 故宫博物院

　　清代规定，皇帝大阅所用弓，以桑木为干，蒙
以金桃皮，弦床用鹿角，弦为丝。

415

皇帝大阅骨镞骲箭

年代 清
收藏单位 故宫博物院

　　骲箭用骨镞，不会伤及人性命，故皇帝大阅
喜用此箭。

416

皇帝大阅铁镞𬍿箭

年代 清
收藏单位 故宫博物院

　　𬍿箭，是较薄而阔的铁箭头、杨木箭杆较长，首
饰鹤羽，亦用于皇帝大阅。

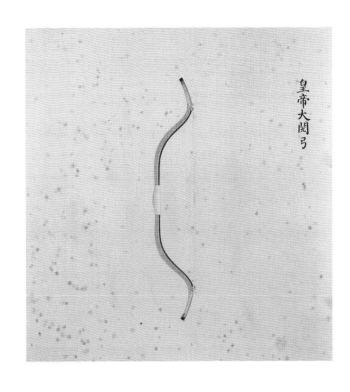

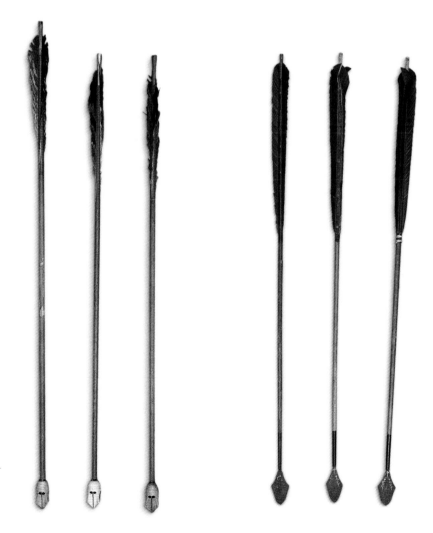

417

皇帝大阅佩刀

年代　乾隆十三年（1748）
收藏单位　故宫博物院

　　乾隆十三年，皇帝谕旨内务府造办处制作腰刀九十柄，分为天、地、人三号，每号三十柄，以教育子孙居安思危，不忘祖制，并世代永藏，至乾隆六十年（1751）全部制成。其中天字一号命名为"炼精"，用为皇帝大阅佩刀。

　　此即天字一号"炼精"佩刀，鞘为桃皮、柄嵌绿松石与彩色琉璃珠。

418

《大阅位次》

来源 （清）托津等：《钦定大清会典》，嘉庆
二十三年（1818）刻本

大阅时，皇帝御帐黄幄设于阅武台上，内设御座。阅武台坐南朝北，其北为八字形列阵处，再北为军营。

军营分为左右翼。左翼为镶黄、正白、镶白、正蓝旗，右翼为正黄、正红、镶红、镶蓝旗。汉军、满洲火器营左右各四旗，共十六营；前锋营左右各四旗为一营，共二营；护军营左右

各四旗为八营；骁骑营左右各四旗为八营；左翼之末有八旗健锐营一营，右翼之末有八旗外火器营一营，计三十六营。

八字形列阵亦按左右翼排列，前排为火器营，汉军居中，满洲居左右；后为前锋营与护军营，前锋营居中，护军营居左右；外围为满洲蒙古骁骑营。

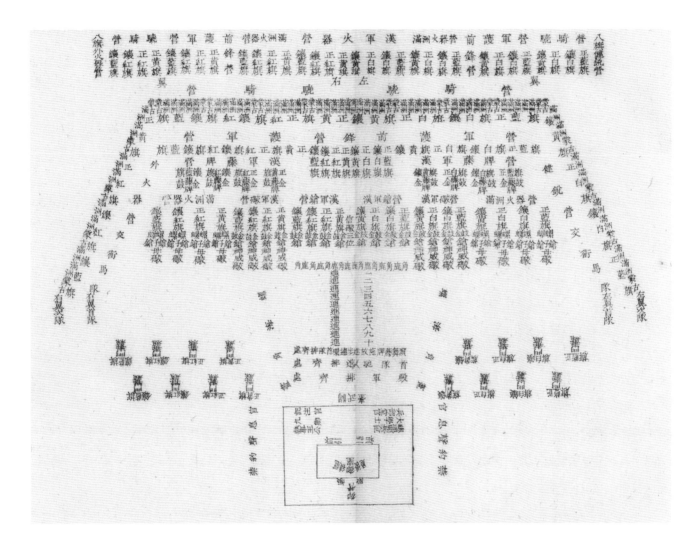

419

《皇朝礼器图式·武备·皇帝大阅黄幄》

年代 乾隆二十四年（1759）
作者 （清）冷鉴、（清）黄门等
收藏单位 故宫博物院

大阅时，阅武台上所设黄幄，其脊与檐为木质涂金，四壁与顶为黄布白里，内铺白毡，毡上覆高丽席，中设御座，坐具为貂皮或妆花缎，后置金丝缎屏风。

皇帝阅阵后，登临阅武台，坐此黄幄内的御座上，观察八旗军士进行演武的"行阵"。同时，请王分列赐坐黄幄中，诸大臣赐坐黄幄旁，幄前共同观礼。

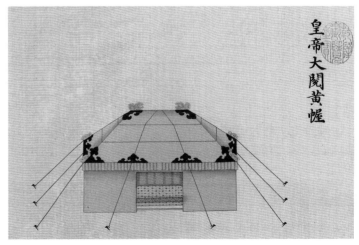

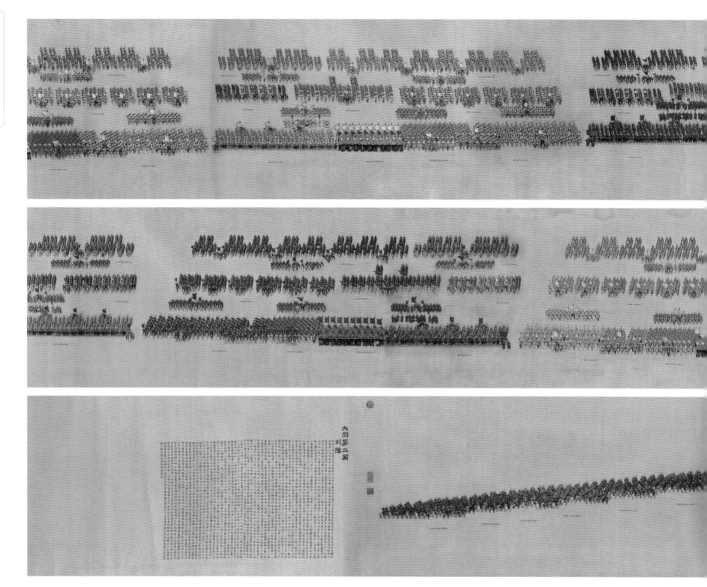

420

《大阅第二图·列阵》

年代　乾隆十一年（1746）
作者　（清）金昆等
收藏单位　故宫博物院

　　乾隆《大阅图》共四卷，分别为《幸营》（抵达兵营）、《列阵》（布列军阵）、《阅阵》（检阅兵阵）、《行阵》（兵士演武）。按制度规定，参加大阅的各等统帅官员49人，将校1490人，兵士20094人。

　　当八旗兵士"列阵"完毕，皇帝即擐甲骑马，御路在前锋、护军营诸队与火器营中间，从左翼入，右翼出，即"阅阵"结束，御临大阅黄幄。此时黄幄前蒙古画角、海螺依次鸣响，演武开始。举鹿角兵闻击鼓而进，鸣金而止；挥红旗则炮枪齐发，鸣金则止。如此九次。至第十次连环齐发，鸣金三

次，连环乃止。满洲炮至第七次停发，把炮驮载马上。入队随行。连环发毕，鸣金后，鹿角分为八门，首队前锋护军马甲排开驻立，次队亦随进，在炮枪之后驻立。首队排齐，候鸣海螺，皆声喊前进，两翼应援兵亦斜向前进。八旗火器营炮位、鸟枪护军马甲、首队前锋护军马甲，按数各赴本旗号纛相近处驻立。分为八行的鹿角，鸣海螺而回，在原排列处排立。首队兵回后鸣海螺，殿军亦结队回鹿角内，在原排列处排列毕。此即行阵之大概。

　　此图描绘八旗兵于南苑内依钦定指示，排列阵形，等待皇帝阅阵。

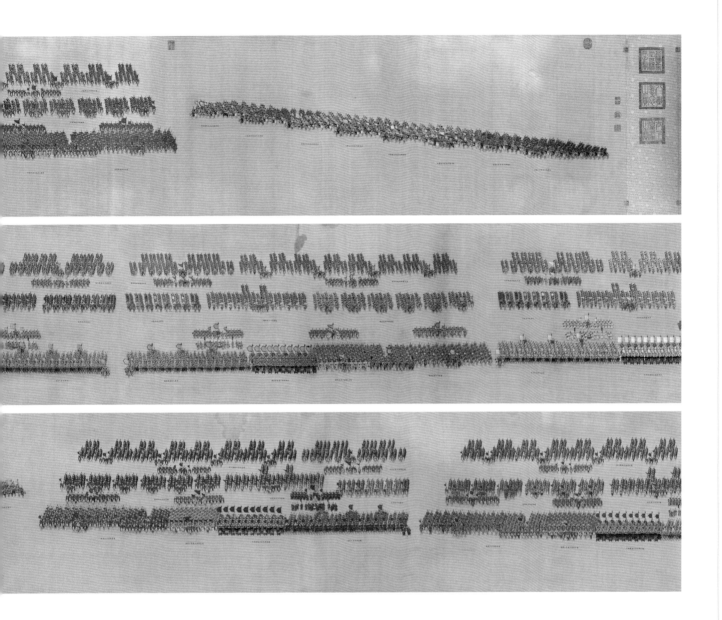

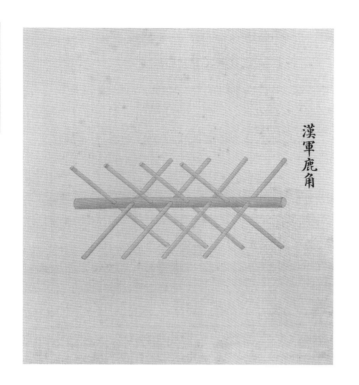

漢軍鹿角

421

《皇朝礼器图式·武备·汉军鹿角》

年代　乾隆二十四年（1759）
作者　（清）冷鉴、（清）黄门等
收藏单位　故宫博物院

　　乾隆二十四年编纂《皇朝礼器图式》时规定，汉军鹿角为由圆木制成，即由一根长八尺粗四寸的横木，上斜插八根长五尺五寸粗一寸五分的斜木，木上涂以黄漆。前一幅乾隆《大阅图》绘制于乾隆十一年（1746），故该图中的鹿角为红色。

　　皇帝大阅时，汉军旗以此样鹿角树为"门"。

422

《皇朝礼器图式·武备·鼓、金》

年代　乾隆二十四年（1759）
作者　（清）冷鉴、（清）黄门等
收藏单位　故宫博物院

　　古代作战，以鼓、金为号令。击鼓为进军，鸣金为收兵。大阅为作战之演习，故军之进退亦以鼓、金为令。

　　鼓为木框革面，面绘龙纹，框绿边，承以髹漆木架，以双槌敲击。

　　金以铜制成，面平，直径一尺五寸三分，深二寸，旁有二孔，用绳系于木柄上。手提木柄，以木槌敲击。

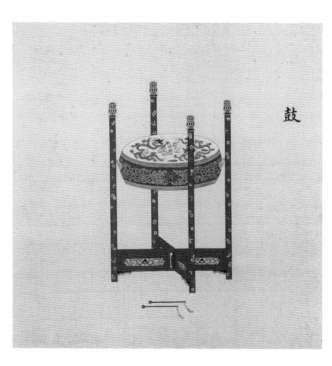

鼓

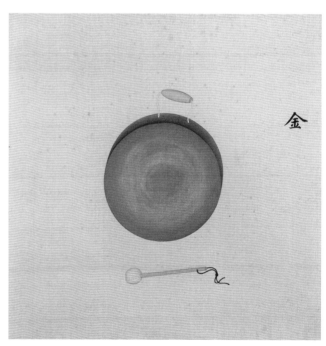

金

423

大阅海螺

年代　清

收藏单位　故宫博物院

　　清帝大阅，号令军阵进退，不仅沿袭中国历代军中所用的鼓、金，而且还有其特用的海螺。海螺作为预备或收尾的起止号角，海螺鸣后即击鼓进军，鸣金后再吹海螺，彻底收兵。如开始之时，吹海螺三次，官兵皆吹海螺三次，齐放大炮。

424

八旗兵大阅盔甲

年代　清乾隆

收藏单位　故宫博物院

　　此为八旗兵参加大阅时所穿盔甲。正黄、白、红、蓝四旗与镶黄、白、红、蓝四旗，即为八旗。镶旗所穿甲衣加红缘，唯镶红旗加白缘。

《阅武楼阅武图》（局部）

年代　清乾隆
作者　（清）弘旿
收藏单位　中国国家博物馆

　　例行的大阅礼每三年一举，此外亦有因部族归附或朝正而举行的大阅。

　　乾隆四十二年（1777）正月，时值朝正，乾隆帝御阅武楼阅兵，命诸王、满汉文武大臣、蒙古王公台吉，并年班回部库车三品阿奇木伯克、金川土司，以及哈萨克使臣等从观。

　　阅武楼位于京师西郊香山南路的山坡处，又称团城演武厅或西山团城。

三

命 将

426

《将军印谱》

年代　清乾隆
收藏单位　中国第一历史档案馆

　　乾隆十四年（1749），确定命将之仪有三项，即一授敕印，经略大将军出师，皇帝临轩颁给敕命与经略大将军印；二祓社，凡出师前期，告奉先殿、礼堂子，祭纛；三祖道，大将军启行，皇帝亲钱赐酒，遍宴出征将士以为壮行，命大臣送郊外，设帷帐并筵宴。如先出师疆场后命为大将军，则派正副使节赍敕命与印信飞驰军前授命。

　　命将出征时，从皇史宬请出大将军、将军印颁授，凯旋后则缴回再入藏此处。

　　经略大臣、大将军、将军银印，虎钮，二台，乾隆十四年后改印文为满汉文柳叶篆。"国家兴大兵役，特简经略大臣、参赞大臣，亲寄军要"，所以，《将军印谱》首列经略大臣之印。

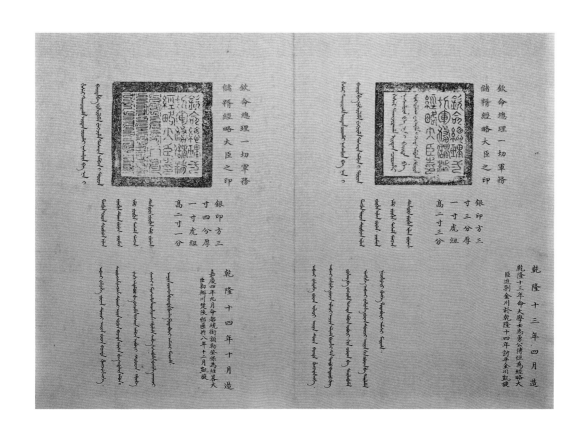

钦命总理一切军务
储糈经略大臣之印
银印方三
寸四分厚
一寸虎钮
高二寸一分
乾隆十四年十月造
嘉庆四年九月奉都统衔颁勒奈保为经畧大臣勒柳川楚陕邪匪历八年十二月凯旋

钦命总理一切军务
储精经略大臣之印
银印方三
寸三分厚
一寸虎钮
高二寸三分
乾隆十三年四月造
乾隆十三年命大学士忠勇公傅恒为经畧大臣进剿金川於乾隆十四年讨平金川凯旋

427

《皇朝礼器图式·武备·八旗纛》

年代 乾隆二十四年（1759）
作者 （清）冷鉴、（清）黄门等
收藏单位 故宫博物院

乾隆十四年（1749）确定的命将出征仪式第二项为祭纛。纛，即军队中的旗帜。行军中，军旗为先，旗在军在，故祭纛。

八旗各旗的标志——纛，四正旗之纛为方形，本色；四镶旗之纛在旗杆对侧加突出角，并且镶以红缘，但镶红旗则镶白缘。

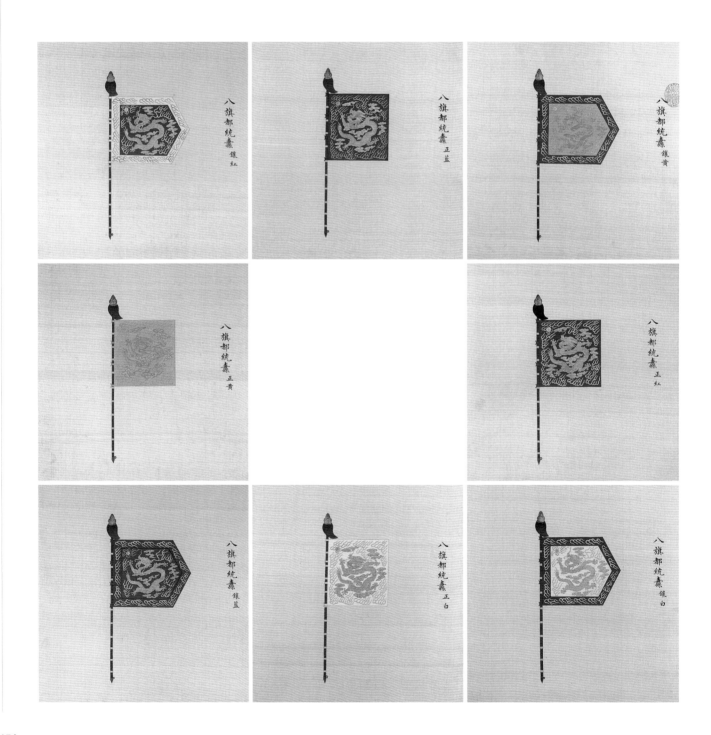

八旗都统纛 镶红

八旗都统纛 正蓝

八旗都统纛 镶黄

八旗都统纛 正黄

八旗都统纛 正红

八旗都统纛 镶蓝

八旗都统纛 正白

八旗都统纛 镶白

《定边将军兆惠像》

年代　清咸丰
作者　（清）沈贞
收藏单位　故宫博物院

　　兆惠（1709—1764），乌雅氏，字和甫，隶满洲正黄旗。乾隆二十一年（1756）任参赞大臣，旋授定边右副将军，平定阿睦尔撒纳之乱，次年授定边将军，再平大小和卓之乱。

　　兆惠以其作战英勇，被封为一等武毅谋勇公，画像悬挂于紫光阁，故此幅上有"绥疆懋绩"四字。

《平定伊犁回部战图·乌什酋长献城降》

年代　乾隆二十五年（1760）
作者　[意] 郎世宁、[法] 王致诚等
收藏单位　故宫博物院

　　两军相战、败绩一方为减少损失而于军阵纳降。

　　乾隆十四年（1749）确定军前受降之仪。先派兵飞驰入告朝廷，允准后方可。于是大书告捷文书宣示中外，在军阵大营之左筑坛，朝南，坛南百步外树表，建大旗，书"奉诏纳降"字。降者立其下，经略大将军戎服出，鼓吹齐奏、参赞大臣等骑从。将至坛，降者北面匍匐，经略大将军登坛正坐。参赞同向陪坐，诸将立于旁。降者膝行诣坛下，俯首乞命，经略大将军宣示皇上德意，量加赏赉。营门鼓吹再奏，降者顿首谢恩。

　　画面描绘乌什酋长先期携人众与牛羊纳款之状。受降仪式待报告朝廷允准后方可举行。

四

郊劳与凯旋

430

《郊劳位次》

来源 （清）托津等：《钦定大清会典》，嘉庆二十三年
　　　 （1818）刻本

　　大军征伐克敌告捷后，班师还朝。皇帝赴都
城郊外，迎劳凯旋将士，是为郊劳，借以庆贺、犒
赏与鼓舞征战将士。

　　其位次，朝南设黄幄，内置御座，两翼设青
幕（图上注为幄）各八、东西相向。台在幄南，其
上建凯旋纛，中设皇帝拜褥。东西下马红柱各一。设
铙歌乐于台左右，凯旋乐于御道左右。大将军与
从征各官员拜位在台西，迎劳的王公大臣拜位在
台东。

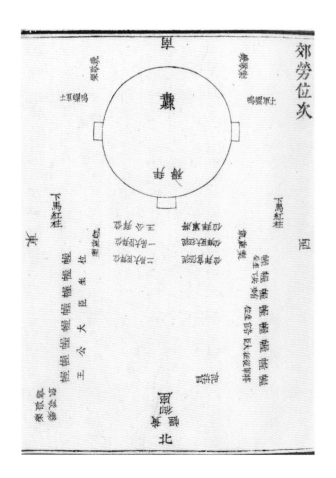

431

《平定伊犁回部战图·郊劳回部成功诸将士》

年代　乾隆二十五年（1760）
作者　〔意〕郎世宁、〔法〕王致诚等
收藏单位　故宫博物院

　　清代最典型的郊劳礼是迎接平西成功归来的
定边将军兆惠、平金川归来的定西将军阿桂，乾
隆帝均驻跸京师南郊黄新庄行宫（今北京房山良
乡），筑台郊劳，百官咸会。

　　皇帝自行宫御临郊劳台，军士鸣螺，奏《铙
歌乐》。将军暨从征大臣、将士皆擐甲胄，跪红柱
外俟等。皇帝就拜位立，将军暨群臣班分东西，鸿
胪官赞"跪"，则皆跪。赞"叩，兴"。皇帝拜天、三
跪九叩，将军等随行礼。礼毕，皇帝御幄升座，经
略大将军等从征各官与投诚人等赐座西侧青幄，王
公百官赐座于东侧青幄。礼成，皇帝出幄乘骑，凯
歌乐奏《邕皇威之章》，御驾还行宫。

　　此图为郊劳定边将军兆惠等从征将士。

432

《十全敷藻图·将士凯旋郊劳》

年代　乾嘉时期
作者　（清）汪承霈
收藏单位　中国国家博物馆

　　图中描绘在郊劳台迎接平金川归来的定西将
军阿桂凯旋的情形。

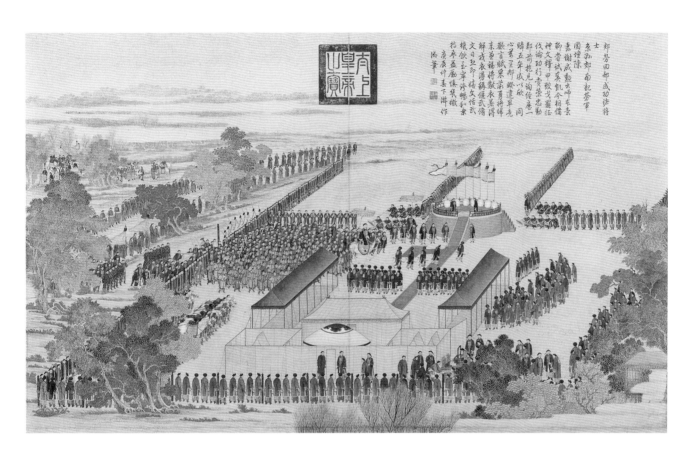

郊劳圆郏成功诸将
东孙郊南祝劳军
圆壇疎慰勤太师秉
师昔试
神文挥甲毂戈罗徂
伐论功行貴宗忠勤
郊苟抱见诹隆庭一
暗五年成以欣同
心苐呈郡晓達早志
歡言賦果滿夏将埠
来鱼福将籍偃承革
解戎衣溥籍偃武備
文日起印婊文作式
棋饮玉章涿蝶和束
拈卓盍廬慎集微
南辰作某下游作
御筆

433

《平定金川战图·将士凯旋赐宴》

年代　乾隆四十二年（1777）
作者　（清）徐扬
收藏单位　故宫博物院

　　举凡大师凯旋后，将帅陛见皇帝均获赐宴。乾隆朝，首定大金川，赐宴西苑瀛台；定回部，赐宴西苑丰泽园；及再平大小两金川，赐宴西苑紫光阁；平台湾，赐宴承德避暑山庄清音阁。

　　此图选自《平定金川战图》册，描绘乾隆四十二年夏在西苑紫光阁，赐宴第二次平定大小金川凯旋的阿桂等将士。

《平定回疆剿擒逆裔战图·将士凯旋赐宴》

年代　道光八年（1828）
作者　佚名
收藏单位　故宫博物院

　　此图描绘道光八年皇帝在圆明园正大光明殿，平定张格尔叛乱成功凯旋的大将军奉觞为皇帝上寿，皇帝亲自赐酒，并命侍卫颁斟从征大臣酒，宴后赐予缎匹等情形。

五

献 俘

435

《午门受俘位次》

来源　（清）托津等：《钦定大清会典》，嘉庆二十三年
　　　（1818）刻本

　　尽管清初征战不断，但并无献俘受俘之礼，有
其礼则始于雍正二年（1724）的讨平青海之役。当
其俘虏被押解至京师，始定其礼为诹吉先献俘太
庙、社稷坛。俘虏以白丝带系于脖颈，北向匍匐
于太庙街门与社稷街门外，承祭官入庙、坛致祭。次
日，皇帝御午门城楼受俘。此后形成定制。

　　午门城楼正中设御座，檐下张黄盖，卤簿等
陈设于阙门南北直达外金水桥南。前引、后扈大
臣，豹尾班侍卫立于皇帝御座左右，内大臣率侍
卫立于午门两翼。楼下为行礼各官。

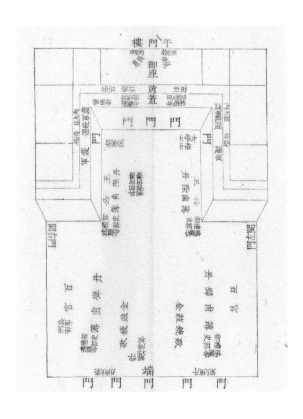

《平定回疆剿擒逆裔战图·受俘礼》

年代　道光八年（1828）

作者　佚名

收藏单位　故宫博物院

皇帝乘舆出宫行至太和门，大乐铙吹，金鼓振作。登楼升座，赞"进俘"，丹陛大乐作，奏《庆平之章》。鸿胪寺官引将校入，北面立，赞"行礼"，俘入匍匐。兵部官跪奏："平定某地所获俘囚，谨献阙下，请旨。"制曰："所献俘交刑部。"刑部官领旨，枷械将俘虏引出。丹陛大乐再作，王公百官行礼如常仪。若恩赦不诛，则宣旨释缚，俘虏叩首，将校引出。同日赐征战的将校宴于兵部，次日再赐冠履银币有差。

此图描绘道光八年五月十二日皇帝在午门受俘礼情形：道光帝端坐在城楼上，城楼下御路正中一人为兵部尚书，正在跪奏，画面左侧被押解者着褐色衣、颈系白丝带者为逆首张格尔。

宾礼篇

　　宾即宾客，宾礼即待宾客之礼。《周礼·春官·大宗伯》称"以宾礼亲邦国"。在周代的分封体制下，宾礼主要是天子与诸侯之间、诸侯与诸侯等有封爵等级之人间的国礼。周代以降，各朝体制不同，宾礼的表现形式亦不同。

　　清代的宾礼主要包括中央王朝对藩国的敕封与藩国对中央王朝的朝贡，以及近代国门洞开以后出现的外国公使觐见礼。此外，还有王公、官员、士庶相见之礼，这些礼节与皇帝无涉，故不在本卷收录范围。

　　与清朝保持藩国关系的国家主要有朝鲜、琉球、安南（越南）、暹罗（泰国）及缅甸等。这些藩国关系大多是元明以来的历史继承。其主要形式是册封、朝贡。册封即遇藩国新的国君即位，清廷派册封使持敕书、印信前往册封，承认其合法的政治地位，这是一种特殊国家关系。

　　藩国的朝贡根据与清朝中央王朝依附关系的亲疏，入贡间隔长短不等，朝鲜一年一贡，琉球二年一贡，暹罗三年一贡，安南六年一贡，缅甸十年一贡。藩国按固定年份所进为正贡，此外另有年节庆贺贡、谢恩贡、陈奏贡等加贡。凡贡物，各进其土实，朝鲜、安南、琉球、缅甸皆有常物，唯其所献。

　　诸藩国以时修贡，遣使来朝，延纳宴赐，由礼部主持。使节进入清朝国境，其边境地方官发给邮符，遴选文武官员数人伴送，并提供馆舍饮食，遣兵护送至京。既至京师，延入专设的各国宾馆，核稽规定的来人数目提供饮食。次日，使节携带表文、方物至礼部行礼。之后礼部官送表文归入内阁，贡物交内务府。礼部疏请颁赐国王并宴赐贡使。贡使接受赐物后，礼部代行赐宴。贡使即将归国，光禄寺再备牲酒果蔬，礼部侍郎前往宾馆筵宴送行，所过地方与伴送供给同来路情形。如贡使来朝时值大朝常朝之期，贡使等列于行礼官员的西班之末随同行礼。

清王朝对待藩国的朝贡，一向奉行"薄来厚往"的国策，藩国从中获得更大的经济利益。如道光朝试图将琉球间岁一贡改四年为期，其国王咨呈福建巡抚上达清廷，仍坚请两年一贡，否则该国将丰歉不齐，药品短缺，航路益疏。由此可见，藩国需依赖朝贡促进本国经济的发展。

与西洋诸国的关系，按《清史稿》所言："始亦属于藩部，逮咸同以降，欧风亚雨，咄咄逼人，觐聘往来，缔结齐等，而于礼则又为敌。夫诗歌'有客'，传载'交邻'，无论属国、与国，要之，来者皆宾也。我为主人，凡所以将事，皆宾礼也。"其"始亦属于藩部"并未符合历史，西洋诸国皆为独立国家，与清廷未有藩属关系。但来者皆宾，我为主人，其关系是正常的外交和贸易往来。

咸同以来，西方列强纷纷在华设立使馆，派遣使节常驻。外国公使觐见清帝并递交国书成为新的外交之礼。同治朝开始，各国使臣呈递国书，援西例臣见君三鞠躬改为五鞠躬。这种新型的国家关系，已完全不同于传统意义上的宾礼。

封建体制下的传统宾礼

《皇朝职贡图·朝鲜国官民》

年代　乾隆二十四年（1759）
作者　（清）丁观鹏等
收藏单位　故宫博物院

朝鲜位于朝鲜半岛。1392年李成桂称王，始改国号为朝鲜，由此开启了李氏王朝统治朝鲜的历史，奉明朝为正朔，用明朝冠服礼制。

无论明抑或清朝，尽管朝鲜奉其为上国，但朝鲜之内政外交听其自主。此亦为明清时代处理藩国关系的原则。

图中所绘朝鲜官员，服饰仍用明代的冠服式样，夫人则着裙襦加锦绣金银为饰；庶民男人多着白衣白裤，戴毡帽，妇女辫发盘顶，着青蓝色衣，外系长裙。

凤凰城墙与城门旧影

年代　1906 年
作者　［日］山本诚阳

崇德二年（1637），清与朝鲜签订"君臣之盟"规定：去明朝年号而奉大清国为正朔，上缴明朝所赐诰命册印，并质二子；按奉明旧例，万寿节及中宫、皇子千秋，冬至、元旦等节庆俱行贡献礼；有征伐调兵扈从，并献犒师礼物；毋擅筑城垣；毋擅收逃人；例贡则每年一次，进其方物黄金百两、白金千两、水牛角二百对、貂皮百张、鹿皮百张、茶千包、水獭皮四百张、青鼠皮三百张、胡椒十斗、腰刀二十六口、顺刀二十口、苏木二百斤、大纸千卷、小纸千五百卷、五爪龙席四领、花席四十领、白苎布二百匹、绵绸二千匹、细麻布四百匹、细布万匹、布四千匹、米万包。康熙朝以后，因其奉事诚谨，多次减免所进方物之数。

凤凰城（今辽宁凤城）为朝鲜贡使团所经贡道。凤凰城南十公里之边门，成为朝鲜贡使团进入中国的第一道关卡。

《奉使图》第十四

年代　雍正三年（1725）
作者　（清）阿克敦
收藏单位　中央民族大学

　　清与朝鲜的主属关系确立后，朝鲜国王的王位继承，须由宗主国清朝皇帝确认并遣使册封。

　　雍正二年（1724），朝鲜国王李昀死，因其无子，以其弟李昑继位。清廷派遣散秩大臣觉罗舒鲁、翰林院学士阿克敦前往谕祭李昀，并册封李昑。事后，阿克敦绘有《奉使图》册，描绘了此次使团出使朝鲜，册封朝鲜新国王李昑的全过程，以及使行途中的所见所闻，涉及礼仪、民俗、艺术、服饰、建筑、山川等多方面内容。

　　册封使莅临朝鲜国都后，先住距离王城十里的弘济院。次日在慕华馆，朝鲜君臣举行迎敕礼后，册封使始入城。

　　此图描绘的正是册封使一行进入王城的情形。

《奉使图》第十六

年代　雍正三年（1725）
作者　（清）阿克敦
收藏单位　中央民族大学

　　图中朝鲜君臣把清朝册封使迎进殿中、各自就位，即将被册封的朝鲜国王频频向来使问候清朝皇帝。

441

《阿克敦过庭图》

年代 康熙五十七年（1718）

作者 （清）莽鹄立

收藏单位 故宫博物院

　　阿克敦（1685—1756），字冲和、章佳氏，隶满洲正蓝旗。康熙四十八年（1709）进士，康熙五十二年（1713），充河南乡试考官。康熙五十三年（1714），以其学问优，典试有声名，特擢侍讲学士，康熙五十五年（1716），转侍读学士。曾四次出使朝鲜：康熙五十六年（1717），因朝鲜国王李昀有眼疾，遣使索求空青（矿物药材），阿克敦首次奉命前往赍赐；次年，因皇太后死事出使讣告；康熙六十一年（1722），李昀请立其弟李昑为世弟，阿克敦偕侍卫佛伦前往册封；雍正二年（1724），再充册封李昑为朝鲜国王之副使。

《朝鲜国王李昑朝服像》

年代　18 世纪
作者　佚名
收藏单位　韩国国立中央博物馆

朝鲜国王英祖李昑，1724 年至 1776 年在位。雍正二年（1724），接受清廷册封。

朝鲜李朝奉清朝正朔，即以清朝年号纪年，但服饰制度不改，仍依前制，类于明朝汉服。

朝鲜国王李昑谢恩表文

年代　雍正三年（1725）至乾隆初期
收藏单位　天津图书馆

朝鲜是与清朝政治隶属关系最强的朝贡国，一年一贡方物。

朝贡表文中常见的有进贡表文和谢恩表文两种，其表文均加盖清帝钦赐的朝鲜国王之印，并且使用清朝年号。

此为朝鲜国王李昑于在雍正三年（1725）至乾隆初期遣使恭呈清帝的谢恩表文汇编，其上所钤"朝鲜国王之印"，汉文篆体、满文本字。

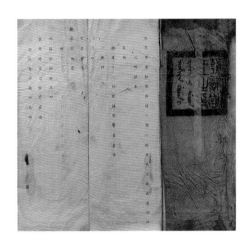

444

"朝鲜国王之印"印文

来源　旅顺博物馆藏《朝鲜国王李玜贡方物表》，嘉庆
　　　十三年（1808）

　　凡册封藩国国王，必敕给印信。敕封朝鲜国王之印，金质，龟钮，印文为芝英篆体，与和硕亲王印制相同，显示其在藩国中受尊崇的地位。

　　顺治十年（1653）之前，其印文承袭明朝之制，仅有汉文。顺治十年，印文改为满汉文字合璧，汉文为玉箸篆体，满文本字。乾隆十三年（1748）后，与清朝的官印制度改革同步，改为满汉文均芝英篆体。

　　朝鲜国王各种奏书，均钤印"朝鲜国王之印"。

445

朝鲜国王进贡表文

年代　光绪六年（1801）
收藏单位　中国第一历史档案馆

　　图为光绪年间朝鲜国王进呈的进贡表文，上亦钤篆体满汉文"朝鲜国王之印"。

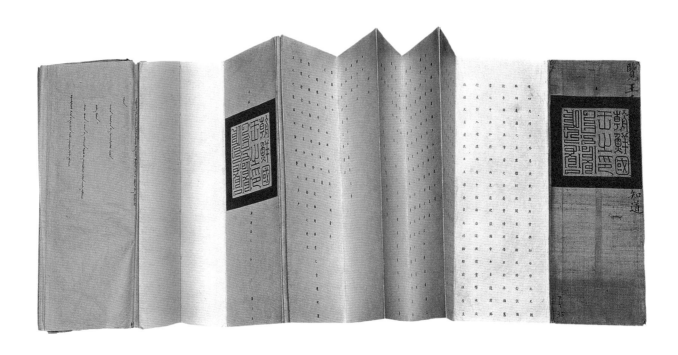

木柄黑漆鞘高丽刀

年代　17—19 世纪
收藏单位　故宫博物院

　　根据崇德二年（1637）清朝与朝鲜签订的"君臣之盟"，每年朝鲜例行向清朝进贡的"岁贡"贡品中有腰刀二十六口、顺刀二十口。"岁贡"亦被称为正贡，此外，还有各种节庆之贡，贡品较之正贡，不受品类限制。
　　此当为贡刀之一种。

白色洒金高丽纸

年代　18 世纪
收藏单位　故宫博物院

　　根据崇德二年（1637）清朝与朝鲜签订"君臣之盟"，岁贡中有大纸千卷、小纸千五百卷。
　　此当为贡纸之一种。

448

《朝鲜国王李熙朝服像》

年代　20世纪
作者　佚名
收藏单位　韩国国立中央博物馆

　　在清朝所有的朝贡国中，朝鲜与之朝贡关系最为稳定和密切，维持时间最久。朝鲜国王李熙在位期间（1864—1907），光绪二十一年（1895），中日签订《马关条约》，其第一款即中国承认朝鲜为完全独立自主之国。

　　朝鲜作为清朝属国，自崇德二年（1637）至光绪二十一年，共计258年。

琉球全图

年代　清
作者　佚名
收藏单位　故宫博物院

琉球初称流虬，《隋书》写为流求，明朝洪武后写为琉球。琉球国是位于福建福州正东 1700 里的东海之中群岛，共有 36 岛。其地形，东西狭，宽处仅数十里；南北长，440 里。

琉球国于元代延佑年间曾分为三国：山南、中山、山北。明朝洪武初年三王并封。至永乐朝，中山王尚巴志统一三国，因此琉球国亦统称"中山国"。其国姓"尚"为明帝赐姓，琉球国忠顺地奉贡中土明朝，这种关系延续至清朝。

《皇朝职贡图·琉球国官民》

年代　乾隆二十四年（1759）
作者　（清）丁观鹏等
收藏单位　故宫博物院

　　琉球国官员品级也与中国古代官制一样实行九品十八级，以金银簪为差等来区别等级，用黄绫绢折圈为冠、宽衣大袖，系大带；官妇则髻插金银，不施粉黛，着锦绣，衣长覆足。民人男子勤耕作，营海为生、布衣草鞋并常携带雨盖（伞之类）；女人擅长纺绩并负物入市交易，结髻短衣长裙，且以幅巾披肩于背，见人则以之遮蔽面部。

《琉球册封使汪楫画像》

年代　清后期
作者　（清）叶衍兰
收藏单位　中国国家博物馆

　　明末琉球国王尚贤遣使请求明廷册封，正遇清军南下受阻。顺治三年（1646），清廷荡平福建，琉球随即向清朝输诚。顺治六年（1649），琉球奉表纳款，愿永藩东土。当缴销前明敕封印信后，顺治十一年（1654），始受封于清，朝贡维谨，直至光绪五年（1879），为日本吞并，设为冲绳县。

　　康熙二十一年（1682），清廷命翰林院检讨汪楫、内阁中书舍人林麟焻为正副使，赍诏敕镀金银印往封琉球国世子尚贞为王，并赐御书"中山世土"额，悬于其王宫前殿楼上。

452

《册封琉球全图·天使馆至中山国王宫》

年代　康熙五十七年（1718）
作者　（清）海宝、（清）徐葆光
收藏单位　故宫博物院

天使馆是册封使下榻的馆舍，位于画面中部的小岛上。天使即天朝册封使之简称，天朝乃中国封建王朝对外自我尊大的称呼。

中山国王宫即琉球国王宫，称首里城，位于画面的左上方。

天使馆至王宫十里，出东辕门经文庙，过泉崎桥、安礼桥、先王庙、八幡桥、差回桥，至"中山"牌坊，进"守礼之邦"牌坊，即达王宫。

康熙五十七年，以翰林院检讨海宝、编修徐葆光为正副使前往琉球册封尚敬为国王。此图系这一册封使团根据其莅临琉球之亲历绘制而成。

453

《琉球国志略·天使馆图》

年代　清乾隆
作者　（清）周煌
收藏单位　故宫博物院

　　天使馆面南而建，形制如同中国衙署。四周竖以栅栏，栅内设东西门，其侧有房各四间，竖竿上施"册封"黄旗二，另有八角鼓棚两座在左右。大门内，东西有役房各六间。仪门上有"天泽门"三字匾。主体建筑为工字形殿宇，后殿三间，左右分别为册封正副使寝房。两侧亦有庑房各九间，为随行人员所用。

　　周煌于乾隆二十年（1755）为册封副使，与翰林院侍讲册封正使全魁受命前往琉球，册封国王尚穆。出使期间，他留意当地掌故，笔记图画，回国后著成《琉球国志略》一书，十六卷。此书比较全面地记录了琉球国的历史、地理、风俗等。其中有十一幅图绘，以图像的形式记录了琉球国的山川地貌、建筑、册封仪式以及国王肖像等。

454

《册封使行列图》（局部）

年代　清
作者　佚名
收藏单位　日本冲绳县立博物馆·美术馆

　　此图描绘册封使一行数百人，由天使馆出发前往首里城琉球王宫，配有庞大的仪仗队伍。

455

《册封琉球全图·封舟》

年代　康熙五十七年（1718）
作者　（清）海宝、（清）徐葆光
收藏单位　故宫博物院

　　册封使所乘封舟，明代至清初为专造，劳民伤财。自康熙二十一年（1682）使团正副使汪楫、林麟焻革除前弊，在闽地征大船以用。封使一行人共征用大船两艘，一号船，使臣居之；二号船，载兵役。

　　封舟均由福州港出五虎门入海，按照季风的风向顺风扬帆，一般在夏至日，乘西南风始行，以琉球偏南的鸡笼、彭家等山为航向，先向南行，然后渐折而正东抵达琉球。

456

《册封琉球全图·封舟到港》

年代　康熙五十七年（1718）
作者　（清）海宝、（清）徐葆光
收藏单位　故宫博物院

　　封舟到琉球那霸港登岸，登岸处为明代嘉靖之前所筑迎恩亭。届日，琉球国王派小船上百只前来迎接。

　　画面所见，海中两艘大船即封舟，海岸凸前位置的建筑即为迎恩亭，岸上众人则为迎接册封使节的仪仗队伍。画面上方两组建筑即为天使馆，规模小者为旧天使馆，大者为清代所建天使馆。

《册封琉球全图·谕祭先王》

年代　康熙五十七年（1718）

作者　（清）海宝、（清）徐葆光

收藏单位　故宫博物院

　　册封使莅临琉球国之后，首先要对前任已故国王举行祭祀。因为是由清朝皇帝谕旨祭祀，故称谕祭。

　　谕祭在琉球先王庙内举行。琉球国参加祭祀的众官员擎举仪仗先到天使馆，当琉球捧诏官将谕祭文安奉在龙亭内即行三跪九叩礼，然后从天使馆抬往先王庙。世子素衣黑带跪迎天使于安礼桥，然后导入先王庙。世子率众官到露台上行三跪九叩礼后，世子跪于先王牌位前，宣诏官宣读祭文，世子再率众官到露台上行三跪九叩谢恩礼。然后引世子至焚帛所，将誊写的祭文与祭帛焚化。祭文正本则供奉在先王庙中，作为永世光宠的见证。

　　画面左上角为宣诏官在宣读祭文，对面所跪众人前面的两人，右侧着黑衣者即为世子尚敬（即将即位的国王，先王在世时，他被封为世子）。

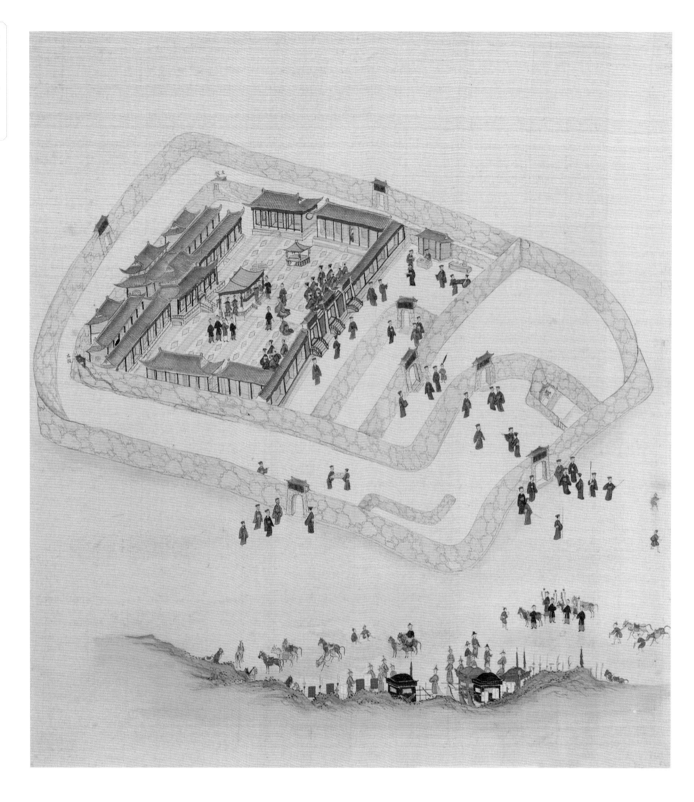

458

《册封琉球全图·册封琉球仪式》

年代　康熙五十七年（1718）
作者　（清）海宝、（清）徐葆光
收藏单位　故宫博物院

　　册封仪式在王宫内举行。届日，天使馆与王宫均结彩装饰。琉球百官先集天使馆迎接天使与诏敕，并将诏敕奉于龙亭，把赐国王王妃缎匹置于彩亭内，奏乐，百官即行三跪九叩礼，之后将册封使迎至守礼之邦牌坊，世子跪迎于此并率百官行接诏礼；礼毕，世子将诏书与天使引至王宫大殿前，殿前预置的阙廷内放香案，世子向香案上香三次后，率百官到露台

拜位上行拜诏书礼；宣诏官登宣诏台宣诏，世子则即位称国王，然后率百官行谢封礼；国王再跪于受赐位，接受天使转交的清朝皇帝赐物，又行谢赐礼；国王再至龙亭前问"圣躬万福"，天使答曰"圣躬万福"，再行问安礼；最后天使将诏敕亲授国王，国王行谢恩礼，各次行礼均为三跪九叩。

459

《中山传信录·琉球国王印》

年代　清康熙
作者　（清）徐葆光
收藏单位　故宫博物院

　　顺治十年（1653），中山王尚质遣使来缴销前明故印，请封重给。至康熙元年（1662），清廷遣使册封该王，赐以驼钮镀金银印，满、汉文尚方大篆（即九叠篆）。印文为"琉球国王之印"，不称"中山"。

460

"海表恭藩"印

年代　18世纪末
收藏单位　日本冲绳县立博物馆·美术馆

　　自康熙帝向琉球国王御赐匾额"中山世土"后，雍正帝亦赐额"辑瑞球阳"、乾隆帝赐额"永祚瀛壖"。嘉庆四年（1799），命翰林院修撰赵文楷、编修李鼎元充正副使，往封琉球国世孙尚温为王时，再赐御书"海表恭藩"额。
　　琉球国王亦以嘉庆帝所赐额之词制成汉文"海表恭藩"印。

461

琉球王宫照片

来源　Charles S. Leavenworth：*The Loochoo Islands*，"North–China Herald" Office (Shanghai)，1905

　　琉球王宫建于首里城，其形制仿自中国皇宫建筑，毁于第二次世界大战。
　　照片为今人留下了真实的琉球王宫建筑的历史记忆。

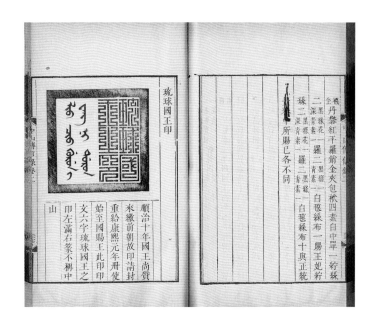

462

《册封琉球全图·琉球国王天使馆谢封》

年代　康熙五十七年（1718）

作者　（清）海宝、（清）徐葆光

收藏单位　故宫博物院

册封礼后，琉球国王择吉日祭告其先王庙，接受国中各岛臣民的祝贺仪式，亲自前往天使馆谢封。

此图描绘仪仗队簇拥着乘坐十六人肩舆的中山王尚敬，前往天使馆，经行的路上置有花供。此时国王队伍行进至天使馆东天妃宫沼池旁，左上角处为那霸村民所设的景棚，内有松鹤老人做嵩呼祝寿状的花供。左下角围栅内即为天使馆。

《奉使琉球图·奉使琉球事竣登舟》

年代　清嘉庆
作者　（清）朱鹤年
收藏单位　日本冲绳县立博物馆·美术馆

　　画面描绘册封使在琉球国仪仗护送下，自迎恩亭前入海返航归国。其返程路线是出姑米山，取温州南杞山为航向，一般在冬至乘东北风，绕北而行再渐折正西。

《奉使琉球图·奉使琉球事竣舟抵福州》

年代　清嘉庆
作者　（清）朱鹤年
收藏单位　日本冲绳县立博物馆·美术馆

　　册封使乘封舟，避风息浪，候过雾散，航行至福州港登岸，完成使命。

465

《册封琉球全图·进京谢封》

年代　康熙五十七年（1718）
作者　（清）海宝、（清）徐葆光
收藏单位　故宫博物院

当册封使完成使命即将回国之时，琉球国王前往天使馆致谢，表达永作屏藩，永保不替之意。同时派出陪臣数十人乘坐常年进贡大船，与册封使同发进京谢恩。

画面上方两船为清朝的封舟，下方一大船即为琉球即将随行的谢恩船。

466

《琉球国志略·琉球国王尚穆》

年代　清乾隆
作者　（清）周煌
收藏单位　故宫博物院

　　图示中山王（琉球王）尚穆，乾隆四年（1739）
生，乾隆十七年（1752）立为国王，年十四岁，1752
至 1794 年在位。

467

琉球国王尚穆为遣陪臣马继谟等进贡表文

年代　乾隆五十五年（1790）
收藏单位　日本冲绳县立公文书馆

　　每当遣使进贡，琉球国王必向清廷上书表文。

468

琉球国进贡清单

年代　乾隆五十八年（1793）
收藏单位　中国第一历史档案馆

　　琉球例贡有金银罐、金银粉匣、金缸酒
海、泥金彩画围屏、泥金扇、泥银扇、画扇、蕉
布、苎布、红花、胡椒、苏木、腰刀、火刀、枪、盔
甲、马、鞍、丝、绵、螺盘，加贡之物无定额。康
熙十九年（1680）以后，常贡惟马及熟硫磺、海

螺壳、红铜等物。

　　此为乾隆五十八年总管内务府奏报查收琉
球国贡物缮单呈览事片所附的贡品清单。其中
列有金属铜、锡、器皿、布帛、陈设家具、纸
张、扇子等。

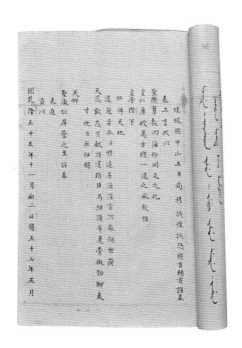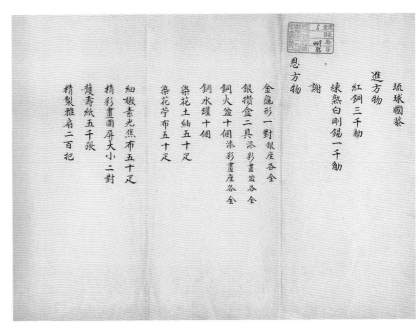

469

琉球国王尚穆进贡腰刀

年代　乾隆二十二年（1757）
收藏单位　故宫博物院

　　图示为琉球国王进贡的腰刀，皮签满、蒙、藏、汉文书"乾隆二十二年琉球国恭进黑漆鞘刀一具"。此时间正是其国王尚穆在位时期。

470

琉球国进贡金漆嵌螺钿云龙纹

长方盒

年代　18世纪
收藏单位　故宫博物院

琉球国进贡漆嵌螺钿攒盒

年代　18 世纪
收藏单位　故宫博物院

　　左图为黑漆嵌螺钿二龙戏珠纹攒盒，右图为
描彩漆山水图攒盒。

琉球国进贡碗、杯

年代　18 世纪
收藏单位　故宫博物院

　　左图为黑漆嵌螺钿云龙纹盖碗，右图为金漆
嵌螺钿山水图方形委角杯。

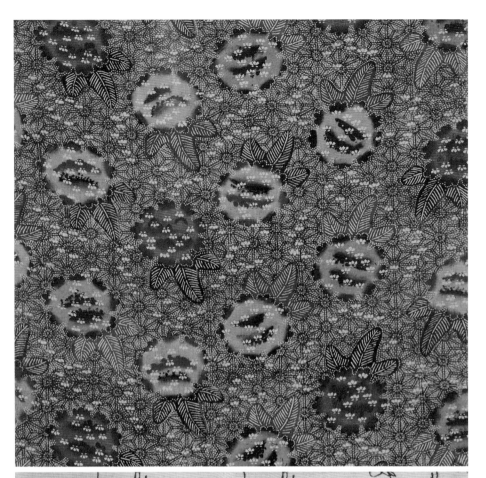

琉球国进贡花布

年代　18 世纪
收藏单位　故宫博物院

　　此种花布、琉球称为"红型"、属于"型染"制作工艺的布匹。

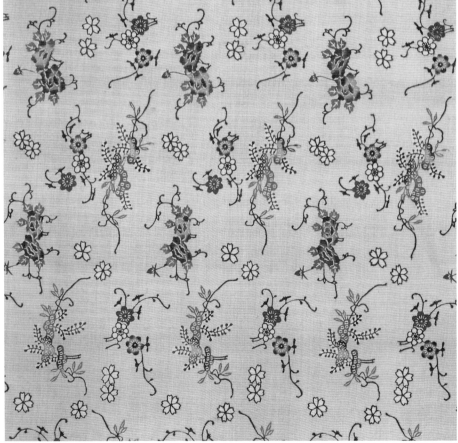

《琉球进贡船图》

年代　清

作者　佚名

收藏单位　日本冲绳县立博物馆·美术馆

　　本图描绘了进贡船返回那霸港的情景，船上载满了清朝皇帝赐予的物品和在中国购买的商品。图的中部是刚刚落下船帆的进贡船，"捧（奉）旨归国"的旗子还在随风飘动。图的近部描绘了三重城和为了庆祝进贡船归航举办的划龙船比赛的盛况、以及前来迎接的百姓。

475

进贡使臣墓碑

年代　乾隆二十四年（1759）
收藏单位　福建博物院

　　清朝规定琉球的进贡船从闽安镇登岸。乾隆二十四年（己卯），随同进贡船登岸的使臣那霸府亲云上（中级士族的位阶称号）直库岛袋因故于此过世，长眠在中国大地上。
　　此为琉球使臣直库岛袋的墓碑。

476

《皇朝职贡图·安南国官民》

年代　乾隆二十四年（1759）
作者　（清）丁观鹏等
收藏单位　故宫博物院

　　安南即今越南，古代称交趾，位于广西、云南交界处以南，唐以前隶属中国，此后当地土著自立，丁氏、黎氏、李氏、陈氏、莫氏先后统治。顺治初年，原明朝在该地任命的安南都统使莫敬耀来归附。而顺治十七年（1660），黎维祺始自称国王，进表贡方物，清廷回赐文绮、白金。康熙五年（1666），继立的黎维禧缴送故明永历朝的敕书、印信，清廷遣内国史院翰林学士程方朝、礼部郎中张易贲册封其为安南国王、赐镀金驼钮银印，定为六年一贡。
　　此图描绘当地官员冠带朝服多仍唐朝之制，官妇披发不笄，耳带金环以大小分等级，内服绣襦，外披氅衣。平民男子戴大白草帽，长领大衣，手持蕉扇，贫者则短衣赤足，勤于耕作；妇女以帕蒙首，长衣长裙，善纺绩烹饪。

《平定安南战图·阮光显入觐赐宴图》

年代　清乾隆
作者　佚名
收藏单位　故宫博物院

乾隆五十一年（1786），安南辅臣阮氏兵变，国王黎维祁弃都逃亡。清廷命两广总督孙士毅统兵征阮扶黎。但黎氏势弱再度逃亡，当地土酋阮惠反攻击败清军。而阮惠既惧王师再讨，又虑与其构兵的暹罗扰后，遂更名阮光平，叩关谢罪请降，并遣其侄阮光显进表入贡，恳求封号。乾隆五十四年（1789）乾隆帝以黎维祁两次逃亡，是"天厌黎氏，不能自存"，遂立阮光平为国王，赐"安南国王之印"，承认阮氏王朝，稳定了安南政局。乾隆五十七年

（1792）议准，安南贡期为二年一贡、四年遣使来朝一次。

各国贡使朝见清朝皇帝时，必须遵循严格的觐见礼：先赴礼部进呈朝贡表文，觐见皇帝时行三跪九叩礼。

此图描绘乾隆五十四年七月阮光显入觐，乾隆帝在承德避暑山庄清音阁大戏楼接见阮光显等人的场景。图中跪跽行礼者即为阮光显与其副使阮有晭、武辉瑨、以及随行人等。

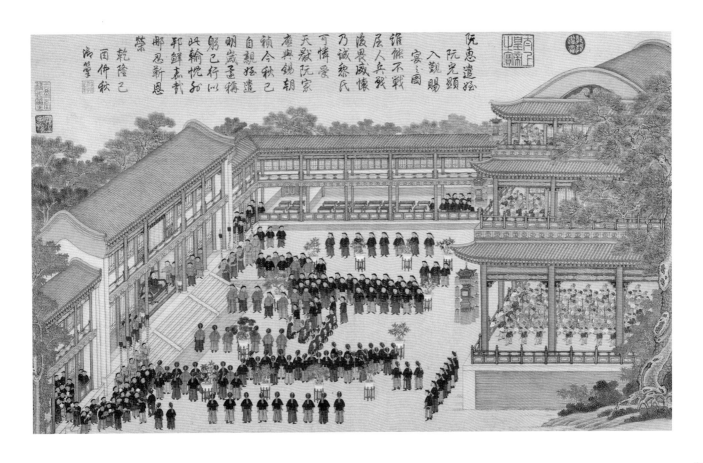

478

《十全敷藻图·"安南国王"至避暑山庄》

年代　乾嘉时期
作者　（清）汪承霈
收藏单位　中国国家博物馆

　　乾隆五十五年（1790），乾隆帝八旬大寿，令安南国王阮光平亲赴避暑山庄为皇帝祝寿，以示其归诚真心。

　　图中皇帝御幄前居中跪立行礼者本应为阮光平及其随行等人。但阮光平十分谲诈，并未亲赴中国，而是以其子为替身在乾隆帝前行礼。

《万寿图·阮光显等敬献宝物图》

年代　乾隆五十五年（1790）
作者　佚名
收藏单位　故宫博物院

　　乾隆帝八旬大寿之时，从驻跸的避暑山庄回銮到圆明园，再从圆明园回至皇宫举行典礼，接受臣僚祝贺。

　　从圆明园回宫沿途，尽是各地官员搭建的"点景"以及呈进的贡品。而安南使节阮光显一行贡使则迎着皇帝的万寿金辇，向其跪献生日贡品珊瑚等。

　　光绪九年（1883），法国侵略安南并进而侵略中国，引起中法战争。光绪十一年（1885）中国战败，签订《中法新约》，其中有清廷承认法国对越南的保护权条款。

480

《皇朝职贡图·暹罗国官民》

年代　乾隆二十四年（1759）
作者　（清）丁观鹏等
收藏单位　故宫博物院

　　暹罗即今泰国，在云南之南、缅甸之东、越南之西，南濒海湾。

　　顺治九年（1652）暹罗开始遣使入贡。康熙三年（1664）遣陪臣进金叶表文。清廷确定其三年一贡，另有加贡，贡道由广东进入。所贡方物为龙涎香、西洋闪金缎、象牙、胡椒、左月、藤黄、豆蔻、沉香、乌木、大枫子、金银香、苏木、孔雀、六足龟等，后增驯象、金丝猴等动物。贡船以三艘为限，每艘不许逾百人，进京员役二十人。

　　暹罗官制为九等、四等以上官戴锐顶金帽并嵌以珠宝，五等以下为绒缎帽，身穿锦绣及织锦，如穿花布短衣则系锦带；妇人戴金银簪、手镯，身披无色花幔，下衣为五彩织金花幔拖地，足穿红革鞋。平民男子白布缠头、短衣、草鞋、佩剑；女子挽椎髻，上衣披青蓝布幔，下衣为五色布短裙。

暹罗国王进呈金叶表文

年代　清乾隆
收藏单位　台北"故宫博物院"

　　暹罗在乾隆三十一年（1766）后被缅甸所侵，诏
氏国王被杀，国亡。乾隆四十三年（1778），其地
方官郑昭率国人攻破缅甸军复国。乾隆四十六年
（1781）恢复遣使入贡，次年郑昭死，其子郑华继
位。乾隆五十一年（1786）遣使入贡并再请封，乾
隆帝封郑华为暹罗国王。

　　顺治元年（1644）规定，外国朝贡以表文及
方物为凭据。此图即为乾隆年间暹罗国王郑昭遣
使赍送的表文，文字錾写在金质的长方页面上。

482

暹罗国王郑华贡物清单

年代　嘉庆元年（1796）
收藏单位　旅顺博物馆

朝贡国所进贡物以本国土产为主，即方物。

乾隆五十五年（1790）八月，暹罗国王郑华表贺皇帝八旬万寿，贡方物。

此为嘉庆元年暹罗国王郑华遣使朝贡的贡物清单，从中可以看出贡物包括沉香、犀角、象牙等。

咸丰朝，太平军起事，两广地区不靖，其贡道不通，贡使不能入境。自此暹罗停止朝贡，成为自主之国。

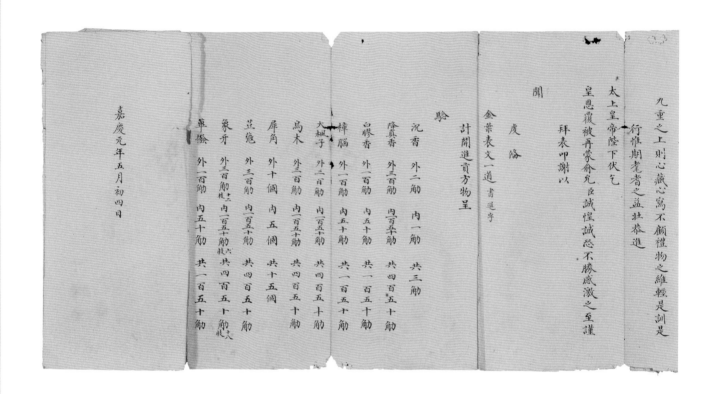

483

缅甸国王进呈银叶表文

年代　乾隆十六年（1751）
收藏单位　台北"故宫博物院"

缅甸，在云南永昌府腾越厅边外，云南顺宁、普洱诸边皆与之交界。

乾隆十五年（1750）七月缅甸开始入贡。乾隆十八年（1753），缅甸酋长麻哈祖以驯象、涂金塔遣使叩关，清廷准其如同另外属国之礼入贡。乾隆三十年（1765）后，缅甸却不断对云南边境普洱地区侵扰，清廷讨伐，后双方议和。

此表文在银质版叶上錾写，进呈清宫后又制作了象牙筒收贮。

道光九年（1829），清廷平定回疆张格尔叛乱，加上皇太后徽号，缅甸国王遣使再进金叶贺表，其所进表文中，自称宣慰使臣某。

《十全敷藻图·缅甸进贡》

年代　乾嘉时期
作者　（清）汪承霈
收藏单位　中国国家博物馆

　　缅甸为避免受到清朝与暹罗夹击，遂于乾隆五十四年（1789），酋长孟云遣使祝贺乾隆帝八旬万寿并请求赐封，开关通商旅，乾隆帝允准，给以敕书、印信，定为十年一贡。

　　乾隆六十年（1795），缅王遣使祝釐，进贡缅石长寿佛、贝叶缅字经、福字灯、金海螺、银海螺、金镶缅刀、金柄麈尾、黄缎伞、贴金象轿、洋枪、马鞍、象牙、犀角、孔雀、木化石、玄猴皮、各色呢、各色花布等。

485

缅甸进贡红漆描墨色装饰图案纹盒

年代　清
收藏单位　故宫博物院

　　漆器是缅甸最富民族特色之工艺品，当年以其作为礼品送与清廷。

486

《皇朝职贡图·廓尔喀头人与仆人》

年代　乾隆二十四年（1759）
作者　（清）丁观鹏等
收藏单位　故宫博物院

　　廓尔喀即今尼泊尔，位于西藏西南。
　　其头人以红布缠头，着锦衣；仆人以紫布缠头，着红白条褐衣，腰系绿带，常手持水烟袋以侍头人。

《平定廓尔喀战图·廓尔喀陪臣至京》

年代　清乾隆
作者　佚名
收藏单位　故宫博物院

　　廓尔喀于乾隆五十三年（1788）始归顺清廷，五十四年（1789）遣贡使入觐，清廷封其头人拉特纳巴都尔王爵。但其乾隆五十六年（1791）以贸易问题为借口入侵西藏，清朝反击。乾隆五十七年（1792）拉特纳巴都尔降服于清廷，再遣大头人恭进表文，进贡象、马等方物，以及会演奏廓尔喀乐舞之乐工，确定五年朝贡一次。

　　乾隆五十八年（1793）正月，廓尔喀贡使噶箕第乌达特塔巴等赍贡物至京师，皇帝赐宴，命与朝鲜、暹罗各使臣共同预贺乾隆帝万寿，封拉特纳巴都尔为廓尔喀王。

　　其后英吉利据印度，时时被侵，迫订《西古利条约》。但力保自主之权，直至光绪末仍入贡中国。

　　此图描绘在京师西苑中海的紫光阁前，临时搭建了蒙古包式的御幄，乾隆帝御临此地接受其使臣觐见。

488

《廓尔喀进象、马图》

年代　清乾隆

作者　（清）弘旿

收藏单位　故宫博物院

　　此图描绘廓尔喀贡使携其国所产大象、骏马、跋山涉水，向清朝京师进发的情形。

489

廓尔喀进贡錾金花柄铁插刀

年代　乾隆六十年（1795）
收藏单位　故宫博物院

此为乾隆六十年（1795）廓尔喀国王拉特纳巴都尔进献给乾隆帝的礼物。刀上所附皮签上墨书满、蒙、藏、汉文字"乾隆六十年十二月，廓尔喀王拉特纳巴都尔叩贺天喜，恭进插刀一把"。

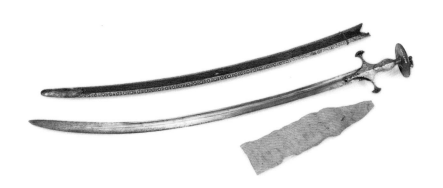

490

廓尔喀进贡铁柄腰刀

年代　乾隆六十年（1795）
收藏单位　故宫博物院

此亦廓尔喀国王所进贡刀，其所附皮签上墨书满、蒙、藏、汉文字"乾隆六十年十二月二十五日，廓尔喀王拉特纳巴都尔叩贺天喜，恭进小刀一把"。

491

《皇朝职贡图·哈萨克官民》

年代　乾隆二十四年（1759）
作者　（清）丁观鹏等
收藏单位　故宫博物院

哈萨克分东、中、西三部。东部又称左部，在准噶尔西北，其汗为阿布赉。东部于乾隆二十二年（1757）助清朝征讨阿睦尔撒纳，奉表请求内附，乾隆二十四年（1759）以后屡次遣使朝贡；中部又称右部，在左哈萨克之西两千里，其汗为脱卜柯依，乾隆二十三年（1758）进马奉表请归附，此后多次遣使入朝，其贡道通过伊犁达于京师；西部更远，未与清朝发生关系，其头人为都而逊。

哈萨克官员头戴红白高顶皮边帽，着长袖锦衣系以丝带，足穿皮靴；女子辫发双垂、耳戴珠环，衣袖上饰锦缘，冠履与男子同。平民则毡帽褐衣。

492

《哈萨克贡马图》

年代 清乾隆
作者 〔意〕郎世宁
收藏单位 法国吉美博物馆

哈萨克产骏马，故以此作为进献清廷的方物。
画面描绘乾隆帝端坐在宝座上，正在接受哈
萨克使者进献骏马时依次叩首之礼。画面哈萨克
人的装束与《皇朝职贡图》上所绘一致。

493

《皇朝职贡图·爱乌罕回人》

年代 乾隆二十四年（1759）
作者 （清）丁观鹏等
收藏单位 故宫博物院

爱乌罕即阿富汗，其国北界布哈尔，南界俾路
支，东界印度，西界波斯，东西二千余里。其人为回
民，信仰伊斯兰教。

爱乌罕回人身材高大，男子用花布缠头，褐
衣长领，外曳锦缘；女子亦花布缠头，上插珠翠，耳
环缀珠累累过肩垂至胸前，着有锦缘的长衣。

494

紫檀木边座嵌爱乌罕四骏图插屏

年代　清乾隆
收藏单位　故宫博物院

　　爱乌罕产良马。乾隆二十七年（1762），爱乌罕汗哈默特沙遣使和卓密尔汉来朝，贡刀及骏马。其所贡良马四匹，皆高七尺长八尺。

　　为永志爱乌罕贡马事，乾隆帝命郎世宁创作《爱乌罕四骏图》。此插屏即以郎世宁画作为蓝本，以玉镌刻骏马嵌在插屏上，四骏中三白马，一棕马。屏风背面为乾隆帝咏《爱乌罕四骏歌》。

495

《万国来朝图》

年代　清乾隆
作者　佚名
收藏单位　故宫博物院

　　乾隆朝绘制了多幅《万国来朝图》，宣示"八方向化，九土来王"的宏愿。画面描绘了当时与清廷发生不同外交关系的国家，诸如朝鲜、琉球、暹罗、安南等藩国，以及英吉利、法兰西、俄罗斯等西方国家的使臣，在元旦大朝时向清廷贡献各自的方物。

累洽重熙照四海春
皇清職貢萬方均書文
車駕誰猶萬外址圓額
莫不親那許防風後
至平閒干二巳咸寶塗
山止帛千稅迷尚家共
球守稼春誼是索疆懷
山日六雜
誤烈頌
前人唐右相堤你創
貴院名流令寫真西鱷
東韓範王會高鑿北狄
光元辰丹青非萬誇聲
教傑泰泉
揉慎柿楠
乾隆辛己秋御題

325

496

《光绪帝大婚图·太和殿朝贺使节位次》

年代　光绪十四至十五年（1888—1889）

作者　（清）庆宽等

收藏单位　故宫博物院

每当清廷举行大朝或常朝之时，如有使节来华，则一同行礼。

在朝贺与筵宴时，使节的位次在西班之末，符合中国自古以来以宾为西席传统，以示尊客。

画面上可见众官员的西北，另外有服饰与清廷官员不同的几人，即为藩国使节。

《华夷译语》

年代　清乾隆
作者　（清）傅恒等编纂
收藏单位　故宫博物院

随着清廷与不同国家交流的深入，乾隆朝官方曾组织编纂了一套多语种辞书，包括周边国家诸如琉球、缅甸与欧洲的英、法、意、葡等国，以及中国西南少数民族等文字。各语种首列本语，再以汉字注音并注义。

可惜此书编纂未能完竣，无刻本刊行，仅存最初写本。

《皇朝职贡图·荷兰国民人》

年代　乾隆二十四年（1759）
作者　（清）丁观鹏等
收藏单位　故宫博物院

荷兰系西欧国家之一，位于欧洲西偏北部，《明史》写为和兰，因其毛发红赤被称为红毛番，万历朝始航行至广州求市易。乾隆五十九年（1794）后，谕旨写为荷兰。

顺治十年（1653），遣使至广东请贡，兼请贸易。顺治十二年（1655）谕旨定为八年一次来朝，贡道由广东入。贡使不过百人，其到京人数不得过二十，余留住广东在馆交易，俟进京人回，一同还国。康熙二年（1663）准其二年贸易一次。后定为五年一贡。

画面绘男子以黑毡为帽（遇人则脱帽挟之以为礼），着锦绣绒衣，常握鞭佩剑；女子以青帕围头，颈带珠宝，肩披巾，敞衣露胸，系长裙，穿红色皮鞋。

康熙帝给荷兰国王的敕谕稿

年代　康熙二十五年（1686）
收藏单位　中国第一历史档案馆

清廷对入贡的各国，均予以回赐。

荷兰入贡，其贡使有正使、副使，或专以正使一员，其下为从人。

顺治十三年（1656），荷兰国王曾恭进御前方物为：镶金铁甲、镀金马鞍、镶银剑、鸟铳、铳药袋、镶银千里镜、玻璃镜、八角大镜、珊瑚、珊瑚珠、琥珀、琥珀珠、哆罗绒、哔叽缎、西洋布花被面、大毡、毛缨、丁香、番木蔻、五色番花、桂皮、檀香。恭进皇后方物为：玻璃镜、玳瑁匣、玻璃匣、乌木饰人物匣、珊瑚珠、琥珀珠、琥珀、哆罗绒、哔叽缎、西洋布、白倭缎、花毡花被面、玻璃杯、花石盒、白石画、蔷薇露。使臣进贡方物：哆罗绒、倭缎各二匹、哔叽缎六匹、西洋布二十四匹、琥珀十块、琥珀珠、珊瑚珠各二串、镜一面、人物镜四面、白石画二面、镀金刀、镶银刀各一把、鸟枪、长枪各二杆、玻玻璃杯、雕花木盒、石山匣各二个、缨帽一顶、皮小狗二个、花鹦哥一个、四样酒十二瓶、蔷薇露二十壶。

顺治帝对其颁回的赏赐为：该国王大蟒缎三匹、妆缎三匹、倭缎三匹、片金一匹、闪缎五匹、帽缎五匹、蓝花缎五匹、青花缎五匹、蓝素缎五匹、衣素缎五匹、绫十四匹、纺丝十四匹、罗十匹、绢二匹、银三百两；正使大蟒缎二匹、妆缎二匹、倭缎二匹、帽缎一匹、蓝花缎四匹、青花缎四匹、蓝素缎三匹、绫六匹、纺丝六匹、绢四匹、银一百两。副使以及从人等均有赐物。

此为康熙帝敕谕底稿，其内对荷兰国王遣使来华入贡给予奖赏，文末开列有赏赐物品清单。

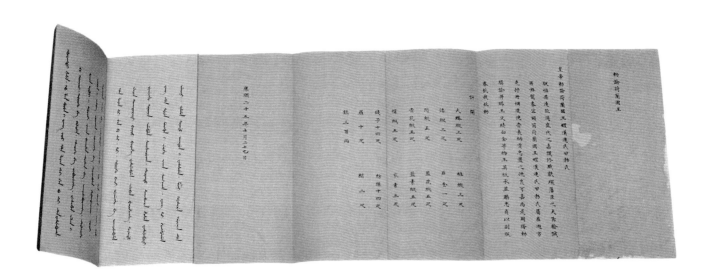

329

500

乾隆皇帝给荷兰国王的敕谕

拉丁文稿

年代　乾隆六十年（1795）
收藏单位　台北"故宫博物院"

501

乾隆皇帝给荷兰国王的敕谕

中文译本

年代　20世纪三四十年代
收藏单位　台北"故宫博物院"

　　此即拉丁文《乾隆皇帝发给荷兰国王的敕谕》的中文译本，译为《中国皇帝致荷兰国王书》，由朱运广翻译，左图系朱运广所书翻译原委与相关问题。

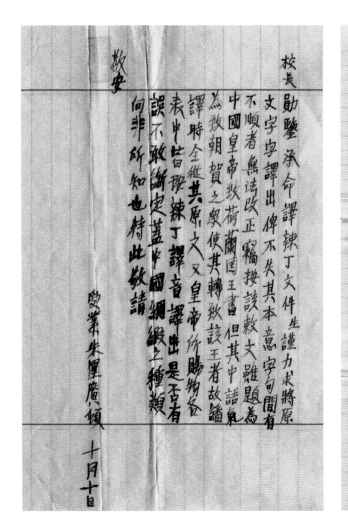

502

乾隆皇帝赏赐荷兰礼物清单

年代　乾隆六十年（1795）

收藏单位　台北"故宫博物院"

　　此图分别为《中国皇帝赏赐荷兰国王礼物清单》、《赐荷兰国王其他之礼物》、《赐荷兰国王之额外礼物》。原文为拉丁文，汉文为20世纪三四十年代朱运广翻译。原件各为六页。

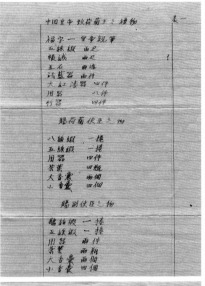

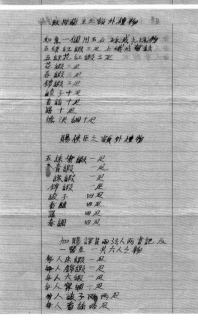

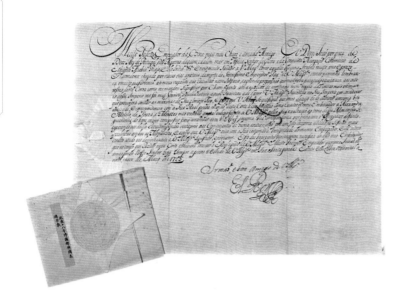

503

葡萄牙所进表文

年代　雍正三年（1725）、乾隆十八年（1753）
收藏单位　中国第一历史档案馆

　　清朝称葡萄牙为博尔都雅国。

　　此即该国所进的表文，为葡萄牙文。展开的
是雍正三年本，落款时间为1725年；另一汉文题
签为《乾隆十八年博尔都雅国恭进原表》。

　　按乾隆帝《红毛嘆咭唎国王差使臣吗嘎呢等
奉表贡至诗以志事》的诗注中，记为博尔都噶里
雅国于雍正五年（1727）与乾隆十八年二次奉表
修贡，可知乾隆帝对前朝的事件也有记忆差误。

504

《皇朝职贡图·英吉利国人》

年代　乾隆二十四年（1759）
作者　（清）丁观鹏等
收藏单位　故宫博物院

　　英国系西欧国家之一，位于欧洲大陆西北面
的不列颠群岛。

　　画面绘英吉利平民服饰与荷兰相似。男子着
哆啰绒，未婚女子束腰以求纤细，披发垂肩，短
衣长裙，出行则着大衣。

《马戛尔尼使团觐见乾隆帝之礼图》

年代　1792 年
作者　［英］詹姆斯·吉尔雷
收藏单位　英国伦敦国家肖像画廊

英国外交官马戛尔尼（George Macartney, 1737—1806），于乾隆五十七年（1792）奉英王之命，以为乾隆帝补祝八十寿辰之名率使团来华，次年抵京，转至热河行宫避暑山庄谒见乾隆帝。提出公使驻京、开放通商口岸、允许传教等七条要求，但均被清廷拒绝。在当时清廷看来，不仅这七条要求属于"奢求"，而且，在觐见乾隆皇帝时还不依中国之礼"三跪九叩"，马戛尔尼等却坚持行其本国之礼"单腿跪礼"，引起中西礼仪之争。

此图原名题为《北京朝廷接见英国外交使团》，由英国著名漫画家和版画家詹姆斯·吉尔雷绘制，1792 年 9 月 14 日被制成版画出版。1947 年由伦敦国家肖像画廊收购。

此图所绘正是马戛尔尼行礼之状，画面上单腿向乾隆帝行礼的是马戛尔尼。

和珅所拟关于英使来华觐见后发遣归国事宜的廷寄

年代　乾隆五十八年（1793）
收藏单位　中国第一历史档案馆

正在避暑山庄驻跸的乾隆帝，谕令领班军机大臣和珅廷寄留京王大臣接待马戛尔尼使团之策：因其骄矜不习中国之礼，并无诚心恭顺，使团在避暑山庄参加万寿节筵宴后即令其回京。回京后王大臣接见其礼从简，并不准其在京等候皇帝从避暑山庄回銮，令其在京寓所收拾一二日即送往山东发遣回国。

其中红笔为乾隆帝亲笔修订和珅所拟文辞不妥之处。

507

马戛尔尼进贡自来火枪

年代　18世纪
收藏单位　故宫博物院

　　马戛尔尼出使中国带来一批西方仪器和枪炮作为觐见时的重要礼物，此即其中之一。

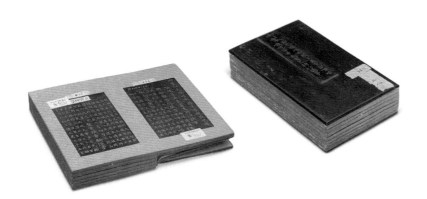

508

马戛尔尼进腰刀

年代　18世纪
收藏单位　故宫博物院

　　此刀柄所示皮签表明，它也是马戛尔尼送给乾隆帝的礼物之一。

509

御制马戛尔尼等奉表贡至诗以志事玉册

年代　乾隆五十八年（1793）
收藏单位　故宫博物院

　　马戛尔尼使团来华，本为寻求与中国贸易，却被乾隆帝误认为是奉表朝贡，并赋诗"怀远薄来而厚往，衷深保泰以持盈"。此诗又镌刻在玉版上，以永志乾隆帝认为的远人向化之荣光。

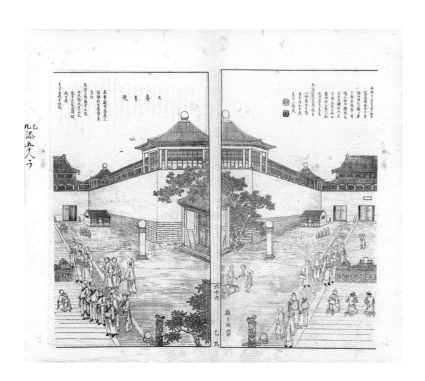

510

《点石斋画报·大赍贡使》

年代　清光绪
收藏单位　故宫博物院

　　举凡藩国使臣进贡方物，由内廷验收后，使臣即退居四译馆。越日清廷宣诏使臣，赏赍以银帛，奉行"薄来厚往"的政策。此图绘于午门外赏赍使节之情状，图题中的库尔噶即廓尔喀。

近代外交体制下的宾礼

511

奕䜣旧影

年代　1871年
作者　[英] 约翰·汤姆森
收藏单位　英国大英图书馆

　　奕䜣（1832—1898），道光帝第六子，封恭亲王。咸丰十年（1860）英法联军入侵北京，咸丰皇帝等避难热河，以其为全权大臣留京与英法联军议和，签《北京条约》。鉴于当时的对外关系，同年十二月，清廷设立"总理各国通商事务衙门"，简称"总理衙门"，由奕䜣与大学士桂良、户部侍郎文祥共同主持衙门事务，开启了新的外交体制。

　　此为奕䜣在其王府花园。

512

总理衙门旧影

来源　Mary Hooker：*Behind the Scenes in Peking*,
　　　John Murray, 1911；Henry Norman：*The*
　　　Peoples and Politics of the the Far East,
　　　T. Fisher Norman, 1901

　　咸丰十年（1860）以前，清政府无办理外交事务专门机构，六部中的礼部兼理藩国朝贡事务。设立总理衙门后，由其主理外交事务，并兼管中外通商以及新式企业、新式学校等事务。光绪二十七年（1901）改为外务部。

　　图1为总理衙门的大门，图2为二道门。

（图1）　　　　　　　　　　　　　　　　　　（图2）

513

"钦命总理各国事务关防"印文

来源　中国第一历史档案馆藏《总理衙门档案》

　　成立总理衙门后，由礼部铸造此印，作为该衙门处理外国事务行文时的凭信。
　　印文满汉文合璧。

514

总理衙门官员旧影

年代　1871 年
作者　〔英〕约翰·汤姆森
收藏单位　英国大英图书馆

　　处理国际事务需有睿智才干，任职总理衙门的官员均为显要重臣。
　　两帧照片均为英国人约翰·汤姆森所摄的同治十一年（1872）总理衙门大臣，图 1 左为军机大臣沈桂芬，中为户部尚书董恂，右为吏部尚书毛昶熙；图 2 为满大臣成林、文祥、宝鋆。

（图1）

（图2）

《六国公使觐见同治皇帝递交国书图》

来源　英国《伦敦新闻画报》，1873 年 9 月 27 日

同治十二年（1873），同治帝亲政，西方使臣环请瞻觐，并呈国书。使臣自言行用西礼，鞠躬三次，但清廷大臣初力言不许。直隶总督李鸿章建议酌时势权宜变通：各国来使，只许一见，毋需再见；只许一时同见，不许单班求见以杜觊觎觊之心。

当年六月，日本使臣副岛种臣、俄使臣倭良嘎哩、美使臣镂斐迪、英使臣威妥玛、法使臣热福理、荷兰使臣费果荪瞻觐紫光阁，呈递国书，依商订例行事。因西礼例臣见君鞠躬三次而改为五次。接见时，皇帝随意或坐或立，赐以茗酒。使臣向皇帝问安并致贺辞。皇帝未垂问，毋先言事。嗣后凡使臣初至始觐见，亲递国书者均行此礼。

此图所绘即上述六国使臣递交国书行礼之情形。

英国公使馆大门旧影

来源　W. A. P. Martin：*The Siege in Peking*,
Fleming H. Revell Company, 1900

根据《天津条约》及《北京条约》，各国陆续派公使驻北京。其使馆均设于东江米巷，此地后改称东交民巷。

此为英国公使馆外大门。

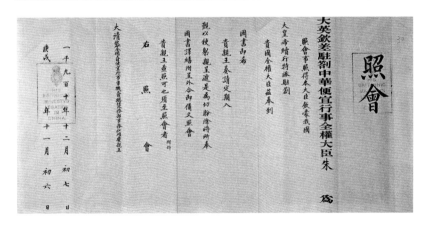

英国照会

年代　1910 年
收藏单位　中国第一历史档案馆

光绪二十七年（1901），清廷将总理衙门改为外务部，专主外交事务，并班列各部之首。

各国新任大使莅任均须向驻在国元首递交国书，此为国际惯例。

英国新任驻华大使为觐见清朝皇帝亦须递交国书，并且事先向总理外务部事务大臣递交照会，以办理递交国书相关事宜。当时外务部总理大臣为和硕庆亲王奕劻，故此照会递交与奕劻。在照会后附有英国国书。

518

荷兰驻北京公使馆旧影

来源　Henri Borel：*The New China: A Traveller's Impressions*，Dodd Mead and Company，1912

519

比利时驻北京公使馆旧影

年代　清末
收藏单位　荷兰莱顿民俗博物馆

520

比利时公使颂词

年代　1902 年
收藏单位　中国第一历史档案馆

此为比利时驻华公使向清廷所上的颂词。

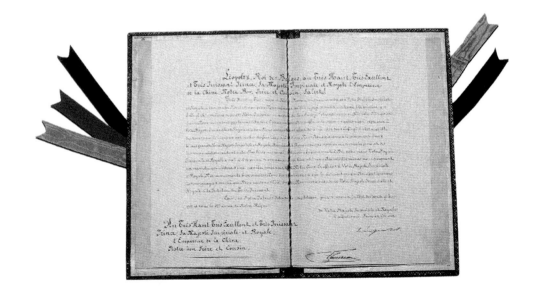

521

美国驻北京公使馆旧影

年代　1900年
收藏单位　美国国会图书馆

　　图示为1900年的美国驻北京公使馆。

522

美国驻华使臣关防印文

年代　清末
来源　中国第一历史档案馆藏清末美国照会

　　外国使节为适应在华处理与驻在国中国的外交事务，在一些方面也尽可能遵照中国传统。
　　图中美国照会上，"照会"二字钤盖"大美国驻华钦差全权大臣印"，公文不使用西方人习用的签名形式，而是采用中国的钤印形式。

523

美国驻北京公使馆前的清朝官员和美国公使旧影

来源　Robert Coltman：*Beleaguered in Peking*，F. A. Davis Company, Publishers，1901

　　照片自左至右为徐用仪、王文韶、赵舒翘、美国驻华公使康格、清廷驻法公使裕庚，以及一名工作人员。

Hsü Yung I　Wang　Chao Shu　Conger　Yü Keng
Beheaded　Wen　Chiao　U. S.　Minister to
Aug. 9, 1900.　Shao.　Boxer Chief.　Minister.　Paris.

A group in front of the American Legation

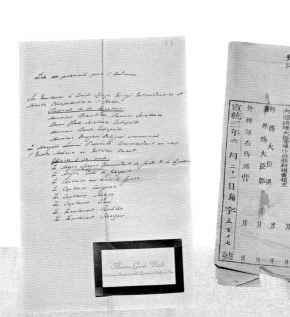

524

觐见各国使臣档

年代　光绪三十一年（1905）
收藏单位　中国第一历史档案馆

　　凡外国使节觐见清帝，均需开列觐见的时间、人员等。此档册为内务府掌仪司所编本年度一月至十月间，外国使节觐见皇帝的时间、人员，以及具体地点等。

525

意大利使馆开具的觐见名单

年代　1911 年
收藏单位　中国第一历史档案馆

　　该觐见名单有意国钦差驻京全权大臣世袭伯爵斯弗尔札，使馆官员头等参赞、汉文参赞、汉文副使、商务委员，以及海军军官、医生等。
　　上图为觐见衔名单，下图左应为意大利文名单，右为清廷的归档函封。

慈禧太后与外国公使夫人合影

年代 光绪二十九年（1903）
收藏单位 故宫博物院

　　随着清廷与西方一些国家建立了外交关系，也开始注意拉近与驻华使节之间的关系。尤其是在庚子事变之后，两宫帝后从西安回銮，发布谕旨"讲信修睦，槃敦联欢"，又有懿旨"令各使馆内眷进谒宫廷，随同游宴"。因而，驻华使节到皇家御苑游览，外国公使夫人亦可出入禁城与慈禧太后交往。

　　光绪二十九年（1903）重阳节，慈禧太后在颐和园乐寿堂接待外国公使夫人与家眷，此照片即为与美国驻华公使埃德温·赫德·康格夫人等交往的历史定格。

527

驻厦门的美国海军参赞致慈禧太后寿诞电文

年代　光绪三十四年（1908）
收藏单位　中国第一历史档案馆

　　建立外交关系的国家，互相关注对方的重大事件或庆典。清廷的皇帝与皇太后生辰均为国家庆典。光绪三十四年十月十日为慈禧太后七十四岁寿诞，驻厦门的美国海军参赞于 11 月 3 日 10 时（即农历十月十日），从厦门向慈禧太后专门发来生日贺电。

西班牙国王恭贺宣统帝登极国书

年代　1909 年

收藏单位　中国第一历史档案馆

　　清末，每遇重大国事，有外交关系的各国之间亦致国书。

　　此为宣统帝即位时，西班牙国王澄·爱奉索第十三（即阿方索十三世）所致祝贺皇帝登极国书，发自其国都马德利德宫。

　　此国书译文所写日斯巴尼亚，为当时清朝对西班牙的汉文译名。

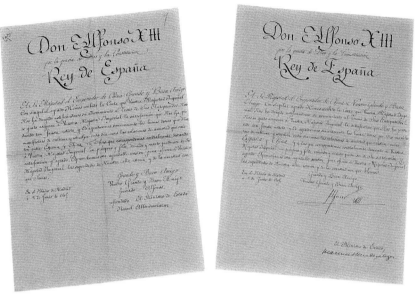

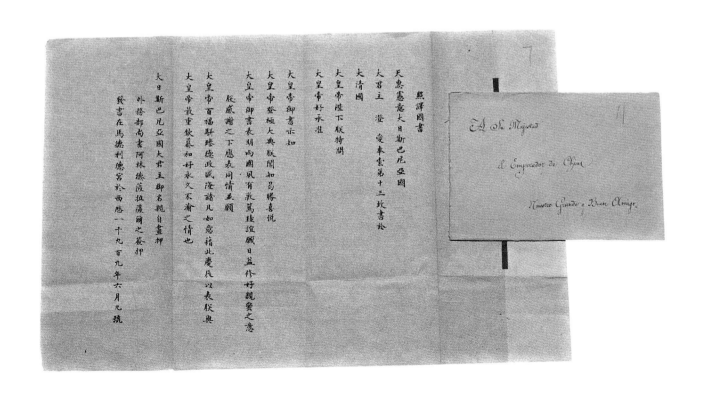

凶礼篇

凶礼在《周礼》中记载为："以凶礼哀邦国之忧。以丧礼哀死亡；以荒礼哀凶札；以吊礼哀祸灾；以禬礼哀围败；以恤礼哀寇乱。"凶礼包括五种，即丧礼、荒礼、吊礼、禬礼、恤礼。但秦汉以后随着大一统政治体制的形成，吊礼、禬礼、恤礼失去了存在的条件，后世凶礼范围越发收窄。清代以前还保留有疏简的荒礼，而清代在《大清会典》《清通礼》中所载，凶礼唯有丧礼一项。

涉及宫廷的丧礼，只有皇帝与后妃、未成年的皇子皇女三类人群的丧礼，但未成年皇子皇女因其未成年，其礼简疏而不列。

皇帝丧礼，强调寿终正寝。所以，皇帝驾崩大敛后，奉梓宫于乾清宫，并于乾清门外之左建丹旐，设几筵，朝、晡、日中三设奠，嗣皇帝亲诣尚食祭酒，三拜，立，举哀。王、公、大臣、公主、福晋、县君、宗室公夫人均诣几筵前，八旗副都统以上序立乾清门外，汉文官赴景运门外，武职赴隆宗门外，咸缟素，朝夕哭临，凡三日。至四日，王公百官斋宿二十七日，除去缟素丧服。宴乐、嫁娶，官员停止百日，军民停止一月。禁屠宰四十九日。

大殓后，嗣皇帝截发辫成服，王、公、百官、公主、福晋以下，宗女、佐领、三等侍卫、命妇以上，男摘冠缨截发，女去妆饰剪发。

择日颁遗诏，全国举哀。诏书传至各省，官员命妇素服二十七日，军民百姓素服十三日除。

大殓礼后，在乾清宫再行殷奠礼。《礼记·丧大记》记殷奠之礼，郑玄注："殷，犹大也。朝夕小奠，至月朔则大奠。"清廷的殷奠礼即在宫中的大祭，列馔筵二十一，酒尊十一，羊九，楮币九万。读祭文。嗣皇帝诣几筵哭，内外传哭，奠酒，率众三拜，举哀，焚燎。然后，为移梓宫至殡宫待葬而行启奠礼，康熙帝、乾隆帝等以景山寿皇殿为殡宫。梓宫移至殡宫次日行初祭礼，嗣皇帝释服，再次日行绎祭礼，即以初祭为正祭、大祭，其次日续祭则称"绎祭"。行初祭礼，陈冠服，楮制丹旐一、楮锭二十万五千、楮钱十四万五千、各色画缎（以楮为之）万端、楮帛五万，馔筵八十一席、羊二十七、酒四十一尊。设大驾卤簿。王以下各官、公主福晋以下、四品官三等侍卫命妇以上齐集。读祭文。嗣皇帝祭酒三爵，众皆三叩，立举哀。祭毕，所读祭文由官员奉至燎所，再祭酒三爵，焚化。满月，则行满月礼，用楮锭二万、楮钱一万、馔筵十一席、酒五尊、羊五。各官齐集致祭。期年行周年祭。唯满月、期年致祭不读祭文。停灵殡宫期间遇清明、中元、冬至、岁除各节，则行大祭。下葬后，于陵寝隆恩殿再行虞祭礼，即葬后而安之意，《释名·释丧制》释虞祭为："既葬，还祭于殡宫曰虞。谓虞乐安神，使还此也。"

在殡宫待葬期间，上尊谥庙号，祇告郊庙社稷，同日题神主。

待卜得下葬吉期，即奉移山陵。

嗣皇帝居倚庐守丧三年，按以日易月，则行二十七日。

皇后过世，停梓宫于其生前所居正宫，宫之门右建丹旐。康熙朝设皇后殡宫于城北沙河巩华城，雍正朝设于畅春园九经三事殿，乾隆朝以后，将葬于东陵的后妃殡宫设在静安庄，将葬于西陵的后妃殡宫设在田村。皇后丧颁哀诏，所行祭礼与皇帝基本相同。皇帝辍朝，或三日至九日不等，百日内缟素，二十七月内素服。皇太后丧，皇帝则服斩衰百日。慈禧太后大丧从优，官停嫁娶期年，辍音乐二十七月，京师军民二十七日罢祭祀。妃嫔之丧，皇帝是否辍朝因其等次与受宠与否而异，亦无需颁哀诏。皇帝二十七日释缟素，二十七月内常服；所生皇子、公主成服，大祭日除，百日薙发，皇子去冠缨，公主、皇子福晋去簪珥；其宫中役使的女子剪发，内监截发辫，成服，二十七日服除。

古人事死如事生，帝后一体同尊，所以丧礼优隆。妃嫔等次有别，亦因受宠与否，随皇帝之恩宠，其丧礼亦时有变数。

一

寿终正寝与居丧守制

乾清宫

　　无论皇帝在紫禁城内驾崩，还是死于离宫别苑，必在乾清宫停灵，即安放梓宫一段时间。

　　因乾清宫是皇帝生前的寝宫，所以，死后只有先在此停灵，才可表明寿终正寝。

　　在皇帝梓宫前张设绣九龙黄绮帐幔，于乾清门外之左建丹旐。其丹旐如同民间的"建铭"，即系在灵柩前的旗幡。

梓宫图样

年代　清后期
收藏单位　故宫博物院

中国古代绝大多数地区，人死后均贮尸于梓宫内，然后瘗埋于地下。

满洲在入关前，通行火葬习俗，但在入关后，易俗为土葬，自康熙朝起皇家始行土葬。

帝后驾崩后入殓于棺内，即为大殓礼。梓宫前设几筵，每日朝、晡、日中三次奠献。每次奠献，嗣皇帝在大行帝后几筵前一进茶、三进酒，各行一拜礼，上食，即上一等满席（各种点心）。丧后三日内，亲王以下有顶戴官员以上、和硕福晋以下，佐领、三等侍卫妻以上及包衣下男妇等分别集于乾清门、景运门、隆宗门等处，每日三次随行礼哭临。

清代帝后死后入殓所用棺椁，即如此之式。图1为六字真言宝相花纹梓宫立样图，图2为凤戏牡丹纹梓宫立样图。

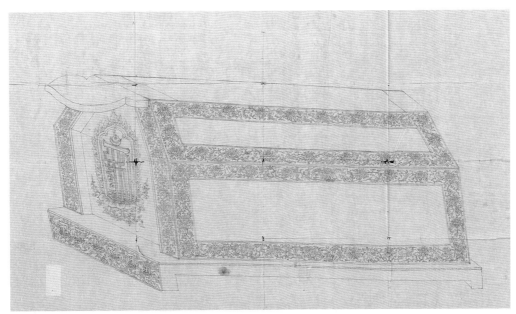

（图1）

（图2）

陀罗尼经织金缎被

年代　宣统元年（1909）
收藏单位　故宫博物院

　　清代帝后宾天，经过沐浴，为其穿上殓衣，大殓入棺。

　　清代帝后棺椁中，覆以织金缎陀罗尼经被。因清廷信奉藏传佛教，认为以写有《陀罗尼经》的被子覆盖尸身，有超度奇效，亡人可入西天极乐世界。

顺治帝遗诏

年代　顺治十八年（1661）
收藏单位　台湾"中研院"

　　凡帝后崩逝，均向全国发布诏书，诏告举哀，同时亦向藩国颁发哀诏。遗诏中有对后事的安排，或亦有对其一生过失的检讨等。其主旨则是确定皇位继承人，并要求王公大臣一如既往辅佐新君。

　　颁布哀诏之仪，与其他颁诏礼同。唯典礼时各官须着素服，哀诏颁至各省，长官亦需素服出郊跪迎，并自此素服二十七日，其属下军民则十三日即可服除。

　　此为顺治帝遗诏，确定玄烨为皇太子，并命索尼、苏克萨哈、遏必隆、鳌拜四大臣辅佐幼主康熙帝。

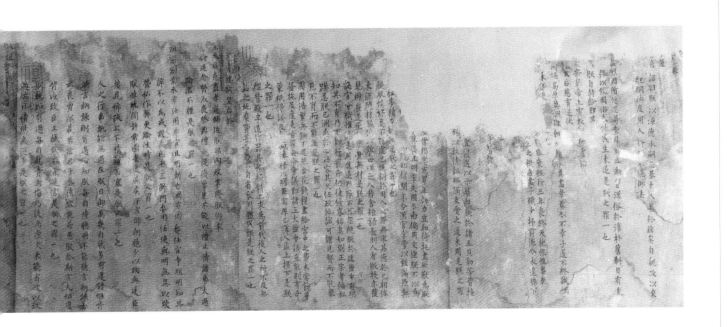

533

同道堂倚庐

　　古人为父母守丧，均暂离原本的寝室而居住倚庐，寝苦枕块——即居住简陋的棚屋，睡草席枕土块，以表哀思。清代帝后宾天，嗣皇帝守丧期间均不可再住乾清宫，亦需选择一处偏僻之室作为倚庐。康熙帝死后，雍正帝以乾清宫东庑为倚庐。雍正帝驾崩，乾隆帝以乾清宫南廊读书处为倚庐。嘉庆帝、咸丰帝均以咸福宫后同道堂东次间为乾隆帝、道光帝守丧的倚庐。

　　皇帝在倚庐，昼必席地、夜必寝苦，每日上香奠礼。

　　此处地面覆以毡块，是嗣皇帝守丧时坐卧之处。

534

同道堂克敬居

　　嗣皇帝在倚庐为大行皇帝守丧满二十七日，即以日易月，二十七日相当于二十七个月。在同道堂，有咸丰皇帝所书"克敬居"匾，制以石青色。

535

养心殿

嗣皇帝守丧满二十七日后，举行大祭礼，即从倚庐移出转住别宫，再为大行皇帝斋居素服三年。

康熙帝死后，雍正皇帝即从乾清宫东庑的倚庐移御养心殿斋居素服，并于此后以养心殿作为皇帝的寝宫。直至清末，历朝皇帝均以养心殿为寝宫。

536

东华门

东华门是紫禁城的东门，皇帝生前一般不走此门。当帝后过世，举行殷奠礼（在正寝乾清宫停灵期间所行祭祀大礼）、启奠礼后，大行皇帝梓宫即出此门送往景山北的寿皇殿停灵，继续进行下葬前的各种祭奠。

 537

寿皇殿

古代对亡人祭祀常以七天为一个单位，在大行皇帝"三七"，即后过世第二十一天，在乾清宫举行皇帝灵柩启迁殡宫的祭祀，称为启奠礼，然后，奉移梓宫暂放到紫禁城北景山后的殡宫——寿皇殿（乾隆帝移至观德殿）。嗣皇帝每日朝夕从皇宫前往亲行奠献，择吉后奉移山陵。

 538

绢宝

年代　清

收藏单位　故宫博物院

皇帝停灵寿皇殿期间，在此举行上尊谥仪，即根据大行皇帝的一生功绩给予盖棺定论，形成册文，并浓缩为规定字数的谥号，实际上均为褒扬性文字，又称尊谥。以此文字制作檀香木的册、宝，称香册、香宝，留作奉移山陵时下葬地宫，同时制作绢册、绢宝用于祭祀时焚化，事后再以玉制作谥册、谥宝，供于太庙。

上尊谥、庙号之仪，前期祭告天地坛、太庙、社稷坛。届日在寿皇殿外陈卤簿。嗣皇帝素服御太和门阅视册、宝，一跪三拜后，御仗前导，车驾随从，用彩亭将册、宝抬至寿皇殿。将绢册、绢宝陈于中案，香册、香宝陈于左案。皇帝就拜位，率众三跪九拜，接受大学士所献册、宝，并由宣读官宣读册、宝，依次三叩首。嗣皇帝再到几筵前致祭，奠帛、读祝文、三献爵。最后将绢册、宝送燎位焚化。

539

《观德殿行礼》草图

年代 清晚期
收藏单位 故宫博物院

　　上尊谥、庙号当日，亦行题神主仪。大学士一人进观德殿，诣祔太庙神主前上香，奉神主至寿皇殿外陈案上，并三叩。满、汉大学士各一人，诣香案前复三叩。然后对神主上预先所刻庙号、谥号诸字之后"神位"二字中，未填青色的"神"字填以石青色，再三叩行礼，将神主安奉在黄舆、陈于观德殿前。题奉先殿神主礼亦同前。题写神主后，太庙神主黄舆在前，奉先殿神主舆在后，出景山东门，入东华门。皇帝素服跪迎景运门内，随舆行至乾清门停止。皇帝诣两神主前各三叩，将神主请出先后陈案上，然后三献礼，九拜，即题神主礼全部礼毕。待谥吉升祔于太庙、奉先殿，但升祔之礼则属于吉礼。

　　康熙朝以后题神主仪，在陵寝的隆恩殿举行。

540

高宗乾隆帝神主

年代 道光元年（1821）
收藏单位 故宫博物院

　　所谓神主，即死者牌位。先皇神主上刻有庙号、谥号，尾缀"神位"两字。题神主仪即对满汉"神"字描以石青。

　　此为乾隆帝神主，其谥号为"高宗法天隆运至诚先觉体元立极敷文奋武钦明孝慈神圣纯皇帝"，系道光元年所增谥。当乾隆帝崩逝行题神主仪时，所题神主谥号为"高宗法天隆运至诚先觉体元立极敷文奋武孝慈神圣纯皇帝"。

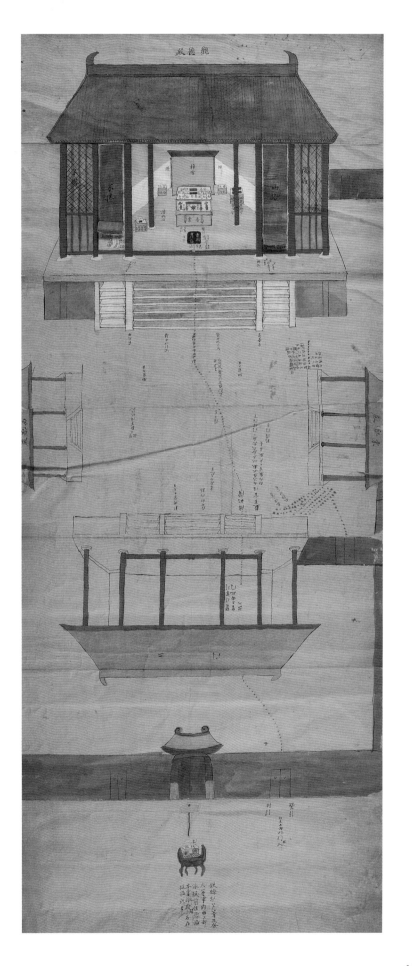

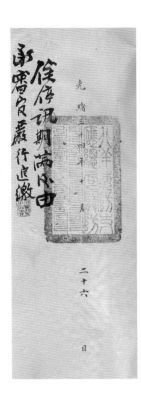

541

钤盖蓝印的公文

年代　光绪三十四年（1908）
收藏单位　天津市档案馆

　　清代国丧制度规定，大行皇帝死后百日内上谕批本用蓝笔，各级衙署奏章文移，俱用蓝印。

　　此图为光绪三十四年十月二十六日，《北洋海防支应总局关于商号请求减让欠款事给天津地方审判厅的咨》上所钤"北洋海防支应总局关防"印。光绪帝、慈禧太后分别死于光绪三十四年十月二十二、二十三日。此行文正在国丧期间，行文钤印用蓝印。

542

慈禧太后大祭礼上的法船旧影

年代　1909年
收藏单位　中国国家博物馆

　　不论皇帝还是皇后、皇太后，死后要经过一系列祭祀活动，经过几个月甚或一两年的时间才下葬。如果在此期间遇有清明节或中元节，均举行大祭礼。慈禧太后死于光绪三十四年（1908）十月，于宣统元年（1909）十月下葬。

　　民间在七月十五中元节晚上为故去的亲人焚烧纸船超度亡灵，这种冥器纸船称法船。宣统元年中元节为慈禧皇太后举行大祭礼焚化的法船，体量巨大，通长二十二丈，宽二丈二尺。由于体量巨大，先用木料做好框架，再糊以绸缎等，上有各种殿堂楼阁与高大的桅杆，还有真人大小的各等船工水手。

　　超度仪式在东华门外举行，由监国摄政王载沣主持，仪式结束后于此焚化。

543

《清东陵地盘形势图》

年代　清晚期
收藏单位　故宫博物院

　　清代皇陵分为关外与关内两部分。关外有位于今辽宁新宾的四位远祖的永陵、位于沈阳的太祖福陵、太宗昭陵；入关后陵寝遵行昭穆之制，设为东西陵两区，即位于河北遵化的东陵与河北易县的西陵。

　　东陵包括顺治帝孝陵、康熙帝景陵、乾隆帝裕陵、咸丰帝定陵、同治帝惠陵，以及外围风水墙外的孝庄文皇后昭西陵。西陵包括雍正帝泰陵、嘉庆帝昌陵、道光帝慕陵、光绪帝崇陵。

　　清朝帝后在停灵殡宫举行一系列祭礼后，再奉移山陵下葬。

　　此为东陵各陵之间的布局图。图中尚未绘出惠陵，并且将妃园寝书为“妃陵”，应为同治朝之前的图样。

 544

陵寝大红门

中国古代的主流丧葬观念是入土为安，即人死后要埋葬地下。所以帝后过世，在举行了一系列祭奠之后，最终举行奉移山陵的大葬礼。

奉移之前三日，嗣皇帝需遣官祭告天地坛、社稷坛、太庙、奉先殿。

奉移梓宫到陵区，首入陵区的总门户大红门。此为孝陵的大红门。

545

裕陵地宫

皇帝梓宫下葬，即安葬在地下石室内。此即乾隆帝的裕陵地宫。

光绪帝的下葬队伍途经京师市区旧影

年代　1909 年
收藏单位　中国国家博物馆

　　宣统元年（1909）七月十四日，光绪帝梓宫奉移清西陵的崇陵。图1可见，梓宫前后为参加奉移山陵的众官员，因还在丧期内，故均着白色素服。图2可见皇帝梓宫所覆的云龙纹罩帷，按照规制，皇帝下葬，需由64位抬夫共同抬扛梓宫。地面上隐约可见抛撒的楮币。

（图1）

（图2）

547

排列在景山前街的慈禧太后冥人仪仗队

年代　1912 年
收藏单位　安徽省安庆市档案馆

　　古人事死如事生，帝后的葬礼更是厚葬。慈禧太后下葬时，所制各种仪仗规模巨大。

　　此为时任直隶总督的端方，拍摄的慈禧太后下葬时排列在景山前北上门一带的冥人仪仗队。

548

慈禧太后葬礼中松枝扎的仪仗旧影

年代　1912 年
收藏单位　中国国家博物馆

　　慈禧葬礼中还用松枝扎制了亭阁狮子等。

慈禧太后下葬途中旧影

来源　Henri Borel：*The New China: A Traveller's
Impressions*，Dodd Mead and Company,
1912

　　慈禧皇太后的梓宫，外覆以云凤纹罩帏，抬
往陵寝下葬。
　　按照规制，皇太后下葬，亦由 64 位抬夫共同
抬扛梓宫。

下葬路上抛撒楮币旧影

来源　Henri Borel：*The New China: A Traveller's
Impressions*，Dodd Mead and Company,
1912

　　此图是慈禧太后下葬途中摄影，从中可见地
面上散落的圆形纸片，正是楮币。

551

《地宫宝城北门洞尺寸立样图》

年代　清末

收藏单位　故宫博物院

帝后下葬山陵，由嗣皇帝入地宫之东门，躬引梓宫御龙輴。执事者抬龙輴由隧道进入地宫。太监执灯前导，钦点王大臣等随入敬视，执事者将梓宫永安于地宫内宝床上，再将龙輴抬出，敬封石门，大葬礼成。

嗣皇帝再诣隆恩殿行恭题神主之礼。题毕，将神主恭奉于神位宝座上正中。嗣皇帝行一跪三拜礼，再行虞祭，最后归京师升祔太庙。

此为工部设计的皇帝地宫宝城相关尺度样图。

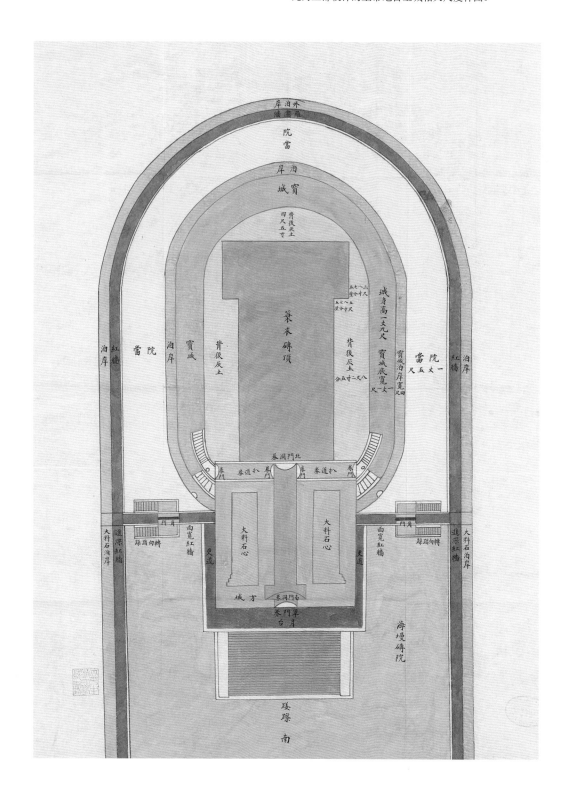

《明楼宝城侧面立样图》

年代　清末
收藏单位　故宫博物院

　　明楼即通往地宫的门楼，其北侧隆起处即宝城——俗称大坟包，其下即地宫，安放棺椁，是皇帝陵寝的核心。

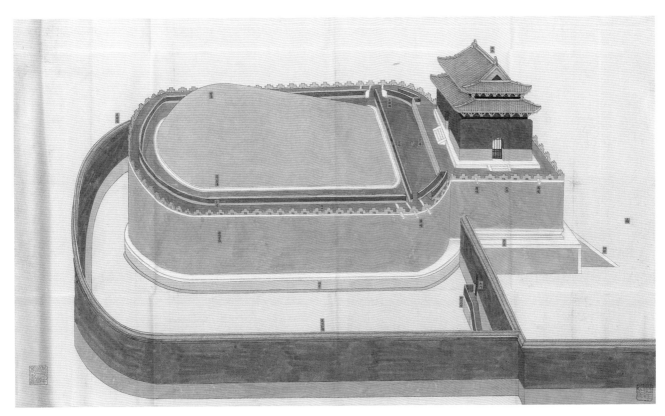

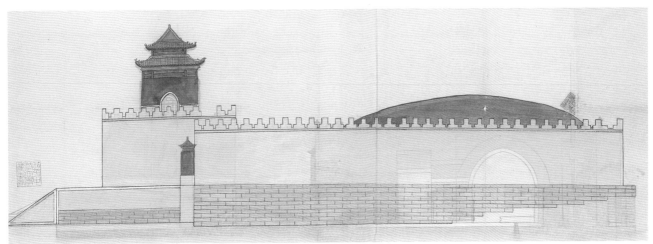

553

地宫中宝床上的棺椁

帝后的棺椁下葬地宫后，安放在石质平台宝床上。

此为清东陵定东陵慈禧地宫石床上金棺。

554

圣德神功碑与碑亭

皇帝死后，嗣皇帝要亲撰先皇的圣德神功，镌刻成碑文，竖立在陵区，以表达对先皇的敬仰。圣德神功碑立于本陵区的最前面。

此为裕陵的圣德神功碑，系嘉庆帝为乾隆帝撰文。

555

香册与香宝

年代 清咸丰
收藏单位 清东陵管委会

　　皇帝梓宫下葬地宫的同时，亦将以檀香木制作的香宝与香册安放于地宫内。

　　此为咸丰帝孝钦显皇后（即慈禧）的香册与香宝，香宝印面以满汉文镌刻其谥号。普陀峪定东陵地宫出土。

556

册宝座

　　香册、香宝安放在地宫内须弥形的石座上。

　　此为乾隆帝裕陵地宫之册宝座。

（图1）

（图2）

557

地宫内棺位

按清代丧葬制度，如皇后死于皇帝之前，则先入地宫安葬，待其夫皇帝死后，即与之合葬。如皇后死于皇帝之后，皇帝陵已经封固，则另为皇后再建陵寝，如顺治帝孝惠皇后的孝东陵、雍正帝孝圣皇后的泰东陵、嘉庆帝孝和皇后的昌西陵、道光帝孝静皇后的慕东陵、咸丰帝孝贞皇后与孝钦皇后的两处定东陵等。

康熙帝孝恭皇后死于雍正元年（1723），因当时康熙帝尚未下葬，故亦与康熙帝合葬在景陵；乾隆帝孝贤皇后死于乾隆十三年（1748），故与乾隆帝合葬。

图1为乾隆帝裕陵内孝贤皇后棺位；图2为乾隆帝裕陵内孝仪皇后棺位。

558

妃嫔园寝

嫔妃死后不建陵，而只建园寝。一位皇帝的所有妃嫔一般葬于同一园寝区内，位于其帝陵之侧。唯有康熙帝的妃嫔建有两个园寝，即景陵皇贵妃园寝、景陵妃园寝。

图1为孝陵旁的顺治帝诸妃嫔的园寝；图2为光绪帝崇陵的双妃（瑾妃与珍妃）园寝。

（图1）

（图2）

《妃园寝福地地宫地盘尺寸图》

年代　清末

收藏单位　故宫博物院

此为清工部设计的妃园寝地宫空间尺寸样图。

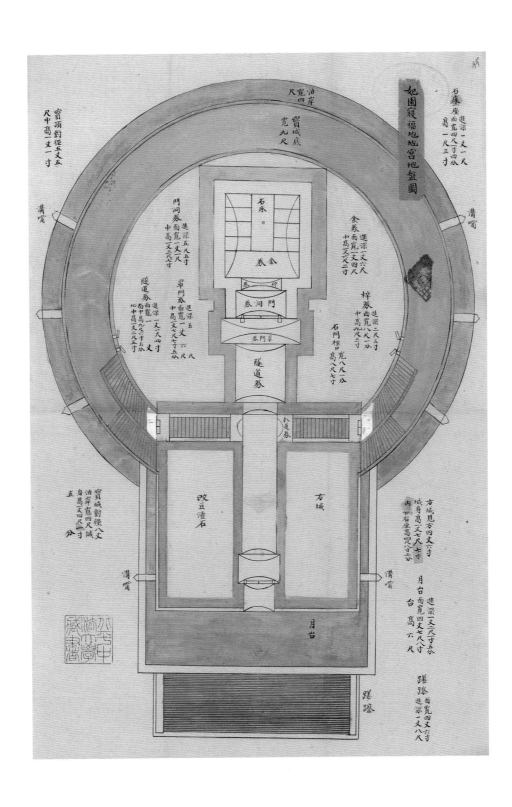

庫車

布魯特

伊犁

蘇祿國

法蘭西

汶萊國

阿克蘇

緬甸國

后 记

《礼仪卷》现今终于付梓，犹如释去一项重负。

《清宫图典》于 2015 年仲夏立项，设置十卷。因礼仪在古代中国属于政治范畴，对维系社会运转至为重要，所以，该丛书必设《礼仪卷》。

但自周公制礼以来，留存的文献多艰涩难解，故有穷经皓首一词送给学人。当代治史者，也鲜有人涉足礼制研究，乃因颇有事倍功半之嫌。而要把深奥的礼仪予以形象化著录，无疑更是难上加难。

由谁来承担《清宫图典》中的《礼仪卷》，迟迟没有人选。最后，课题组把目光投到了本人身上，认为我涉足过礼制研究，之前曾主持过有关的展览，也曾与学者探讨过有关礼制问题。算是众望难负吧，我勉为其难地承应，奋勇而为，决定补己短板，不畏皓首。

本人在前期积累的基础上，利用了两年左右的时间，真正是夜以继日地一面进一步咀嚼文献，一面把文献尽可能地与图像建立起联系。但是，在阐述礼仪时，除了礼器可以静态观览外，其动态的仪式过程却难以全景展现，因为任何图像均只能定格在某一时刻，所以，时常挖空心思，纠结于一环一环的具体问题而难解。最终在 2016 年完成初稿。但《清宫图典》一共十卷，需待各卷全部完稿，方可一并面世。于是，至今全部杀青付梓。

本卷在文字编纂过程中，得到朱诚如先生的指导，在此深表谢意。编辑王志伟、纪希萱等，悉心地做了大量核对工作，并提供了个别清晰度更高的老照片，特别致以谢忱。

在搜集图像过程中，刘甲良、左远波、王全力曾给予本人以帮助，在此言谢莫忘。

最后，对于这样一卷形象化展示礼仪的鄙陋之作，期待专家学者的建设性意见，以及指正更误，本人当致谢忱。

任万平

2019 年 12 月

图书在版编目（CIP）数据

清宫图典．礼仪卷／故宫博物院编 ．—— 北京：故宫出版社，
2019.12
ISBN 978-7-5134-1280-3

Ⅰ．①清… Ⅱ．①故… Ⅲ．①宫廷-史料-中国-清代-图
集 ②礼仪-制度-史料-中国-清代-图集 Ⅳ．① K249.06-
64

中国版本图书馆 CIP 数据核字 (2019) 第 282741 号

清宫图典
礼仪卷

故宫博物院 编

主　　编：朱诚如　任万平
本卷编著：任万平
出 版 人：王亚民
责任编辑：纪希萱　王志伟
篆　　刻：阎　峻
装帧设计：李　猛
责任印制：常晓辉　顾从辉
出版发行：故宫出版社
　　　　　地址：北京市东城区景山前街 4 号　邮编：100009
　　　　　电话：010-85007808　010-85007816　邮箱：ggcb@culturefc.cn
制版印刷：北京雅昌艺术印刷有限公司
开　　本：889 毫米 ×1194 毫米　1/16
字　　数：312 千字
印　　张：24.5
版　　次：2019 年 12 月第 1 版
　　　　　2019 年 12 月第 1 次印刷
书　　号：ISBN 978-7-5134-1280-3
定　　价：396.00 元